Le chinois pour les nuls en voyage !

Le chinois pour les nuls en voyage !

Wendy Abraham

Adapté par

Joël Bellassen

Wenhong Yu

Le chinois pour les Nuls en voyage ! 2e édition

Pour les Nuls est une marque déposée de John Wiley & Sons, Inc.
For Dummies est une marque déposée de John Wiley & Sons, Inc.

Éditions First, un département d'Édi8
12, avenue d'Italie
75013 Paris – France
Tél. : 01 44 16 09 00
Fax : 01 44 16 09 01
Courriel : firstinfo@editionsfirst.fr
Site Internet : www.pourlesnuls.fr

ISBN : 978-2-412-02247-4
Dépôt légal : avril 2017

Imprimé en France
Mise en page : Soft Office

Sommaire

Introduction

Avec la mondialisation, il est mieux et même essentiel, au XXIe siècle, d'avoir une certaine connaissance des autres peuples, de leurs cultures et de leurs langues. Grâce à Internet, un simple clic de souris permet aujourd'hui d'aller partout et d'être en contact avec quelqu'un qui se trouve au bout du monde. Mais finalement, rien ne vaut de rencontrer en face à face quelqu'un qui vous fait signe de l'autre côté du globe dans sa propre langue. La communication dans le cyberespace ne permet pas cette proximité.

Ce livre s'adresse à vous, que vous soyez un voyageur invétéré ou que vous souhaitiez vous rendre pour la première fois en Chine. La Chine peut aussi, tout simplement, vous attirer. *Le chinois pour les Nuls en voyage !* peut vous aider à vous familiariser avec suffisamment de termes chinois pour mener une conversation basique sur un certain nombre de sujets. Il est évident que vous ne parlerez pas chinois couramment en une seconde, mais ce livre vous aidera à saluer un étranger, à acheter un billet d'avion et à commander de la nourriture. Ce livre vous donnera aussi accès à un certain nombre d'éléments culturels afin que vous ne débitiez pas tous ces nouveaux mots et ces nouvelles phrases à toute allure, mais que vous vous comportiez comme il convient et que vous utilisiez ces connaissances au bon moment.

Ce livre a été conçu de façon à vous aider à utiliser brillamment l'une des langues les plus difficiles au monde. J'ajouterai qu'il est important d'apprendre le chinois tout en s'amusant.

À propos de ce livre

La bonne nouvelle est que vous pouvez utiliser *Le chinois pour les Nuls en voyage !* quand et où vous le souhaitez. Pas de cours obligatoire, d'examens, ou de devoirs à redouter. Vous devez vous rendre dans une nouvelle ville ? Rendez-vous au chapitre sur les transports pour découvrir comment vous pouvez marchander votre billet d'avion, en fixer le prix et atteindre l'aéroport en temps voulu. Vous devez vous rendre d'urgence chez le médecin ? Ouvrez le chapitre sur la santé et préparez comment vous allez expliquer ce qui ne va pas à ceux qui vous soignent.

Chaque chapitre met à votre disposition des informations différentes sur la langue chinoise et approfondit certains éléments de grammaire chinoise. Lisez les pages qui vous conviennent, à votre propre rythme. Concentrez-vous sur ce qui vous intéresse. Vous n'avez pas à lire le chapitre 5 avant de passer au chapitre 6, si c'est le chapitre 6 qui traite de ce dont vous avez vraiment besoin. Et rappelez-vous une chose : vous êtes en train de découvrir une langue qui représente à la fois l'une des civilisations les plus anciennes au monde et l'une des économies qui connaît la croissance la plus rapide du XXIe siècle.

Conventions utilisées dans ce livre

Nous vous recommandons d'être attentifs aux conventions qui peuvent vous aider à naviguer à travers ce livre :

- Les mots chinois sont indiqués en caractère **bleu** pour les faire ressortir.

- Leur prononciation simplifiée en français figure entre parenthèse et en *italique* après les mots chinois.
- Suit ensuite dans la parenthèse les mots en écriture chinoise.
- Enfin, toujours dans la parenthèse, vous trouverez leur traduction en français.

Ce livre utilise le système de transcription pinyin (*mot à mot* : combiner les sons). Qu'est-ce que cela signifie ? Eh bien, si vous allez en Chine, vous allez voir des caractères chinois tout autour de vous mais, si vous cherchez quelque chose en français, vous allez avoir bien du mal à le trouver. Tous les signes que vous verrez sous la forme romanisée seront du pinyin, le système de transcription qui a été mis au point par les communistes dans les années 1950. Vous allez ainsi pratiquer le pinyin tout au long de ce livre.

Au fur et à mesure que vous allez commencer à comprendre le chinois, vous devriez vous rappeler que de nombreuses traductions que vous allez voir dans ce livre ne sont pas des traductions littérales. Il est plus important de comprendre la signification de ce que vous entendez et voyez plutôt que le mot à mot. Par exemple, en chinois, la phrase littérale « cheval cheval tigre tigre », sera traduite par « couci-couça ». En fait, vous n'êtes pas en train de parler d'animaux. Chaque fois que j'indique la traduction littérale, je la fais précéder de « *mot à mot* » en italique.

À qui s'adresse ce livre ?

Qu'attendez-vous de ce livre ? En écrivant *Le chinois pour les Nuls en voyage !*, nous sommes partis de quelques hypothèses vous concernant :

- Vous ne connaissez pas le moindre mot de chinois, à part peut-être quelques-uns que vous avez attrapé au vol en regardant un bon film de kung-fu ou bien le mot « tofu » que vous avez croisé en faisant vos courses.
- Votre objectif dans la vie n'est pas de devenir interprète de chinois aux Nations unies ; vous voulez juste intégrer quelques mots, phrases ou structures de phrases utiles pour vous faire comprendre lors de votre séjour en Chine.
- Vous n'avez pas l'intention de passer des heures et des heures à mémoriser le vocabulaire et les structures grammaticales.
- Au fond, vous voulez vous amuser en parlant un peu chinois.

Icônes utilisées dans ce livre

De jolies petites icônes se trouvent dans la marge gauche tout au long de ce livre. Ces balises clarifient le genre d'information que vous avez sous les yeux et peuvent vous aider à localiser rapidement certains types d'informations. Les cinq icônes utilisées dans ce livre sont les suivantes :

Cette icône vous aide à retrouver une idée importante qui vous permettra de faciliter votre apprentissage du chinois.

À RETENIR

Cette icône qui montre un doigt entouré d'un fil devrait vous servir à vous rappeler des informations particulièrement importantes sur le chinois.

ATTENTION !

Cette icône vous avertit que vous devriez éviter de dire ou de faire certaines choses afin de ne pas passer pour un imbécile à l'étranger ou vis-à-vis de votre nouveau contact chinois.

CULTURE

Cette icône vous donne certaines informations passionnantes sur la Chine et la culture chinoise. La connaissance d'une culture va de pair avec celle de la langue ; ces icônes éclaireront donc votre route au cours de votre voyage linguistique.

GRAMMAIRE

Cette icône souligne certaines règles de grammaire qui peuvent être inhabituelles. Même si ce livre ne se consacre pas en premier lieu à la grammaire, le fait d'être attentif à ces points de règles grammaticales vous aidera à acquérir une pratique plus fine de la langue.

Pour accéder aux fichiers MP3

Afin de vous habituer à la langue chinoise et à ses particularités, nous vous proposons des fichiers MP3 mettant en scène des situations que vous aurez de grandes chances de rencontrer, comme passer une commande au restaurant, changer de l'argent ou passer les douanes à l'aéroport.

Vous trouverez les fichiers à télécharger directement sur la page de l'ouvrage. Pour cela, recherchez le titre de ce livre sur le site Internet www.pourlesnuls.fr et cliquez sur le lien de la section « Téléchargement », situé sous la couverture de l'ouvrage.

Et maintenant...

Le chinois est souvent considéré comme la langue la plus difficile à maîtriser au monde. La difficulté réside en fait dans l'accès à la lecture courante des livres et des journaux, qui est une véritable longue marche ! Quoi qu'il en soit, ne vous inquiétez pas. Il ne s'agit justement pas de maîtriser la langue. Tout ce que vous souhaitez, c'est vous faire comprendre chaque fois que vous ouvrez la bouche afin de ne pas demander les toilettes pour hommes alors que vous voulez en fait les toilettes pour femmes.

Chapitre 1
Les bases du chinois

DANS CE CHAPITRE :

- **Maîtriser les sons de base en chinois**
- **Lire pour communiquer**
- **Donner l'impression de parler couramment**
- **Prononcer les quatre tons de base à la perfection**
- **Pratiquer les expressions chinoises**

Le chinois : il est temps de vous y mettre. Ce chapitre vous donne des conseils qui vous aideront à prononcer des mots de mandarin standard (la langue officielle de la République populaire de Chine et de Taïwan) comme un Chinois et vous aide à maîtriser les quatre tons qui caractérisent le mandarin. Après vous avoir présenté les éléments essentiels, je vous montrerai comment construire des phrases simples en chinois.

Mais, avant que vous vous y mettiez, laissez-moi vous donner un dernier conseil : ne vous laissez pas intimider par tous les tons ! La meilleure chose que vous puissiez faire quand vous apprenez une langue étrangère est de ne pas avoir peur de faire des erreurs dès que vous ouvrez la bouche. Et lors de votre premier voyage en Chine, vous vous apercevrez à quel point les Chinois cherchent vraiment à encourager quiconque fait des tentatives, plus ou moins réussies, pour s'exprimer dans leur langue. Vous allez être étonné de tout ce que vous allez pouvoir dire une fois que vous aurez fourré votre nez dans *Le chinois pour les Nuls en voyage* !

La rencontre de la culture chinoise est tout aussi importante que l'exploration de la langue. En fait, vous ne pouvez vraiment maîtriser la langue sans absorber par osmose une partie de la culture. Vos efforts pour parler chinois sont des actes positifs de diplomatie. Ne vous tracassez pas à propos des sons que vous émettez quand vous ouvrez la bouche – quelle que soit leur sonorité, vous apportez votre contribution à l'amitié internationale.

Le pinyin : Beijing et non pas Pékin

Assembler les sons, voilà la signification littérale du terme **pinyin**. Depuis des siècles, le chinois a été transcrit de diverses façons. Finalement, en 1958, la République populaire de Chine a adopté officiellement le **pinyin** comme système de romanisation officiel, celui-ci devenant la norme internationale au début des années quatre-vingts. En France, les établissements d'enseignement, dès les années soixante, et les organes de presse, dès les années quatre-vingts, ont adopté ce système de transcription phonétique.

Vous devriez garder en tête ces quelques brèves indications sur certains sons initiaux en mandarin quand vous les lirez à partir du système pinyin relativement récent.

Initiales

- m, f, n, l, s se prononcent comme en français.
- d = « t » dans « table » ou « tour ». **Dayi** (« manteau ») se prononce *tayi.*

- j = « t » dans « tienne », « type » ou « tulipe ». Nécessairement suivi des sons « i » ou « u », et de leurs composés. **Feiji**, qui signifie « avion » se prononce *feïti.*
- z = « dz » comme dans le nom du célèbre leader de la République populaire de Chine, **Mao Zedong** qu'on transcrivait auparavant Mao Tsé-toung (transcription française) ou Mao Tse-tung (transcription anglaise) se prononce *Mao Dzetonng*.
- zh = « dj », comme dans **zhu** (« porc »), qui se prononce *djou*, ou dans **zha** (« frire »), qui se prononce *dja*.
- sh = « ch ». Ainsi, **sha** (« sable ») se prononcera comme un *chat.*
- b = « p ». La capitale de la France s'écrit en pinyin **Bali** et se prononce *Pali.*
- g = « k ». « Chien », **gou** en pinyin, se prononce *kô.*
- h = « h » anglais (plus fort).
- x = « s » (légèrement chuinté). Nécessairement suivi des sons « i » ou « u », et de leurs composés. « Merci », **xiexie**, se prononce *hsié hsié*.
- r = « j » (léger). « Viande », **rou**, se prononce *jô.*

Il faudra particulièrement veiller à la prononciation des consonnes dites aspirées (en fait… expirées, « soufflées ») ; il s'agit en effet de souffler brusquement après la consonne initiale :

- p = « p'h… » ; ainsi, **pa** (« avoir peur ») se prononce *p'ha* (en soufflant entre « p » et « a »)
- t = « t'h… » ; **ta** (« il » ou « elle »), par exemple, se prononcera *t'ha*.

- k = « k'h... ». « Café », **kafei**, se dira *k'hafeï.*
- q = « tch » (fort). Nécessairement suivi des sons « i » ou « u », et de leurs composés, comme « x » et « j ». La bière **Qingdao** (« Tsingtao » en ancienne transcription française) se prononce *tchingtao*.
- c = « ts' h... » dans des mots comme **cai** (« nourriture ») ou **cesuo** (« toilettes »).
- ch = « tch... ». **Cha** (« thé ») se prononce *tch'ha*.

Finales

Les voyelles ne présentent pas de difficultés particulières de prononciation. Lorsqu'elles sont combinées, elles ne doivent pas être prononcées de façon séparée.

- ie = « yé ».
- e = ouvert, un peu comme dans « heure ».
- r final = « er » dans « sister » (prononciation américaine).
- ai = « aï » (léger).
- ei = « eï » (léger).
- ou = « ô » se fermant en « ou » / iu = io.
- an = « Anne » sans trop prononcer le « n ».
- ng final = nasalisation sans prononcer le « g ».
- an précédé de y ou i = « hyène » sans trop prononcer le « n ».
- Dans zi, ci, si, zhi, chi, shi, ri, le i ne se prononce pas ; dans ces cas, seule l'initiale se prononce. Exemple : zi = « dz », ri = « jj » (comme le « ge » de plage).

- Les consonnes j, q et x ne sont suivies que de voyelles fermées, c'est-à-dire des sons « i » et de « u » (comme dans « vie » ou « vue »), et de leurs composés. Exemple : **ju** (sans même être affecté du tréma) = « tu » ; ou bien **jun** (« l'armée ») = « tune ».
- En position initiale, le u et le i se transforme respectivement en w et y.

Les sons de base en chinois

À RETENIR

Il est important de se rappeler une chose essentielle en ce qui concerne la langue chinoise : chaque *morphème* (la plus petite unité ayant un sens dans une langue) se compose d'une syllabe. Chaque syllabe comporte elle-même un son initial et un son final, avec, comme une cerise sur un gâteau, une mélodie tonale. Ceci s'applique à chaque syllabe. Si l'un de ces trois éléments venait à manquer, le Chinois moyen risquerait d'être dans l'incapacité de vous comprendre. Par exemple, la syllabe « **mā** » est composée de l'initiale « m » et de la finale « a », et se prononce avec ce qu'on appelle le premier ton. L'ensemble signifie « maman ». Si vous remplacez le premier ton par le troisième ton, ce qui s'écrit « **mǎ** », vous prononcez le mot « cheval ». Faites donc bien attention de ne pas appeler votre maman cheval (et vice versa) quand vous pratiquez les initiales, les finales et les tons. Les sections suivantes séparent les trois éléments et apportent, pour chacun d'entre eux, les précisions nécessaires.

On démarre avec les initiales

En chinois, les mots commencent presque toujours par des consonnes. Le tableau 1-1 liste les initiales que vous pouvez trouver en chinois.

TABLEAU 1.1 : Les initiales chinoises

Lettre chinoise	Son	Exemple en français
b	« p »	papa
p	« p'h ... »	pan ! (soufflé)
m	m	maman
f	f	facile
d	t	table
t	t'h	terrible ! (soufflé)
n	n	nous
l	l	long
g	k	caramel
k	k'h	quel temps...! (soufflé)
h	h'	**h**ot (anglais)
j	t	**t**ype, **t**ube
q	tch	**tch**ik-a-**tch**ik-a-**tch**ik
x	hs	**s**iffler
z	dz	**dz**ing-boum !
c	ts'h	ts'ha
s	s	**s**ardine
zh	dj	**j**et-set
ch	tch	bou**t'ch**ou (soufflé)
sh	ch	**ch**at
r	j	**j**oli
w	ou-	**W**illiam
y	y	**y**ack

Les initiales **n** et **r** dans le tableau 1-1 peuvent aussi être des finales ; ne soyez donc pas surpris des les retrouver dans le tableau suivant.

On termine avec les finales

La langue chinoise se targue d'avoir plus de consonnes que de voyelles. En fait, les voyelles ne sont qu'au nombre de six : **a, o, e, i, u** et **ü**. Si vous prononcez les voyelles les unes à la suite des autres, votre bouche commence grande ouverte et votre langue se trouve en position basse. Et à la fin, quand vous arrivez au **ü**, votre bouche est beaucoup plus fermée et votre langue se trouve assez haut. Vous pouvez aussi combiner les voyelles de diverses façons pour former des voyelles composées. Le tableau 1-2 liste les voyelles ainsi que plusieurs combinaisons possibles.

TABLEAU 1.2 : Les voyelles chinoises

Lettre chinoise	Son	Exemple en français
a	a	p**a**p**a**
ai	aï	ail
ao	**a**o	Bilb**ao** (en accentuant **a)**
an	ann	p**anne**
an (précédé de y ou -i)	ienn	hyène
ang	aang	big b**ang** (prononcé du nez)
o	o (ouvert)	**oh** !
ong	onng	ping-p**ong** (prononcé du nez)
ou	ô	b**eau**
e	e (ouvert)	b**eu**r
ei	eï	p**aye**

Lettre chinoise	Son	Exemple en français
en	enn	am**en**
eng	enng	un (prononcé du nez)
er		sist**er** (prononciation américaine)
i	i	pet**i**t
i (précédé de z, c, s, zh, ch, sh, r)	ne se prononce pas… Ex. : si = ss	malice
ia	ia	t**ia**re
iao	**ia**o	m**iao** (miaou…abrégé)
ie	ié	pal**ier**
iu	io	**io**-**io**
ian	ienn	hyène
iang	iaang	yin et yang (prononcé du nez)
in	inn	cant**ine**
ing	inng	bing ! (prononcé du nez)
iong	ionng	P**yong**yang (prononcé du nez)
u	ou	t**ou**t
j**u**-q**u**-x**u**-y**u**	u	t**u**
ua	oua	ouah !
uo	ouo	what (anglais)
ui	oueï	**ouais** !
uai	ouaï	ouailles
uan	ouann	c**ouenne**
un	ounn	s**oon** (anglais)
uang	ouanng	R**ouen** (prononcé du nez)
ueng	ouenng	**one** (anglais) + **ng** (prononcé du nez)

Lettre chinoise	Son	Exemple en français
ü	u	**tu**lipe
üe	ué	huer
üan	uenn	U-N
ün	une	pr**une**

À RETENIR

En **pīnyīn**, les marques de tons se trouvent toujours au-dessus de la voyelle, mais si deux voyelles se suivent, la marque de ton se situera au-dessus de la voyelle la plus accentuée (généralement la première, sauf pour **iu** et **ui** : dans ce cas, la marque de ton sera placée au-dessus de la deuxième voyelle).

Il arrive que des voyelles ne soient pas précédées d'une consonne initiale, mais elles ont quand même une signification. Le mot **ǎi**, qui signifie petit (de taille), en est un exemple.

La parfaite hauteur de voix : présentation... des quatre tons

Imaginez les tons ainsi : ils peuvent être vos meilleurs amis quand il s'agit de vous faire comprendre en chinois, et ils donnent à cette langue ancienne un intérêt tout particulier.

Si vous combinez tous les sons initiaux possibles avec toutes les permutations possibles de sons finaux, vous arriverez seulement à 400 combinaisons de sons en chinois – ce qui n'est pas tout à fait suffisant pour exprimer toutes les idées qui trottent dans votre tête. Si vous ajoutez les quatre tons de base du mandarin à ce mélange, le nombre de permutations possibles est alors à multiplier par quatre. Les tons sont aussi un bon moyen de réduire le nombre d'homophones en chinois. Même ainsi, chaque syllabe associée à un ton spécifique peut avoir plus d'une signification. Parfois, le seul moyen d'en déchiffrer le sens est de voir le mot écrit.

Le mandarin n'a que quatre tons. Le meilleur moyen de percevoir ces quatre mélodies tonales est de se représenter ce qui suit :

- Premier ton : C'est le ton haut. Le premier ton suppose de placer votre voix assez haut, sans trembler, comme quand on donne le *la* avant de chanter. Il est matérialisé ainsi au-dessus de la lettre a : ā.
- Deuxième ton : C'est le ton montant, partant d'assez bas dans la voix et bref. Il correspond assez bien à l'intonation du mot français « hein ? ». Il est matérialisé ainsi au-dessus de la lettre a : á.
- Troisième ton : C'est le ton bas. Le troisième ton est une inflexion tout en bas de votre voix, en remontant légèrement sur la fin. Il est matérialisé ainsi au dessus de la lettre a : ǎ.
- Quatrième ton : C'est le ton descendant, haut placé dans la voix et amorçant brièvement une descente ; il correspond à l'intonation de l'exclamation française « na ! » ou « non ! ». Voici comment il est matérialisé au-dessus de la lettre a : à.

Deux troisièmes tons qui se suivent

Voici quelque chose d'intéressant à propos des tons : quand vous devez prononcer d'affilée, à voix haute, un troisième ton suivi d'un autre troisième ton, le premier devient en fait un deuxième ton. Si vous entendez quelqu'un dire « **Tā hěn hǎo** » (*t'ha h'enn h'ao* ; 她很好 ; elle est très bien), il est possible que vous ne réalisiez pas que « **hěn** » et « **hǎo** » sont tous deux, pris individuellement, des syllabes de troisième ton. « **Hén** » ressemble plutôt à un deuxième ton et « **hǎo** » à un troisième ton complet.

Des semi-troisièmes tons

Quand un troisième ton est suivi d'un autre ton – premier, deuxième, quatrième, ou même un ton neutre – il devient un *semi-troisième* ton. On ne prononce que la première partie du ton – la partie descendante – avant de prononcer les autres syllabes avec les autres tons. En fait, un semi-troisième ton ne redescend pas. Il ressemble plutôt à un ton nivelé et bas (c'est quasiment l'opposé du premier ton haut). Pigé ?

Tons neutres

Il existe un cinquième ton qu'on ne peut pas vraiment associer aux quatre tons de base, car, en fait, il n'est pas accentué, il est neutre. On ne verra jamais une marque de ton au-dessus d'un cinquième ton, et il ne se prononce que lorsqu'il est associé à une particule grammaticale ou quand il est le second caractère de syllabes répétitives, comme **bàba** (*pa pa* ; 爸爸 ; papa) ou **māma** (*ma ma* ; 妈妈 ; maman).

Changements de ton pour yī et bù

Maintenant que vous avez l'impression que vous commencez à vous en sortir avec tous les tons possibles et tous les changements de tons en chinois, je vais vous présenter encore une particularité tonale : les mots **yī** (*yi* ; 一 ; un) et **bù** (*pou* ; 不 ; ne pas ou non) sont vraiment des éléments à part en chinois ; en effet, le ton qui leur est associé peut changer automatiquement en fonction de ce qui les suit. Tout seul, **yī** se prononce au premier ton. Mais, quand il est suivi par un premier, deuxième ou troisième ton, **yī** se transforme automatiquement en quatrième ton, comme dans **yìzhāng zhî** (*yi djaang dj* ; 一张纸 ; un morceau de papier). Par contre, s'il est suivi d'un quatrième ton, **yī** devient automatiquement un deuxième ton, comme dans le mot **yíyàng** (*yi yaang* ; 一样 ; le même). Je sais que tout ceci paraît bien compliqué, mais une fois que vous avez intégré les tons, la prononciation devient une seconde nature.

Ajoutez des idiomes et des expressions populaires à votre répertoire

Musicalement, le chinois semble ne rien avoir en commun avec le français, tout particulièrement en ce qui concerne la prononciation et les tons ; cependant, la langue chinoise utilise des *expressions* caractéristiques (groupes de mots dont l'association a un sens différent des mots pris individuellement) pour exprimer des idées ou des situations spécifiques, comme il en existe en français. Si vous essayez de traduire ces expressions mot à mot, vous n'irez pas très loin.

Par exemple, si vous avez soudain déclaré à votre colocataire de l'université « **wǒ huì lā yíge quán yèchē** » (*ouo h'oueï la yi ke tchuann yé tch'he* ; 我会拉一个全夜车 ; *mot à mot* : je vais tirer un train de nuit entier), il restera sans voix et commencera à se demander à quoi il pouvait bien penser quand il a accepté une colocation avec un étranger. De la même façon, vous seriez tout aussi embarrassé s'il disait : « **wǒ huì kāi yèchē** » (*ouo h'oueï k'haï yé tch'he* ; 我会开夜车 ; *mot à mot* : je vais conduire le train de nuit). Bien sûr, vous voulez tous les deux dire la même chose : « Je vais passer une nuit blanche à travailler. » Mais il va commencer à se demander combien peut bien peser un train de nuit, et vous commencerez à vous inquiéter en vous demandant dans quelle ville il arrivera le lendemain matin. Vous pourriez même être tenté de l'accompagner au lieu d'étudier votre examen.

La langue chinoise possède des milliers d'expressions idiomatiques connues sous le nom de **chéngyǔ** (*tch'henng yu* ; 成语). La plupart de ces **chéngyǔ** ont pour origine des anecdotes, des fables ou des œuvres littéraires anciennes. Certaines expressions existent depuis des milliers d'années. La plupart ne sont composées que de quatre caractères, exprimant succinctement des préceptes moraux provenant d'histoires très longues et anciennes. D'autres sont composées de plus de quatre caractères. Quoi qu'il en soit, les Chinois émaillent leurs conversations de ces expressions savoureuses.

Voici quelques **chéngyǔ** que l'on entend souvent en chinois :

- **Mò míng qí miào** (*mo minng tchi mïao ;* 莫名其妙 ; *mot à mot* : c'est hors de l'ordinaire et il n'y a pas de mot pour cela). Ce dicton décrit tout ce qu'il est difficile de comprendre, y compris un comportement inhabituel.
- **Yī shēn zuò zé** (*yi che dzouo dze ;* 以身作则 ; *mot à mot* : faire de sa personne une règle : donner l'exemple).
- **Yì mó yí yàng** (*yi mo yi yaang ;* 一模一样 ; *mot à mot* : un modèle, une apparence : tout à fait pareil).

- **Quán xīn quán yì** (*tchuenn hsinn tchuenn yi ;* 全心全意 ; *mot à mot* : cœur entier, intention entière : de tout son cœur).
- **Àn bù jiù bān** (*ann pou tio pann ;* 按部就班 ; procéder étape par étape).
- **Hú shuō ba dào** (*h'ou chouo pa tao ;* 胡说八道 ; raconter n'importe quoi).
- **Huǒ shàng jiā yóu** (*h'ouo chaang tia yô ;* 火上加油 ; mettre de l'huile sur le feu).
- **Yì zhēn jiàn xiě** (*yi djenn tienn hsié ;* 一针见血 ; *mot à mot* : voir le sang en un coup d'aiguille : mettre dans le mille, faire mouche).
- **Yì jǔ liǎng dé** (*yi tu liaang te ;* 一举两得 ; faire d'une pierre deux coups).
- **Rù xiāng suí sú** (*jou hsiaang soueï sou ;* 入乡随俗 ; *mot à mot* : quand on entre dans le village, il faut en suivre les usages : à Rome, il faut vivre comme les Romains).

Quand on commence à utiliser les **chéngyǔ**, on se rend vite compte que les expressions se réfèrent souvent aux animaux. En voici quelques-unes :

- **Gǒu zhàng rén shì** (*kô djaang jenn ch ;* 狗仗人势 ; *mot à mot* : comme le chien qui aboie en profitant de la présence de son maître : profiter de relations puissantes pour s'en prendre aux petits).
- **Guà yáng tóu mài gǒu ròu** (*koua yaang t'hô maï kô jô ;* 挂羊头卖狗肉 ; *mot à mot* : présenter une tête d'agneau mais vendre de la viande de chien : faire prendre des vessies pour des lanternes).

» **Dǎ cǎo jīng shé** (*ta ts'hao tinng che ;* 打草惊蛇 ; *mot à mot* : battre l'herbe pour faire peur au serpent : prévenir).

» **Duì niú tán qín** (*toueï nio t'hann tchinn ;* 对牛弹琴 ; *mot à mot* : jouer du luth à un buffle : donner des perles au pourceau).

» **Xuán yá lè mǎ** (*hsuenn ia le ma ;* 悬崖勒马 ; *mot à mot* : ramener le cheval au pas avant qu'il ne dépasse la lisière du bois : s'arrêter).

» **Huà shé tiān zú** (*h'oua che t'hienn dzou ;* 画蛇添足 ; *mot à mot* : dessiner un serpent et lui ajouter des jambes : faire quelque chose de superflu).

» **Hǔ tóu shé wěi** (*h'ou t'hô che oueï ;* 虎头蛇尾 ; *mot à mot* : tête d'un tigre mais queue d'un serpent : commencer avec brio mais terminer en bâclant ses conclusions).

» **Chē shuǐ mǎ lóng** (*tch'he choueï ma lonng ;* 车水马龙 ; *mot à mot* : les voitures coulant comme de l'eau et les chevaux formant une ligne continue ressemblant à un dragon : une circulation dense).

Maîtrisez des phrases simples

Si vous prenez l'habitude d'utiliser les courtes phrases chinoises qui suivent chaque fois que vous en avez l'opportunité, vous pourrez les maîtriser très rapidement. Vous impressionnerez aussi tous ceux qui vous entourent – spécialement s'ils ne parlent pas chinois. La prochaine fois que vous rencontrerez un serveur chinois ou que vous apporterez vos vêtements au pressing chinois en bas de chez vous, vous pourrez sacrément impressionner tout le monde. Essayez ces phrases :

- **Nǐ hǎo !** (*ni h'ao ;* 你好 *;* bonjour ; comment allez-vous ?)
- **Xièxie.** (*hsié hsié ;* 谢谢 ; merci.)
- **Bú kèqi.** (*pou k'he tchi ;* 不客气 ; je vous en prie ; de rien.)
- **Méi shì.** (*meï ch ;* 没事 ; ce n'est rien ; de rien.)
- **Hǎo jíle !** (*h'ao ti le ;* 好极了 ; super ; génial !)
- **Duì le !** (*toueï le ;* 对了 ; c'est vrai.)
- **Gōngxǐ gōngxǐ !** (*konng hsi konng hsi ;* 恭喜恭喜 ; toutes mes félicitations !)
- **Duìbùqǐ.** (*toueï pou tchi ;* 对不起 ; excusez-moi.)
- **Suàn le !** (*souann le ;* 算了 ; n'en parlons plus.)
- **Méiyǒu guānxi.** (*meï yô kouann hsi ;* 没有关系 ; ce n'est pas grave.)
- **Děng yíxià.** (*tenng yi hsia ;* 等一下 ; attendez une minute.)

Chapitre 2

Petite initiation à l'écriture chinoise

DANS CE CHAPITRE :

» **Découvrir l'origine de l'écriture chinois**

» **Se familiariser avec les caractères chinois les plus fréquents**

» **Reconnaître les caractères de la vie quotidienne**

L'écriture : zut alors ! Ils n'ont pas d'alphabet !

Je parie que vous commencez à vous demander comment les Chinois ont réussi à communiquer entre eux pendant près de cinq millénaires malgré la diversité des formes et des dialectes de leur langue parlée. C'est (roulement de tambour)... dans l'écriture que l'on trouve la réponse.

Imaginons, par exemple, que vous voyiez deux Chinois assis côte à côte dans un train allant de Canton à Shanghai. Si celui qui parle cantonais lit le journal à voix haute, le type de Shanghai n'aura aucune idée de ce qu'il peut bien vouloir dire. Mais si chacun lisait de son côté le même article, ils pourraient alors comprendre ce qui se passe dans le monde. S'il en est ainsi, c'est parce que les caractères chinois sont les mêmes dans tout le pays... et qu'ils peuvent se prononcer de façon très différente !

CULTURE

LES PREMIERS RUDIMENTS DE L'ÉCRITURE CHINOISE

Les premières traces d'écriture chinoise ont été retrouvées sur des ossements d'oracles qui datent de la première dynastie dont l'existence a été prouvée grâce aux recherches archéologiques. Il s'agit de la dynastie Shang (vers 1766 à 1122 av. J.-C.). Gravée sur des omoplates de bœuf ou des carapaces de tortue, l'écriture était utilisée à des fins de divination par des chamans qui posaient des questions au nom du roi. On a seulement réussi à identifier environ la moitié des 4 000 caractères retrouvés, mais ces découvertes montrent que l'écriture était déjà bien développée en Chine au second millénaire avant J.-C.

Les mots chinois sont écrits sous de belles formes souvent symboliques qui sont appelées des *caractères*. Chaque caractère est un mot en lui-même, et il peut aussi, parfois, faire partie d'un mot composé. Vous pouvez écrire les caractères de droite à gauche, de gauche à droite, ou de haut en bas, cela ne change rien du tout, car vous pouvez les écrire et les comprendre dans n'importe quel ordre. Si vous voyez un film chinois dans le quartier chinois, vous avez souvent le choix entre deux types de sous-titres, le français, que vous lisez de gauche à droite, et, sur une autre ligne, les caractères chinois que vous lisez de droite à gauche. (Mais, attention : ils peuvent aussi aller de gauche à droite.) Il se peut que vous louchiez un peu en essayant de suivre les deux lignes.

Pendant la dynastie Han, un lexicographe du nom de Xu Shen a classé les caractères chinois en six familles différentes. Quatre d'entre elles sont les plus courantes.

Les pictogrammes

Ces caractères sont élaborés à partir d'éléments simples figurant de façon stylisée la forme de ce qui est exprimé. Quelques exemples :

日 évoque la notion de « soleil, jour »

... et voici son ancêtre graphique 

月 évoque la notion de « soleil, jour »

... et voici son ancêtre graphique 

人 évoque la notion de « homme, humain »

... et voici son ancêtre graphique 

木 évoque la notion de « arbre, bois »

... et voici son ancêtre graphique 

串 évoque la notion de « brochette, d'objets enfilés »

... et voici son ancêtre graphique 

Les symbologrammes

Ces caractères représentent des notions plus abstraites. Par exemple, les caractères pour « au-dessus » et « en dessous », sont tous deux composés d'une ligne horizontale représentant l'horizon et d'un autre trait situé au-dessus ou en dessous de l'horizon.

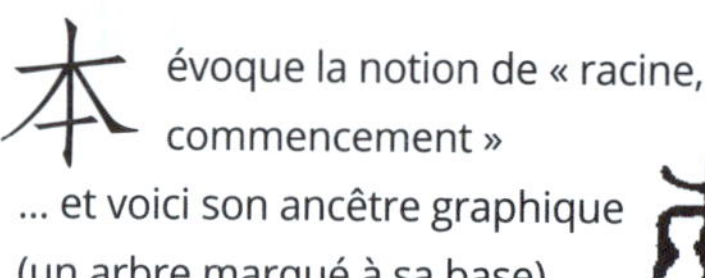

本 évoque la notion de « racine, commencement »

... et voici son ancêtre graphique (un arbre marqué à sa base)

末 évoque la notion de « sommet de l'arbre, fin »

... et voici son ancêtre graphique (un arbre marqué à son sommet)

上 évoque la notion de « dessus, monter »

... et voici son ancêtre graphique (une marque au dessus d'une ligne)

下 évoque la notion de « au-dessous, descendre »

... et voici son ancêtre graphique v une marque au-dessous d'une ligne.

Les idéogrammes

Ce sont des combinaisons de caractères simples, dont l'association d'idées oriente vers la signification. Quelques exemples :

 évoque la notion de « suivre »

... et voici son ancêtre graphique (deux personnes l'une derrière l'autre) 

 évoque la notion de « foule »

... et voici son ancêtre graphique (trois personnes... sous le soleil ?) 

 évoque la notion de « forêt »

... et voici son ancêtre graphique  (deux arbres)

 évoque la notion de « grande forêt »

... et voici son ancêtre graphique  (trois arbres)

 évoque la notion d' « amitié »

... et voici son ancêtre graphique (deux mains ensemble) 

évoque la notion de « prisonnier »

... et voici son ancêtre graphique (une personne entourée d'une enceinte) 

évoque la notion de « bon, bien »

... et voici son ancêtre graphique (une femme et un enfant) 

évoque la notion de « tranquillité, installation »

... et voici son ancêtre graphique (une femme sous un toit) 

Les idéophonogrammes

Ce sont des caractères composés constitués de deux éléments graphiques – l'un, que l'on appellera la *clé* (la racine graphique en quelque sorte), donnant une indication sur la catégorie à laquelle est lié le sens du caractère (« l'homme », « la femme », « la pluie », « l'herbe », « le feu », « l'eau », etc.) et l'autre pouvant donner un indice pour le son. Les caractères chinois sont dans leur majorité des idéophonogrammes.

Quelques exemples :

汪 **wang** (la clé de l'eau + l'indice phonétique wang) « vaste et profonde »

旺 **wang** (la clé du soleil + l'indice phonétique wang) « éclatant »

枉 **wang** (la clé de l'arbre + l'indice phonétique wang) « courbé »

Le chinois a-t-il beaucoup de lettres ?

« Le chinois a beaucoup de lettres » entend-on parfois... Le problème est qu'il n'y a pas de lettres ! Mais alors... Vous vous demandez, comment chercher un caractère dans le dictionnaire ? Comment font les Chinois pour épeler leur nom au téléphone ? Comment un professeur s'y prend-il pour faire l'appel ? Et qu'est-ce qu'une faute d'orthographe dans une écriture non alphabétique ? Bonnes questions... et voici quelques réponses :

» **Comment chercher dans un dictionnaire non alphabétique ?** Quel que soit le type de caractère que vous voyiez, vous ne pourrez pas le prononcer si vous ne le connaissez pas... de la même façon que vous ne pouvez pas mettre un nom sur un visage inconnu ! Comment donc chercher un caractère dans un dictionnaire chinois ? De plusieurs façons. Comme les caractères chinois sont composés de plusieurs (et souvent de beaucoup) traits de pinceau, on peut rechercher un mot en comptant le nombre de traits. On consulte ensuite la partie du dictionnaire où les caractères sont classés en fonction du nombre de traits dont ils sont composés. Mais pour y arriver, il faut d'abord que vous sachiez sous quelle clé vous devez le chercher. Les dictionnaires chinois recensent entre 189 et 214 *clés* – ces racines graphiques qui aident à se rapprocher du sens du caractère ; par exemple, trois points à gauche du caractère symbolisent l'eau. Chaque clé est composée elle-même d'un certain nombre de traits ; vous devez donc d'abord rechercher la clé en fonction du nombre de traits dont elle est composée. Une fois que vous avez localisé cette clé, vous cherchez à nouveau sous le nombre de traits restant pour ce caractère *après* la clé afin de localiser le caractère que vous vouliez rechercher depuis le départ.

Vous pouvez aussi trouver le caractère à partir de sa prononciation (si vous savez déjà comment il se prononce), mais vous devez passer en revue chaque caractère qui se prononce de la même façon. Vous devez aussi porter votre attention sur chaque ton et vérifier quel mot prononcé de la même façon est associé au premier, deuxième, troisième ou quatrième ton que vous êtes en train de chercher. Et parce qu'il y a beaucoup d'homonymes en chinois, cette tâche n'est pas si facile qu'il y paraît.

Voici d'autres réponses aux questions que vous vous posez et qui vous empêche de dormir depuis des années :

» Pour « épeler » un nom sans l'écrire, vous pourrez visualiser mentalement les parties qui composent le caractère donné… et cela donnera :

« Je m'appelle Li, arbre + enfant » (comprenez : le caractère LI est un puzzle composé de deux pièces, celle de l'« arbre » et celle de l'« enfant ») ;

- Pour faire l'appel, un professeur commencera par le nom qui comportera le moins de traits et terminera par celui dont le nom est un tas d'une vingtaine de traits. Il suffisait d'y penser !
- Une faute d'orthographe en chinois, cela peut être oublier un trait, en rajouter deux ou carrément écrire un signe se prononçant de la même façon, mais signifiant tout à fait autre chose. En français, une faute d'orthographe, même grossière, ne perturbe généralement pas la compréhension (« je mange du poiçon » fera bondir, mais sera compris), alors qu'en chinois cela peut conduire à écrire un caractère se prononçant de la même façon, mais signifiant tout à fait autre chose. Et au lieu d'écrire « je mange du poisson », vous aurez écrit « je mange de la bécasse » ou « je mange de la patate douce » (« bécasse » et « patate douce » correspondant à deux caractères différents de « poisson »... mais se prononçant à l'aide de la même syllabe !)

CULTURE

LE MONDE DE LA SINOPHONIE… ET CELUI DE LA SINOGRAPHIE

Il y a la francophonie, avec la France, le Québec, etc. Il y a également le monde de la sinophonie, avec la Chine continentale, Taiwan, Singapour, et les Chinatowns du 13e arrondissement de Paris, de San Francisco ou de New York. Le monde de la sinographie, lui, s'étend à des pays qui utilisent des caractères chinois au sein de langues qui n'ont rien à voir avec le chinois : les caractères se prononceront et s'emploieront différemment, mais auront le même sens ! C'est pour cela que l'on a pu dire de l'écriture chinoise qu'elle était un « espéranto graphique ». Composent le monde sinographique (au-delà du monde sinophone) : le Japon, la Corée et, dans le passé, le Vietnam.

Le caractère chinois 山 (« montagne ») se prononce *shan* en chinois et *yama* en japonais.

Et quand sait-on lire ?

Eh bien… comment dire… On ne sait jamais lire et en même temps on sait toujours quelques caractères. Expliquons-nous ! Le Chinois le plus cultivé du monde ne connaît pas tous les caractères, existants ou ayant existé : il ne saura lire que quelques petits milliers de caractères (de fait rarissimes). En revanche, un enfant non encore scolarisé, ou un analphabète… ou un Nul connaîtra toujours quelques caractères (1, 10, 100 ou 1 000) sans pour autant savoir lire un article de journal ou un roman. En chinois, on ne sait jamais totalement lire, *on sait de plus en plus lire…*

Voici les 5 caractères chinois les plus fréquents :

的 一 了 是 不

Les reconnaître, « brancher » une syllabe sur chacun d'eux et apprendre leur signification est l'affaire de quelques minutes. Ces 5 caractères vous permettent de reconnaître 10 % du journal *Pékin-Soir* ou d'un roman chinois contemporain ! Oui, vous reconnaîtrez 1 caractère sur 10, ou, si vous voulez, 10 caractères sur 100 ! Mais ne criez pas victoire trop tôt : vous ne comprendrez pas 10 % de ce que vous lisez, vous ne comprendrez toujours strictement rien du tout ! Mais dites-vous que si vous aviez choisi d'apprendre les 5 caractères les plus rares, vous ne reconnaîtriez que 0,00006 % d'une lecture courante.

Continuons :

Avec 24 caractères (les plus fréquents), vous reconnaitrez 1/4 des caractères d'un article.

Avec 44 caractères, vous atteindrez 33 % de couverture d'une lecture courante.

Avec 116 caractères, 50 %.

Avec 500 caractères, 79 %.

Avec 1 000 caractères, 91 %...

... et avec 1 500 caractères, vous atteignez un taux de reconnaissance de 95 % environ, ce qui vous permet enfin de vous jeter à l'eau et de basculer dans le début de la véritable compréhension d'une lecture courante, laquelle est faite de 3 000 et quelques caractères.

Les caractères chinois de survie

Puisque l'apprentissage de la lecture est une affaire de longue haleine, qu'est-ce que serait la « sinographie de survie » ? Deux choses :

» les clés, les racines graphiques les plus fréquentes, qui permettent de savoir si un caractère se rapporte à l'eau, le feu, la main, le bambou, etc. ;

河江海沙	exemples de caractères composés à l'aide de la clé de l'eau (« fleuve », « fleuve », « mer », « sable »)
花草茶芳	exemples de caractères composés à l'aide de la clé de l'herbe (« fleur », « herbe », « thé », « parfumé »)
板椅材杨	exemples de caractères composés à l'aide de la clé du bois (« planche », « chaise », « matériau », « peuplier »)
筷笔笛算	exemples de caractères composés à l'aide de la clé du bambou (« baguette », « pinceau », « flûte », « calculer »)
她奶姐妹	exemples de caractères composés à l'aide de la clé de la femme (« elle », « lait », « grande sœur », « petite sœur »)
吃唱吸喝	exemples de caractères composés à l'aide de la clé de la bouche (« manger », « chanter », « aspirer », « boire »)
炎烟烧炜	exemples de caractères composés à l'aide de la clé du feu (« inflammation », « fumée », « chaleur », « éclatant »)

» des caractères que vous mémoriseriez comme des symboles et qui permettraient le repérage minimum dans la vie quotidienne. Bref, des caractères de survie. En voici quelques-uns :

- dans la rue...

  东 est

  西 ouest

  南 sud

  北 nord

  左 gauche

  右 droite

  街 rue

  火车站 gare

  出租车 taxi

- à l'entrée des toilettes par exemple...

  厕所 wc

  男 homme

  女 femme

- dans un grand magasin par exemple...

  出 sortie

  入 entrée

- sur un écriteau...

  勿 ne pas... (interdiction)

- sur un menu de restaurant…

肉 viande
羊 mouton
牛 bœuf
鱼 poisson
虾 crevette
酒 boisson alcoolisée
水 eau
蛇 serpent !

CULTURE

LES CARACTÈRES SIMPLIFIÉS

En 1956, pensant ainsi réduire l'analphabétisme, le gouvernement de République populaire de Chine décide de simplifier un certain nombre de caractères, en réduisant le nombre de traits. À ce jour, on compte un peu plus de 2 000 caractères simplifiés, qui diffèrent donc des caractères dits « traditionnels », en usage à Taiwan et à Hong Kong. Sur l'ensemble des caractères d'usage courant, les deux tiers sont identiques de part et d'autre des deux rives…

Autre différence de part et d'autre du détroit : la disposition traditionnelle d'un texte chinois est verticale et de droite à gauche. Elle a encore cours à Taiwan et à Hong Kong. En Chine, on a adopté depuis la fin des années 1950 la disposition réformée : comme en français, c'est-à-dire horizontale et de gauche à droite.

Chapitre 3

Les bases de la grammaire et les nombres

DANS CE CHAPITRE :

» **Utiliser les différents éléments du langage**

» **Poser des questions**

» **Se concentrer sur les nombres**

Vous faites peut-être partie des personnes qui grincent des dents à la seule mention du mot grammaire. La seule pensée de toutes ces règles sur la construction des phrases peut vous donner des sueurs froides.

Calmez-vous ! Ce chapitre aurait tout aussi bien pu s'intituler « Le chinois sans pleurs ». Il vous indique des moyens rapides et faciles vous permettant de combiner les éléments de base du chinois (qui sont d'ailleurs les mêmes qu'en français). Il s'agit des noms qui servent à nommer les choses, des adjectifs qui qualifient les noms, des verbes qui expriment l'action ou des états passifs, et des adverbes qui décrivent les verbes, les adjectifs, ou d'autres adverbes. Dès que vous saurez combiner ces éléments présents dans toute phrase, vous pourrez alors exprimer vos idées et vos centres d'intérêts passés, présents et futurs.

Les éléments de base de la langue chinoise

L'ordre des mots en chinois est en gros le même qu'en français. Vous avez du mal à le croire ? Voyez donc les choses ainsi : quand vous dites « j'aime les épinards », vous utilisez l'ordre sujet (je), verbe (aime), complément (les épinards). Il en est de même en chinois. Sauf qu'à Pékin, cela ressemble plus à **Wǒ xǐhuan bōcài** (*ouo hsi h'ouann po ts'haï* ; 我喜欢菠菜).

Et si cela ne suffit pas à vous faire aimer le chinois – ni les épinards – dès à présent, peut-être que cette mise en bouche vous y aidera. En chinois :

- Vous n'avez pas besoin de conjuguer les verbes.
- Vous n'avez pas besoin de maîtriser les temps des verbes. (N'êtes-vous pas pris d'une passion soudaine pour le chinois ?)
- Vous n'avez pas besoin de distinguer les noms au singulier des noms au pluriel.
- Les noms n'ont pas de genre.
- Un même mot peut être à la fois sujet et objet.

Comment des informations aussi prodigieuses pourraient-elles ne pas réchauffer le cœur de tous ceux qui ont la phobie de la grammaire depuis l'école primaire ? En règle générale, en chinois, c'est l'utilisation de particules et l'ordre des mots dans la phrase qui permettent de déterminer les relations entre les divers éléments d'une phrase. (Pour ceux qui sont en train de se gratter la tête : situées en début ou en fin de phrase, les particules servent principalement à distinguer différents modes d'intensité du discours mais n'ont pas à proprement parler de signification.)

La langue chinoise présente diverses caractéristiques qui lui sont propres comme l'absence de conjugaison (par exemple : « je mange » et « tu manges ») ; l'absence de forme active ou passive (par exemple : « entendre » et « être entendu ») ; l'absence de passé ou de présent (« je l'aime » et « je l'aimais »). En outre, le chinois ne connaît principalement que trois aspects (réalisé, vécu et duratif), contrairement au français qui accumule temps, aspects et combinaisons des deux : imparfait, passé composé, passé antérieur, etc. (On peut prendre pour exemple les distinctions entre « je mange », « j'ai mangé », « je mangeais », « j'avais mangé », « je suis en train de manger »...). La présence d'*aspects* hors du cadre d'un temps des verbes est une grande caractéristique de la langue chinoise. Les aspects expriment le *point de vue* du locuteur par rapport à un événement ou un état.

Les noms

Ils sont extrêmement nombreux en chinois.

- Les noms communs représentent les choses tangibles, comme **háizi** (*h'aï dz ;* 孩子 ; enfant) ou **yè** (*yé ;* 叶 ; feuille).
- Les noms propres désignent les pays ou les gens, comme **Făguó** (*fa kouo ;* 法国 ; la France) et **Zhāng Xiānsheng** (*djaang hsienn chenng ;* 张先生 ; M. Zhang).
- Les noms concrets pour les choses indénombrables comme **kāfēi** (*k'ha feï ;* 咖啡 ; le café) ou **jīn** (*tinn ;* 金 ; l'or).

- Les noms abstraits qui nomment des choses comme **zhèngzhì** (*djenng dj* ; 政治 ; la politique) ou **wénhuà** (*ouenn h'oua* ; 文化 ; la culture).

Les pronoms

Le pluriel des pronoms personnels (le seul qui existe !) est facile à former en chinois. Voici tout ce que vous avez besoin de savoir : il vous suffit d'ajouter le suffixe pluriel **-men** aux trois pronoms de base :

- **Wǒ** (*ouo* ; 我 ; je/moi) devient **wǒmen** (*ouo menn* ; 我们 ; nous/nous).
- **Nǐ** (*ni* ; 你 ; tu) devient **nǐmen** (*ni menn* ; 你们 ; vous).
- **Tā** (*t'ha* ; 他/她 ; il/elle, l'/lui, le) devient **tāmen** (*t'ha menn* ; 他们/她们 ; ils/elles, eux).

On entend parfois le terme **zánmen** (*dza menn* ; 咱们) au lieu de **wǒmen**. Ce mot est utilisé dans des situations très familières quand le locuteur veut inclure l'auditeur dans une action spécifique, comme lorsque vous dites **Zánmen zǒu ba** (*dza menn dzô pa* ; 咱们走吧 ; allons-y).

Quand on parle à quelqu'un de plus âgé ou que l'on ne connaît pas très bien et que l'on devrait faire preuve d'un certain respect envers cette personne, on utilise alors le pronom **nín** (*ninn* ; 您) au lieu de la forme plus informelle **nǐ** (*ni* ; 你). En revanche, si on parle à plusieurs personnes qui répondent à cette description, le pluriel est toujours **nǐmen** (*ni menn* ; 你们).

Les classificateurs

Les classificateurs sont parfois appelés spécificatifs. Ce sont des indicateurs de la catégorie à laquelle appartient quelque chose, ou de l'angle sous lequel on envisage quelque chose. Par exemple, le classificateur **běn** (*penn* ; 本) s'applique à des livres, des magazines, des dictionnaires et tout ce qui est imprimé et relié comme un livre. Vous pouvez tout aussi bien entendre **Wǒ yào yìběn shū** (*ouo yao yi penn chou* ; 我要一本书 ; je veux un livre) que **Wǒ yào kàn yìběn zázhì** (*ouo yao k'hann yi penn dza dj* ; 我要看一本杂志 ; je veux lire un magazine).

On trouve les classificateurs entre les nombres (ou un pronom démonstratif comme « ceci » ou « cela ») et un nom. On peut les comparer un peu aux mots français suivants : un « troupeau » (d'éléphants), ce « banc » (de poissons), une « botte » (de radis), ce « bouquet » (de fleurs). Si le français n'utilise pas très souvent de classificateurs, ils apparaissent en chinois dès qu'un nombre est suivi d'un nom, même sous-entendu (comme dans « je vais en prendre une autre », qui sous-entend une tasse de café, par exemple).

TRUC

Étant donné la multiplicité des classificateurs en chinois, le classificateur **ge** (*ke* ; 个) devient un peu le classificateur passe-partout. En tant que classificateur des individus, il est aussi le plus courant en chinois. On ne peut généralement pas se tromper si on utilise **ge**. Si vous avez envie de vous passer de classificateur parce que vous ne savez pas lequel vous devez utiliser, ne cédez pas à la tentation ! Il est possible que l'on ne vous comprenne pas du tout.

Chaque classificateur étant spécifique à une catégorie de choses déterminée, le chinois en possède un grand nombre. Par exemple, le tableau 3-1 regroupe les classificateurs d'éléments naturels. Voici d'autres exemples :

- **gēn** (*kenn* ; 跟) : il s'utilise pour tout ce qui ressemble à un bâton, comme une corde ou même un brin d'herbe.
- **zhāng** (*djaang* ; 张) : il s'utilise pour tout ce qui est plat, comme un journal, une table ou un lit.
- **kē** (*k'he* ; 颗) : il s'utilise pour tout ce qui est rond et petit, comme une perle.

TABLEAU 3.1 : Quelques classificateurs spécifiques à des éléments naturels

Chinois	Prononciation	Français
duǒ 朵	*touo*	fleurs
kē 棵	*k'he*	arbres
lì 粒	*li*	grains (de riz, de sable...)
zhī 只	*dj*	animaux, insectes, oiseaux
zuò 座	*dzouo*	montagnes, ponts

TRUC

Pour toute paire d'objets, on peut utiliser le classificateur **shuāng**. Cela va de **kuàizi** (*k'houaï dz* ; 筷子 ; une paire de baguettes) à **yì shuāng shǒu** (*yi chouaang chô* ; 一双手 ; une paire de mains). Une paire peut aussi être spécifiée par le classificateur **duì** (*toueï* ; 对), comme pour **yí duì ěrhuán** (*yi toueï er h'ouann* ; 一对耳环 ; une paire de boucles d'oreilles).

Singulier et pluriel : la question ne se pose pas

Le chinois ne fait pas la différence entre le singulier et le pluriel. Si vous prononcez le mot **shū** (*chou* ; 书), cela peut tout aussi bien dire « un livre » que « des livres ». Vous ne pouvez savoir si c'est un singulier ou un pluriel que si le mot **shū** est précédé d'un nombre suivi d'un classificateur, comme dans **Wŏ yŏu sān bĕn shū** (*ouo yô sann penn chou* ; 我有三本书 ; j'ai trois livres).

TRUC

Si un nombre ou un classificateur précède déjà un pronom ou un nom relatif à une personne, comme **sān ge háizi** (*sann ke h'aï dz* ; 三个孩子 ; trois enfants), n'ajoutez pas le suffixe **-men** après **háizi** car il porte déjà la marque du pluriel.

À RETENIR

N'ajoutez jamais le suffixe **-men** à quoi que ce soit qui ne soit pas une personne. Les gens penseront que vous êtes cinglé si vous commencez à parler ainsi de vos deux chats : **wŏde xiăo māomen** (*ouo te hsïao mao menn* ; 我的小猫们). Dites tout simplement **wŏde xiăo māo hĕn hăo, xiè xiè** (*ouo te hsïao mao h'enn hao hsié hsié* ; 我的小猫很好, 谢谢 ; mes chats vont bien, merci). Cela devrait faire l'affaire.

Articles définis et indéfinis

Si vous cherchez en chinois ces petits mots dont vous ne pouvez pas vous passer en français, comme « un », « une », et « le » – des articles, comme les appellent les grammairiens – vous verrez qu'ils n'existent tout simplement pas en chinois. Seul l'ordre des mots dans la phrase permet de savoir si l'on se réfère à quelque chose de manière spécifique (article défini) ou de manière générale (article indéfini). C'est généralement en début de phrase, avant le verbe, que l'on trouve les noms qui se réfèrent à quelque chose de manière définie.

- **Shū zài nàlǐ.** (*chou dzaï nali* ; le(s) livre(s) est/sont là.)
- **Háizi xǐhuān tā.** (*h'aï dz hsi h'ouann t'ha ;* 孩子喜欢她 ; les enfants l'aiment.)
- **Pánzi zài zhuōzi shàng.** (*p'hann dz dzaï djouo dz chaang ;* 盘子在桌子上 ; l'assiette est/les assiettes sont sur la table.)

C'est plus souvent en fin de phrase, après le verbe, que l'on trouve les noms qui se réfèrent à quelque chose de plus général (et qui sont donc « indéfinis ») :

- **Nàlǐ yǒu huā ?** (*nali yô h'oua ;* où y a-t-il une/des fleur(s) ?)
- **Nàlǐ yǒu huā.** (*nali yô h'oua ;* il y a une/des fleur(s) là-bas.)
- **Zhèige yǒu wèntí.** (*djeï ke yô ouenn t'hi ;* 这个有问题 ; ceci pose un/des problème(s).)

ATTENTION !

Il y a des exceptions à ces règles : si un nom se trouve en début de phrase, il peut en fait se référer à quelque chose d'indéfini si la phrase exprime un commentaire général (et ne raconte pas toute une histoire) ; il en est ainsi quand le verbe **shì** (*ch* ; 是 ; être) fait partie du commentaire :

Xióngmāo shì dòngwù. (*hsionng mao ch tonng ou ;* 熊猫是动物 ; les pandas sont des animaux.)

Il en est de même si un adjectif suit le nom, comme dans :

Pútáo hěn tián. (*p'hou t'hao h'enn t'hienn* ; 葡萄很甜 ; le raisin est très sucré.)

Ou s'il y a un verbe auxiliaire :

Xiǎo māo huì zhuā lǎoshǔ. (*hsïao mao h'oueï djoua lao chou* ; 小猫会抓老鼠 ; les chatons peuvent attraper les souris.)

Ou si un verbe indique une action habituelle :

Niú chī cǎo. (*nio tch ts'hao* ; 牛吃草 ; les vaches mangent de l'herbe.)

Sont aussi considérés comme définis les noms précédés par un nombre (et donc un classificateur), surtout s'ils sont accompagnés du mot **dōu** (*tô* ; 都 ; tout). Ils seront précédés d'un démonstratif :

Zhè sì ge xuéshēng dōu hěn cōngmíng. (*dje s ke hsué chenng tô h'enn ts'honng minng* ; 这四个学生都很聪明 ; ces quatre étudiants sont très intelligents.)

Si le mot **zhè** (*dje* ; 这 ; celui-ci) ou **nà** (*na* ; 那 ; celui-là) est accompagné d'un classificateur alors que le nom suit le verbe, le terme est défini.

Wǒ yào mǎi nà zhāng huà. (*ouo yao maï na djaang h'oua* ; 我要买那张画 ; je veux acheter ce tableau.)

Adjectifs

Comme vous l'avez appris à l'école primaire (vous écoutiez alors avec attention ce qu'on vous disait, n'est-ce pas ?), les adjectifs qualifient les noms. On peut se demander où on les met. Le principe est le suivant : si l'adjectif ne comporte qu'une syllabe et qu'il permet de renvoyer à une catégorie, il précède directement le nom qu'il qualifie :

- » **lü chá** (*lu tch'ha ;* 绿茶 ; du thé vert)
- » **cháng zhītiáo** (*tch'haang dj t'hïao ;* 长枝条 ; long bâton)

Mais, si les adjectifs sont composés de deux syllabes, la particule de détermination **de** s'intercale généralement entre l'adjectif et le nom qu'il qualifie :

- » **gānjìng de yīfu** (*kann tinng te yi fou ;* 干净的衣服 ; des vêtements propres)
- » **cāozá de wǎnhuì** (*ts'hao dza te ouann h'oueï ;* 嘈杂的晚会 ; une fête bruyante)

Et si un nombre est suivi d'un classificateur, tous deux précèderont l'adjectif et ce qu'il qualifie :

- » **yí jiàn xīn yīfu** (*yi tienn hsinn yi fou ;* 一件新衣服 ; un nouveau vêtement)
- » **sān běn yǒuyìsi de shū** (*sann penn yô yi s te chou ;* 三本有意思的书 ; trois livres intéressants)

GRAMMAIRE

La règle suivante est spécifique au chinois : un adjectif qualificatif placé en fin de phrase peut être verbe qualificatif, il se place après le sujet ou le thème, et le verbe **shì** (*ch* ; 是; être) n'a alors pas lieu... d'être.

- » **Tā de fángzi hěn gānjìng.** (*t'ha te faang dz h'enn kann tinng ;* 他的房子很干净 ; sa maison est très propre.)
- » **Nà jiàn yīfu tài jiù.** (*na tienn yi fou t'haï tio ;* 那件衣服太旧 ; ce vêtement est trop vieux.)

Ici, **ganjing** et **jiu** signifient respectivement « être propre » et « être vieux ».

Verbes

Bonne nouvelle ! Vous n'aurez jamais de toute votre vie à vous préoccuper de conjuguer des verbes chinois. Si vous entendez quelqu'un dire **Tāmen chī Yìdàlì fàn** (*t'ha menn tch yi ta li fann* ; 他们吃意大利饭), cela peut vouloir dire « Ils mangent italien » mais aussi « Ils sont en train de manger italien ». Le tableau 3-2 liste certains verbes utilisés couramment.

TABLEAU 3.2 : Verbes utilisés couramment

Chinois	Prononciation	Français
chī 吃	*tch*	manger
kàn 看	*k'hann*	voir
mǎi 买	*maï*	acheter
mài 卖	*maï*	vendre
rènshi 认识	*jenn ch*	connaître
shì 是	*ch*	être
yào 要	*yao*	vouloir, avoir besoin de
yǒu 有	*yô*	avoir
zhīdào 知道	*dj tao*	savoir, connaître (un fait)
zǒu lù 走路	*dzô lou*	marcher
zuò fàn 做饭	*dzouo fann*	cuisiner

Être ou ne pas être : le verbe shi

Le verbe chinois **shì** (*ch* ; 是) signifie-t-il vraiment « être » ? Ou bien « ne pas être » ? Son usage est proche du français en ce qu'il est souvent suivi d'un nom qui définit le thème, comme dans **Tā shì wǒde lǎobǎn** (*t'ha ch ouo te lao pann* ; 他是我的老板 ; c'est mon boss) ou **Nà shì yì ge huài huà** (*na ch yi ke h'ouaï h'oua* ; 那是一个坏话 ; c'est une médisance).

ATTENTION !

Veillez à ne pas mettre le verbe **shì** devant un adjectif à moins que vous vouliez vraiment être catégorique. Au cours d'une conversation normale, vous pourriez dire : **Nà zhī bî tài guì** (*na dj pi t'haï koueï* ; 那支笔太贵 ; ce stylo [est] trop cher). Vous ne diriez pas : **Na zhi bi shì tai guì** (*na dj pi ch t'haï koueï* ; 那支笔是太贵), à moins que vous ne vouliez vraiment dire « Ce stylo EST trop cher ! » auquel cas vous accentueriez le verbe **shì**.

GRAMMAIRE

La forme négative du verbe **shì** s'obtient en le faisant précéder du préfixe négatif **bù**.

Shì bu shì ? (*ch pou ch* ; 是不是 ; est-il ou n'est-il pas ?)

Zhè bú shì táng cù yú ? (*dje pou ch t'haang ts'hou yu* ; 这不是糖醋鱼 ; ce n'est pas du poisson à la sauce aigre-douce ?)

Seriez-vous un peu tendu ? Le, guo, et autres indicateurs d'aspect

C'est bon, vous pouvez vous détendre, maintenant. Il n'y a aucune raison de vivre la moindre tension quand on aborde le chinois sous prétexte que les verbes n'indiquent pas le temps. C'est le rôle des mots de temps (demain, hier, jadis, etc.), mais aussi d'indicateurs d'aspect. Ce sont des monosyllabes qui indiquent si une action est (considérée comme) réalisée, est en cours, vient de commencer, ainsi que presque toutes les étapes intermédiaires.

Prenons, par exemple, la syllabe **le**. Elle indique qu'une action est considérée comme réalisée quand on l'utilise comme suffixe apposé à un verbe :

» **Nî mǎi le hěn duō shū.** (*ni maï le h'enn touo chou ;* 你买了很多书 ; tu as acheté de nombreux livres.)

» **Tā dài le tāde yǔsǎn.** (*t'ha taï le t'ha te yu sann ;* 他带了他的雨伞 ; il a apporté son parapluie.)

Et si voulez poser une question, ajoutez tout simplement **méiyǒu** à la fin. Il donne aussitôt la forme négative à l'action achevée rendue par **le** :

» **Nî mǎi le hěn duō shū méiyǒu ?** (*ni maï le h'enn touo chou meï yô ;* 你买了很多书没有 ; as-tu acheté de nombreux livres ?)

» **Tā dài le tāde yǔsǎn méiyǒu.** (*t'ha taï le t'ha te yu sann meï yô ;* 他带了他的雨伞没有 ; a-t-il apporté son parapluie ?)

Il y a aussi **guo**. Il indique que quelque chose a été fait au moins une fois, qu'une telle expérience a été faite :

» **Tā qù guo Měiguó.** (*t'ha tchu kouo meï kouo meï yô ;* 他去过美国 ; il a été aux États-Unis.)

» **Wǒmen chī guo Fǎguó cài.** (*ouo menn tch kouo fa kouo ts'haï ;* 我们吃过法国菜 ; nous avons déjà mangé français.)

Si une action est en train de se passer au moment où vous parlez, vous utiliserez l'adverbe d'aspect **zài**.

» **Wŏmen zài chīfàn.** (*ouo menn dzaï tch fann ;* 我们在吃饭 ; nous sommes en train de manger.)

» **Nĭ māma zài zuò fàn.** (*ni mama dzaï dzouo fann ;* 你妈妈在做饭 ; ta mère est en train de faire la cuisine.)

Quand vous utilisez l'adverbe d'aspect **zài**, vous pouvez aussi le faire précéder du mot **zhèng** (*djenng* ; 正) si vous souhaitez insister. On peut le traduire par : « être justement en train de » faire quelque chose.

Si quelque chose est ou était en train de se passer de façon continue et découlait de quelque chose d'autre que vous avez fait, il vous suffit d'ajouter la syllabe **zhe** (*dje* ; 着) à la fin du verbe pour dire, par exemple :

» **Tā dài zhe yí ge huáng màozi.** (*t'ha taï dje yi ke h'ouaang mao dz ;* 他戴着一个黄帽子 ; il porte un chapeau jaune.)

» **Nĭ chuān zhe yí jiàn piàoliang de chènshān.** (*ni tch'houann dje yi tienn p'hïao liaang te tch'henn chann ;* 你穿着一件漂亮的衬衫 ; tu portes une jolie chemise.)

Vous pouvez aussi utiliser **zhe** quand vous voulez indiquer que deux actions se déroulent en même temps.

» **Tā zuòzhe chīfàn.** (*t'ha dzouo dje tch fann ;* 她坐着吃饭 ; elle mange/mangeait assise.)

Un verbe particulier : *yôu* (avoir)

Vous **yŏu** (*yô* ; 有) un ordinateur ? Non ?! Pas de chance. Tout le monde semble en avoir un aujourd'hui. Et une Ferrari ? Vous en **yŏu** une ? Si ce n'est pas le cas, bienvenue au club. Les gens qui ont plein de choses utilisent très souvent le mot **yǒu**. Il signifie « avoir ».

» **Wǒ yǒu yí wàn kuài qián.** (*ouo yô yi ouann k'houaï tchienn ;* 我有一万块钱 ; j'ai 10 000 yuans.)

» **Wǒ yǒu sān ge fángzi – yí ge zài Ōuzhōu, yí ge zài Yàzhōu, yí ge zài Měiguó.** (*ouo yô sann ke faang dz-yi ke dzaï ô djô, yi ke dzaï ia djô, yi ke dzaï meï kouo ;* 我有三个房子－一个在欧洲，一个在亚洲，一个在美国 ; j'ai trois maisons – une en Europe, une en Asie, et une aux États-Unis.)

Yǒu peut aussi signifier « il y a » :

» **Yǒu hěn duō háizi.** (*yô h'enn touo h'aï dz ;* 有很多孩子 ; il y a beaucoup d'enfants), contrairement à **Wǒ yǒu hěn duō háizi** (*ouo yô h'enn touo h'aï dz ;* 我有很多孩子 ; j'ai beaucoup d'enfants.)

» **Shū zhuō shang yǒu wǔ zhāng zhǐ.** (*chou dzouo chaang yô ou djaang dj ;* 书桌上有五张纸 ; il y a cinq morceaux de papier sur le bureau.)

ATTENTION !

La forme négative du verbe **yǒu** ne s'obtient pas en utilisant l'adverbe négatif habituel **bù.** À sa place, vous devez utiliser un autre adverbe négatif, **méi** :

» **Méiyǒu hěn duō háizi.** (*meï yô h'enn touo h'aï dz ;* 没有很多孩子 ; il n'y a pas beaucoup d'enfants.)

» **Shūzhuōshàng méiyǒu wǔ zhāng zhǐ.** (*chou djouo chaang meï yô ou djaang dj ;* 书桌上没有五张纸 ; il n'y a pas cinq morceaux de papier sur le bureau.)

Demander ce que l'on veut : le verbe « yào »

Depuis que la superstar de basket chinoise de 2,26 m, Yao Ming, a fait son apparition, le verbe **yào** a connu une importante publicité d'amorçage aux États-Unis. Son nom ne s'écrit pas avec le même caractère que le verbe « **yào** », mais au moins, tout le monde sait déjà le prononcer !

Yào est un des verbes les plus pratiques en chinois. Quand vous le dites, vous obtenez généralement ce que vous voulez. En fait, la simple mention du mot **yào** indique que vous voulez quelque chose :

- **Wǒ yào yì bēi kāfēi.** (*ouo yao yi peï k'ha feï ;* 我要一杯咖啡 ; je veux une tasse de café.)
- **Wǒ yào gēn nǐ yìqǐ qù kàn diànyǐng.** (*ouo yao kenn ni yi tchi tchu k'hann tienn yinng ;* 我要跟你一起去看电影 ; je veux aller au cinéma avec toi.)

Vous pouvez aussi donner un ordre avec le verbe **yào**, mais seulement si vous l'utilisez avec un pronom à la seconde personne :

- **Nǐ yào xiǎoxīn !** (*ni yao hsïao hsinn ;* 你要小心 ; tu devrais faire attention !)
- **Nǐ yào xǐ shǒu.** (*ni yao hsi chô ;* 你要洗手 ; tu as besoin de te laver les mains.)

Les adverbes

Les adverbes servent à modifier les verbes ou les adjectifs qu'ils précèdent toujours. En chinois, les plus courants sont **hěn** (*h'enn* ; 很 ; très) et **yě** (*yé* ; 也 ; aussi).

Si vous voulez dire que quelque chose n'est pas seulement **hǎo** (*hao* ; 好 ; bien), mais *très* bien, vous direz **hěn hǎo** (*h'enn h'ao* ; 很好 ; très bien). Si votre ami veut ajouter son grain de sel et dire que quelque chose d'autre est aussi très bien, il dira « **Zhèige yě hěn hǎo** » (*djeï ke yé h'enn h'ao* ; 这个也很好 ; ça aussi c'est très bien) parce que **yě** précède toujours **hěn**.

GRAMMAIRE

L'adverbe **yě** précède toujours l'adverbe **hěn** mais aussi l'adverbe de négation **bù**.

Bù et *méiyôu* : la négation absolue

Bouh ! Je vous ai fait peur ? Ne vous inquiétez pas. Je ne fais qu'utiliser la forme négative chinoise. C'est vrai que le mot **bù** se prononce de la même façon que le prononcerait un fantôme et il a souvent la même intensité.

Bù vous permet de revenir sur quelque chose que vous avez fait dans le passé ou le présent (ou bien il indique que vous ne le faites plus maintenant) ; il permet aussi de démentir quelque chose à venir :

» **Tā xiǎo de shíhòu bù xǐ huān chī shūcài.** (*t'ha hsïao te ch h'ô pou hsi h'ouann tch chou ts'haï* ; 他小的时候不喜欢吃蔬菜 ; quand il était petit, il n'aimait pas les légumes.)

» **Wǒ búyào chàng gē.** (*ouo pou yao tch'haang ke* ; 我不要唱歌 ; je ne veux pas chanter.)

» **Wǒ búhui huà huà.** (*ouo pou h'ouei h'oua h'oua* ; je ne sais pas peindre.)

» **Diányîngyuàn xīngqīliù bù kāimén.** (*tienn yinng yuenn hsinng tchi lio pou k'haï menn* ; 电影院星期六不开门 ; le cinéma ne sera pas ouvert samedi.)

Le préfixe négatif **bù** se dit au quatrième ton (le ton descendant). Mais, quand il précède une syllabe au quatrième ton, il se transforme alors en deuxième ton (le ton ascendant), comme dans les mots **búqù** (*pou tchu* ; 不去 ; n'irai pas / n'iras pas.../ ne suis pas allé.../ ne vais pas...[à toutes les personnes]) et **búyào** (*pou yao* ; 不要 ; ne voudrai pas / ne voudras pas.../ n'ai pas voulu.../ ne veux pas... [à toutes les personnes]). (Pour en savoir plus sur les tons, reportez-vous au Chapitre 1).

Méiyǒu est un autre préfixe négatif qui se place aussi avant le verbe. Mais il ne fait référence qu'au passé, et signifie que quelque chose ne s'est pas passé ou ne s'est pas passé lors d'un événement particulier :

- **Wǒ méiyǒu kàn nèi bù diànyǐng.** (*ouo meï yô k'hann neï pou tienn yinng ;* 我没有看那部电影 ; je n'ai pas vu ce film.)
- **Zuótiān méiyǒu xiàyǔ.** (*dzouo t'hienn meï yô hsia yu ;* 昨天没有下雨 ; il n'a pas plu hier.)

Quand l'indicateur d'aspect **guò** se trouve après le verbe **méiyǒu**, cela veut dire que la chose n'a jamais eu lieu (jusqu'à ce jour) dans le passé. Il se peut que vous tombiez parfois sur **méi** qui est la forme abrégée de **méiyǒu** :

- **Wǒ méi qù guo Fǎguó.** (*ouo meï tchu kouo fa kouo ;* 我没去过法国 ; je ne suis jamais allé en France.)
- **Wǒ méi chī guo Yìndù cài.** (*ouo meï tch kouo yinn tou ts'haï ;* 我没吃过印度菜 ; je n'ai jamais mangé indien.)

La forme possessive avec la particule (de)

La particule **de** est omniprésente en chinois. Où que vous alliez, vous allez la croiser. **Wŏde tiān !?** (*ouo te t'hienn* ; 我的天 ; mon Dieu !) Oups ! ... la voilà encore. Elle est facile à utiliser. Tout ce que vous avez à faire, c'est de la coller à la fin du pronom, comme dans **nîde chē** ? (*ni te tch'he* ; 你的车 ; ta voiture), ou d'un autre modificatif, comme dans **tā gōngsī de jīnglî** (*t'ha konng s te tinng li* ; 他公司的经理 ; le dirigeant de son entreprise), et voilà ! Elle indique la possession.

GRAMMAIRE

La particule **de** a le même rôle que l'apostrophe « s » ('s) en anglais quand elle n'est pas juxtaposée à un pronom. Elle engendre un processus de modification diamétralement opposé au possessif français « de » ou à l'anglais « of », auxquels vous pourriez être tenté de la comparer.

Poser des questions

Il y a plusieurs façons de poser des questions simples en chinois. On peut espérer que vous êtes tellement curieux sur le monde qui vous entoure que vous mourrez d'envie de poser beaucoup de questions dès que vous saurez comment faire.

La particule interrogative « ma »

La façon la plus facile de poser une question, c'est tout simplement de terminer n'importe quelle phrase avec **ma**. Cela transforme aussitôt la phrase en question. Par exemple, **Tā chīfàn** (*t'ha tch fann* ; 他吃饭 ; il est en train de manger/il mange) devient **Tā chīfàn ma ?** (*t'ha tch fann ma* ; 他吃饭吗 ; est-ce qu'il est en train de manger/ est-ce qu'il mange ?), **Nǐ shuō Zhōngwén** (*ni chouo djonng ouenn* ; 你说中文 ; tu parles chinois) devient **Nǐ shuō Zhōngwén ma ?** (*ni chouo djonng ouenn ma* ; 你说中文吗 ; parles-tu chinois ?).

Questions alternatives : répétition du verbe et insertion de « bu »

La deuxième façon de poser une question est de répéter le verbe sous la forme négative. Cela donnerait en français quelque chose comme « est-ce que tu manges, manges pas ? ». Mais on ne peut utiliser cette structure que pour les questions appelant une réponse affirmative ou négative. Par exemple :

- **Nǐ shì búshì Zhōngguórén ?** (*ni ch pou ch djonng kouo jenn* ; 你是不是中国人 ; es-tu Chinois ?)
- **Tā yào bú yào háizi ?** (*t'ha yao pou yao h'aï dz* ; 她要不要孩子 ; veut-elle des enfants ?)
- **Tāmen xǐhuān bù xǐhuān chī Zhōngguó cài ?** (*t'ha menn hsi h'ouann pou hsi h'ouann tch djonng kouo ts'haï* ; 他们喜欢不喜欢吃中国菜 ; aiment-ils la nourriture chinoise ?)

Pronoms interrogatifs

La dernière façon de poser une question en chinois se fait à l'aide de pronoms interrogatifs. Les pronoms interrogatifs chinois sont :

- **shéi** (*cheï* ; 谁 ; qui)
- **shéi de** (*cheï te* ; 谁的 ; à qui)

- **shénme** (*che me ;* 什么 ; quoi)
- **nă** (*na ;* 哪 ; + classificateur ; lequel, laquelle, lesquelles)
- **nălî** (*nali ;* 哪里 ; où)
- **shénme dìfāng** (*che me ti faang ;* 什么地方 ; où)

ATTENTION !

Ne confondez pas **nă** et **năr** ou **nălǐ**. Cette seule fin de mot fait toute la différence : le pronom « lequel » (**nă**) devient alors le pronom « où » (**năr** ou **nălǐ**).

Il est facile de trouver la place qui convient à ces pronoms interrogatifs. Mettez-les tout simplement là où l'on trouverait la réponse. Par exemple :

- Question : **Nî shì shéi ?** (*ni ch cheï ;* 你是谁 ; qui es-tu ?)
- Réponse : **Nî shì wŏ péngyou.** (*ni ch ouo p'henng yô ;* 你是我朋友 ; tu es mon ami.)
- Question : **Tāde nhpéngyou zài năli ?** (*t'ha te nu p'henng yô dzaï nali ;* 他的女朋友在哪里 ; où est sa petite amie ?)
- Réponse : **Tāde nhpéngyou zài jiāli.** (*t'ha te nu p'henng yô tia li ;* 他的女朋友在家里 ; sa petite amie est à la maison.)

Il en est de même pour la structure verbe-**bù**-verbe. Pour répondre à ce type de question, il suffit d'omettre soit le verbe positif, soit le préfixe négatif et le verbe qui le suit :

- Question : **Nî hăo bù hăo ?** (*ni h'ao pou h'ao ;* 你好不好 ; comment vas-tu ? *mot à mot* : es-tu bien ou pas bien ?)

- Réponse : **Wŏ hĕn hăo.** (*ouo h'enn h'ao ;* 我很好 ; je vais bien) ou **Wŏ bù hăo** (*ouo pou h'ao ;* 我不好 ; je ne vais pas bien.)

TRUC

Pour dire « qui » ou « quelle personne » sans paraître grossier ou trop familier, on peut utiliser le terme **nĕi wèi** : *mot à mot*, « quelle personne ». Par exemple, **Nî yéye shì nĕi wèi ?** (*ni yé yé ch neï oueï ;* 你爷爷是哪位 ; lequel d'entre eux est ton grand père ?)

GRAMMAIRE

Les pronoms interrogatifs se trouvent souvent en début de phrase s'ils sont suivis par le verbe **yŏu** (*yô ;* 有 ; exister), comme dans **Shéi yŏu wŏde bî ?** (*cheï yô ouo te pi ;* 谁有我的笔 ; qui a mon stylo ?)

Compter en chinois

Comment faire pour préciser le nombre de grammes de viande que vous voulez acheter au marché, la somme d'argent que vous voulez changer à l'aéroport, ou le coût de la course en taxi au départ de votre hôtel ? Tout ceci peut tourner au supplice si vous ne connaissez pas les nombres de base.

Nombres de 1 à 10

Apprendre à compter en chinois est aussi facile que **yī** (*yi ;* 一 ; one), **èr** (*er ;* 二 ; deux), **sān** (*sann ;* 三 ; trois). Le tableau 3-3 liste les nombres de 1 à 10.

TABLEAU 3.3 : Nombres de 1 à 10

Chinois	Prononciation	Français
líng 零	*linng*	0
yī 一	*yi*	1
èr 二	*er (à l'américaine)*	2
sān 三	*sann*	3
sì 四	*s*	4
wǔ 五	*ou*	5
liù 六	*lio*	6
qī 七	*tchi*	7
bā 八	*pa*	8
jiǔ 九	*tio*	9
shí 十	*ch*	10

GRAMMAIRE

Si le nombre « deux » se trouve devant un classificateur (reportez-vous à la section « Classificateurs » que nous avons vu plus tôt dans ce chapitre), utilisez **liǎng** et non **èr**. Vous direz ainsi que vous avez **liǎng běn shū** (*liaang penn chou* ; 两本书 ; deux livres) plutôt que **èr běn shū** (*er penn chou* ; 二本书).

Nombres de 11 à 99

Après le nombre 10, on crée les nombres à partir du mot 10 que l'on fait suivre de l'unité qui permettra d'obtenir les combinaisons adéquates pour créer les nombres 11 à 19. C'est vraiment facile. Par exemple, 11 se dit **shíyī** (*ch yi* ; 十一) – *mot à mot* : 10 plus 1. Il en est de même pour 12, et ainsi de suite jusqu'à 19. Le tableau 3-4 liste les nombres de 11 à 19.

TABLEAU 3.4 : Nombres de 11 à 19

Chinois	Prononciation	Français
shíyī 十一	*ch yi*	11
shí'èr 十二	*ch er*	12
shísān 十三	*ch sann*	13
shísì 十四	*ch s*	14
shíwǔ 十五	*ch ou*	15
shíliù 十六	*ch lio*	16
shíqī 十七	*ch tchi*	17
shíbā 十八	*ch pa*	18
shíjiǔ 十九	*ch tio*	19

Quand vous arrivez à 20, vous devez pensez mot à mot « deux 10 » suivi de l'unité que vous voulez ajouter jusqu'à 9, si vous voulez compter de 21 à 29, comme dans le tableau 3-5.

TABLEAU 3.5 : Nombres de 20 à 29

Chinois	Prononciation	Français
èrshí 二十	*er ch*	20 (*mot à mot :* deux 10)
èrshíyī 二十一	*er ch yi*	21
èrshí'èr 二十二	*er ch er*	22
èrshísān 二十三	*er ch san*	23
èrshísì 二十四	*er ch s*	24
èrshíwǔ 二十五	*er ch ou*	25
èrshíliù 二十六	*er ch lio*	26
èrshíqī 二十七	*er ch tchi*	27
èrshíbā 二十八	*er ch pa*	28
èrshíjiǔ 二十九	*er ch tio*	29

L'idée de base est la même pour **sānshí** (*sann ch* ; 三十 ; 30 soit, *mot à mot* : trois 10), **sìshí** (*s ch* ; 四十 ; 40), **wǔshí** (*ou ch* ; 五十 ; 50), **liùshí** (*lio ch* ; 六十 ; 60), **qīshí** (*tchi ch* ; 七十 ; 70), **bāshí** (*pa ch* ; 八十 ; 80), et **jiǔshí** (*tio ch* ; 九十 ; 90). Quoi de plus facile ?

Nombres de 100 à 9 999

Après le nombre 99, il n'est plus possible de compter par dizaine.

- » 100 se dit **yì bǎi** (*yi paï* ; 一百).
- » 1 000 se dit **yì qiān** (*yi tchienn* ; 一千).

Les Chinois comptent jusqu'à **wàn** (*ouann* ; 万 ; dix mille) puis reprennent jusqu'à **yì** (*yi* ; 亿 ; 100 millions), contrairement au français où l'on compte jusqu'à 1 000 avant de reprendre jusqu'à un million.

TRUC

On commence d'abord par les unités de valeur les plus élevées. Ce qui donne, pour le nombre 387, **sān bǎi bā shí qī** (*sann paï pa ch tchi* ; 三百八十七) et, pour le nombre 15 492, **yí wàn wǔ qiān sì bǎi jiǔ shí èr** (*yi ouann ou tchienn s paî tio ch er* ; 一万五千四百九十二).

GRAMMAIRE

Le ton du nombre « un » **(yī)** passe du premier ton (haut) au quatrième ton (descendant) quand il est suivi par un premier ton (haut), comme dans **yì qiān** (*yi tchienn* ; 一千 ; 1 000), par un second ton (ascendant), comme dans **yì nián** (*yi nienn* ; 一年 ; une année), et par un troisième ton (plongeant légèrement), comme **yì bǎi** (*yi paï* ; 一百 ; 100). Il se transforme aussi en second ton (ascendant) quand il est suivi par un quatrième ton (descendant), comme dans **yí wàn** (*yi ouann* ; 一万 ; 10 000). Il ne conserve sa marque de premier ton d'origine que lorsque l'on compte : un, deux, trois...

Nombres de 10 000 à 100 000 et au-delà

On arrive aux grands nombres :

- 10 000 se dit **yí wàn** (*yi ouann ; 一万 ; mot à mot* : une unité de 10 000).
- 100 000 se dit **shí wàn** (*ch ouann ; 十万 ; mot à mot* : dix unités de 10 000).
- 1 000 000 se dit **yì bǎi wàn** (*yi paï ouann ; 一百万 ; mot à mot* : une centaine d'unités de 10 000).
- 100 000 000 se dit **yí yì** (*yi yi ; 一亿 ; mot à mot* : une centaine de millions).

CULTURE

Les nombres jouent un rôle intéressant dans la conversation quotidienne en Chine. On peut entendre quelqu'un dire de façon catégorique : **Nǐ qiānwàn búyào xìn tāde huà** (*ni tchienn ouann pou yao hsinn t'ha te h'oua ; 你千万不要信他的话 ;* en aucun cas ne crois ce qu'il dit !). **Qiān** signifie mille et **wàn**, 10 000, mais quand vous associez ces deux mots et que vous les placez devant le préfixe négatif **bù**, l'insistance augmente. Autrefois, en Chine, il était fréquent d'entendre cet autre morceau de phrase **wàn suì !** (*ouann soueï ; 万岁* ; vive ...), précédé du nom de quelqu'un au pouvoir ; vous entendiez alors quelque chose comme **Máo zhǔxí wàn suì !** (*mao djou hsi ouann soueï 毛主席万岁* ; vive le président Mao !) Aujourd'hui, si vous utilisez cette expression, vous êtes en quelque sorte en train de parodier une phrase que l'on prenait très au sérieux il y a seulement quelques dizaines d'années.

Que fait-on des moitiés ?

Comment fait-on quand on veut ajouter une moitié à quelque chose ? C'est peut-être bien la question que vous êtes en train de vous poser maintenant. Eh bien, pour exprimer une moitié, on utilise le mot **bàn** (*pann* ; 半) que l'on peut trouver aussi bien au début d'une phrase, comme dans **bàn bēi kělè** (*pann peï k'he le* ; 半杯可乐 ; un demi-verre de coca), qu'après un nombre et un classificateur ; mais, dans ce dernier cas, il se placera avant le terme auquel s'applique la moitié, comme dans **yí ge bàn xīngqī** (*yi ke pann hsinng tchi* ; 一个半星期 ; une semaine et demie).

Nombres ordinaux

Si vous voulez préciser l'ordre de quelque chose, il vous suffit d'ajouter le mot **dì** avant le nombre.

Chinois	Prononciation	Français
dì yī 第一	*ti yi*	le premier
dì èr 第二	*ti er (à l'américaine)*	le deuxième/second
dì sān 第三	*ti sann*	le troisième
dì sì 第四	*ti s*	le quatrième
dì wǔ 第五	*ti ou*	le cinquième
dì liù 第六	*ti lio*	le sixième
dì qī 第七	*ti tchi*	le septième
dì bā 第八	*ti pa*	le huitième
dì jiǔ 第九	*ti tio*	le neuvième
dì shí 第十	*ti ch*	le dixième

Si le nombre ordinal est suivi d'un nom, il faut alors intercaler un classificateur entre les deux, comme dans **dì bā ge xuéshēng** (*ti pa ke hsué chenng* ;

第八个学生 ; le huitième étudiant) ou **dì yī ge háizi** (*ti yi ke h'aï dz* ; 第一个孩子 ; le premier enfant).

Combien ?

Il y a deux façons de demander combien coûte quelque chose ou combien il y a de choses. Vous pouvez soit utiliser le mot interrogatif **duōshǎo** (*touo chao* ; 多少) quand la réponse va probablement être un chiffre supérieur à 10, ou **jǐ (ge)** (*ti ke* ; 几个), quand la réponse va probablement être un chiffre inférieur à 10.

» **Nà ge qìchē duōshǎo qián ?** (*na ke tchi tch'he touo chao tchienn* ; 那个汽车多少钱 ; combien coûte cette voiture ?)

» **Nǐ xiǎo nh'ér jīnnián jǐ suì ?** (*ni hsïao nu er tinn nienn ti soueï* ; 你小女儿今年几岁 ; quel âge a ta fille cette année ?)

Chapitre 4

Organiser son voyage

DANS CE CHAPITRE :

- » **Voyager en avion**
- » **Survivre au contrôle des douanes**
- » **Se balader en ville**
- » **Trouver des dates possibles dans votre agenda**
- » **Choisir une destination de voyage**

La route peut être longue pour arriver en **Zhōngguó** (*djoong kouo* ; 中国 ; Chine), après avoir traversé la moitié du globe. La connaissance des mots et phrases magiques du voyage, en langue chinoise, peut rendre celui-ci le plus facile et le plus **shūfu** (*chou fou* ; 舒服 ; agréable) possible. Ce chapitre vous aide à vous y retrouver au **fēijīchǎng** (*feï ti tch'haang* ; 飞机场 ; aéroport) et dans le **fēijī** (*feï ti* ; 飞机 ; avion), à survivre à l'expérience des **hǎiguān** (*h'aï kouann* ; 海关 ; douanes) et à utiliser différents types de **jiāotōng** (*tïao t'honng* ; 交通 ; transport) une fois que vous aurez atteint votre destination.

Se déplacer dans l'aéroport

Vous avez l'impression d'être un voyageur expérimenté parce que vous avez simplement traversé toute l'**Ōuzhōu** (*ô djô*欧洲 ; Europe) et les continents américains ? Eh bien, mon ami, le réveil va être difficile. Quand il s'agit de s'y retrouver en Chine, l'anglais ou toute autre langue occidentale ne vous sert pas à grand-chose. Vous passez beaucoup de temps improductif à essayer d'interpréter les signes pour essayer de comprendre dans quelle queue vous devez vous trouver et où vous rendre ensuite une fois que vous êtes arrivé à l'aéroport. Vous devez au moins connaître la transcription officielle, le **pīnyīn** (*p'hinn yinn* ; 拼音 ; *mot à mot* : associer les sons), si vous ne connaissez pas les caractères chinois eux-mêmes. Sinon vous allez vous retrouver dans un sale pétrin. Vous pourriez même finir par suivre la personne la plus proche de vous, même si cela vous conduit aux toilettes et non pas à la zone de livraison des bagages.

Vous lisez *Le chinois pour les Nuls en voyage !* avant de partir ? C'est une bonne idée qui va vous donner un avantage certain. Vous pouvez potasser des mots et des phrases essentielles et éviter ainsi que votre expérience à l'aéroport ne vous donne envie de prendre le prochain avion pour rentrer chez vous au plus vite.

Passer le comptoir d'enregistrement

Êtes-vous prêt pour le **bànlǐ dēngjī shǒuxù** (*pann li tnng ti chô hsu* ; 办理登机手续 ; l'enregistrement) ? Après les avoir trimballé jusque là, vous devez finalement **tuōyùn** (*t'houo yune* ; 托运 ; faire enregistrer) vos **xíngli** (*hsinng li* ; 行李 ; bagages). On vous donne une **dēngjīpái** (*tenng ti paï* ; 登机牌 ; carte d'embarquement) au comptoir d'enregistrement ; vous êtes alors prêt à vous diriger vers la bonne **chūkǒu** (*tch'hou k'hô* ; 出口 ; porte), en n'emportant avec vous que votre **shǒutí xíngli** (*chô t'hi hsinng li* ; 手提行李 ; bagage à main).

Toutes sortes de questions peuvent vous venir à l'esprit en ce moment. Voici quelques phrases qui peuvent vous servir au moment de l'enregistrement :

» **Wǒ xiǎngyào kào guòdào de wèizi.** (*ouo hsiaang yao k'hao kouo tao te oueï dz* ; 我想要靠过道的位子 ; je voudrais un siège dans l'allée.)

» **Wǒ xiǎngyào kào chuāng de wèizi.** (*ouo hsiaang yao k'hao tch'houaang te oueï dz* ; 我想要靠窗的位子 ; je voudrais un siège près du hublot.)

» **Wǒ xiǎng tuōyùn xíngli.** (*ouo hsiaang t'houo yune hsinng li* ; 我想托运行李 ; je voudrais faire enregistrer mes bagages.)

» **Fēijī jǐ diǎn qǐfēi ?** (*feï ti ti tienn tchi feï* ; 飞机几点起飞 ; à quelle heure l'avion décolle-t-il ?)

» **Wǒde hángbān hào shì duōshǎo ?** (*ouo te h'aang pann h'ao ch touo chao* ; 我的航班号是多少 ; quel est mon numéro de vol ?)

» **Zài jǐ hào mén dēngjī ?** (*dzaï ti h'ao menn tnng ti* ; 在几号门登机 ; de quelle porte embarquons-nous ?)

Une fois que vous avez procédé à l'enregistrement, des surprises désagréables, diverses et variées, peuvent vous attendre. Peut-être que l'avion ne pourra finalement pas **zhèngdiǎn qǐfēi** (*djenng tienn tchi feï* ; 正点起飞 ; partir à l'heure) et que la compagnie aérienne devra **tuīchí** (*t'houeï tch* ; 推迟 ; retarder) votre départ ou tout **qǔxiāo** (*tchu hsïao* ; 取消 ; annuler). Peut-être que le **tiānqi** (天气 ; temps) posera problème. C'est toujours mieux que la peur d'un **kǒngbù fènzǐ** (*k'honng pou fenn dz* ; 恐怖分子 ; terroriste), à notre époque, vous ne trouvez pas ?

Mots clés

guónèi 国内	*kouo neï*	intérieure (ligne...)
guójì 国际	*kouo ti*	international (ligne...)
piao 票	*p'hïao*	le billet
hùzhào 护照	*h'ou djao*	le passeport
qiānzhèng 签证	*tchienn djenng*	le visa
dàodá 到达	*tao ta*	les arrivées
qǐfēi 起飞	*tchi feï*	les départs
mén, chūkǒu 门，出口	*menn tch'hou k'hô*	la porte
shǒutí xíngli 手提行李	*chô ti hsinng li*	le bagage à main
gōngwénbāo 公文包	*konng ouenn pao*	la serviette (cartable)
lǐngqǔdān 领取单	*linng tchu tann*	l'étiquette pour réclamer les bagages
fàngdào zuòwèi dǐxià 放到座位底下	*faang tao dzouo oueï ti hsia*	tenir sous le siège
xínglijià 行李架	*hsinng li tia*	le compartiment à bagages (dans l'avion)
yí lù píng ān 一路平安	*yi lou p'hinngan*	bon voyage

Monter dans l'avion

Parfait ! Vous êtes maintenant prêt à monter dans l'avion. Avez-vous la chance d'être installé en **tóuděngcāng** (*t'hô tenng ts'haang* ; 头等舱 ; première classe) ou devez-vous vous contenter pendant tout ce temps de la **jīngjìcāng** (*tinng ti ts'haang* ; 经济舱 ; classe économique) ? De toutes façons, il n'y a plus de **xīyān qū** (*hsi yenn tchu* ; 吸烟区 ; zone fumeurs) sur les vols internationaux : si vous êtes fumeur, vous aller devoir renoncer à votre cigarette pendant à peu près les dix prochaines heures.

En attendant, voici des personnes que vous verrez monter dans l'avion avant vous (ou du moins, je l'espère) :

- **jiàshǐyuán** (*tia ch yuenn* ; 驾驶员 ; le pilote)
- **jīzǔ** (*ti dzou* ; 机组 ; l'équipage)
- **chéngwùyuán** (*tch'henng ou yuenn* ; 乘务员 ; les hôtesses et stewards)

Et si vous êtes comme moi, certaines choses vont vous inquiéter au moment où l'avion va se diriger vers la piste :

- **qǐfēi** (*tchi feï* ; 起飞 ; le décollage)
- **qìliú** (*tchi lio* ; 气流 ; la turbulence)
- **zhuólù** (*dzouo lou* ; 着陆 ; l'atterrissage)

Aaah ! Je deviens nerveux rien qu'à y penser. Mais ça va quand même. Les **chéngwùyuán** (*tch'henng ou yuenn* ; 乘务员 ; les hôtesses et stewards) savent parler à des gens comme vous et moi. C'est pour cette raison qu'ils vous disent avant le décollage où se trouvent les **jiùshēngyī** (*tio chenng yi* ; 救生衣 ; gilets de sauvetage) et les **jǐnjí chūkǒu** (*tinn ti tch'hou k'hô* ; 紧急出口 ; les sorties de secours). Vous pouvez aussi les entendre crier les instructions suivantes si vous n'avez pas encore réussi à tout gérer :

» **Jìhǎo nínde ānquándài.** (*ti h'ao ninn te an tchuann taï* ; 系好您的安全带 ; attachez vos ceintures.)

» **Bù zhǔn chōuyān.** (*pou djounn tch'hô yenn* ; 不准抽烟 ; il est interdit de fumer)

» **Bǎ zuòyǐ kàobèi fàngzhí.** (*pa dzouo yi k'hao peï faang dj* ; 把座椅靠背放直 ; relevez votre siège.)

» **Bǎ xiǎo zhuōbǎn shōu qǐlái.** (*pa hsïao djouo pann chô tchi laï* ; 把小桌板收起来 ; relevez votre tablette.)

» **Rúguǒ kōngqì yālì yǒu biànhuà, yǎngqìzhào huì zìdòng luòxià.** (*jou kouo k'honng tchi ia li yô pienn h'oua , yaang tchi mienn djao h'oueï dz tonng louo hsia* ; 如果空气压力有变化，氧气面罩会自动落下 ; en cas de changement de pression atmosphérique, le masque à oxygène tombera automatiquement.)

Si vous êtes un passager nerveux, vous allez probablement passer tout votre temps à écouter de la **yīnyuè** (*yinn yué* ; 音乐 ; musique) avec les **ěrjī** (*er – à l'américaine – ti* ; 耳机 ; écouteurs) en zappant les **píndào** (*p'hinn tao* ; 频道 ; canaux) de la radio ou les **diànshìtái** (*tienn ch t'haï* ; 电视台 ; chaînes) de la télévision ou à essayer de **shuìjiào** (*choueï tiao* ; 睡觉 ; dormir). Espérons que le **diànyǐng** (*tienn yinng* ; 电影 ; film) sera bon sur un si long parcours. Mais, s'il est ennuyeux, il pourra au moins vous aider à **shuìjiào**.

GRAMMAIRE

On utilise le co-verbe **bǎ** (*pa* ; 把) quand on veut mettre l'objet devant le verbe qui exprime ce que vous avez fait ou ce que vous ferez avec l'objet.

Mots clés

zhèngdiǎn 正点	*djenng tienn*	à l'heure
chàbùduō 差不多	*tch'ha pou touo*	à peu près, environ, approximativement
zuǒyòu 左右	*dzouo yô*	approximativement
zāogāo 糟糕	*dzao kao*	Zut !

Passer la douane

Si vous avez survécu sans craquer aux **qìliú** (*tchi lio* ; 气流 ; turbulences) et au mauvais **diànyîng** (*tienn yinng* ; 电影 ; film) sur votre long vol, eh bien, c'est une bonne chose ! La prochaine épreuve à surmonter est le passage de la **hǎiguān** (*h'aï kouann* ; 海关 ; douane). En passant la douane, vous verrez de nombreux **hǎiguān guānyuán** (*h'aï kouann kouann yuen* ; 海关官员 ; douaniers) dont aucun ne **dǒng fǎyǔ** (*tonng fa yu* ; 懂法语 ; comprendra le français) et même pas le **yīngyǔ** (*yinng yu* ; 英语 ; anglais). Le tableau 4-1 liste les choses à préparer à la douane. Les phrases suivantes devraient aussi vous aider :

» **Nǐ dǒng fǎyǔ ma ?** (*ni tonng fa yu ma* ; 你懂法语吗 ; comprenez-vous le français ?)

» **Nǐ dǒng yīngyǔ ma ?** (*ni tonng yinng yu ma* ; 你懂英语吗 ; comprenez-vous l'anglais ?)

» **Wǒ shì Fǎguórén.** (*ouo ch fa kouo jenn* ; 我是法国人 ; je suis français/française.)

» **Wǒ shì Bǐlìshírén.** (*ouo ch pi li ch jenn* ; 我是比利时人 ; je suis belge.)

» **Wǒ shì Ruìshìrén.** (*ouo ch joueï ch jenn* ; 我是瑞士人 ; je suis suisse.)

» **Wǒ shì Jiānádàrén.** (*ouo ch tia na ta jenn* ; 我是加拿大人 ; je suis canadien/ canadienne)

» **Xǐshǒujiān zài nǎr ?** (*hsi chô tienn dzaï nali* ; 洗手间在哪里 ; où sont les toilettes ?)

TABLEAU 4.1 : Diverses choses à préparer à la douane.

Chinois	Prononciation	Français
rùjìng dēngjìkǎ 入境登记卡	*jou tinng tnng ti k'ha*	la carte d'entrée sur le territoire
chūjìng dēngjìkǎ 出境登记卡	*tch'hou tinng tnng ti k'ha*	la carte de sortie du territoire
jiànkāng zhèng 健康证	*tienn k'haang djenng*	le certificat médical
shēnbào de wùpǐn 申报的物品	*chenn pao te ou p'hinn*	les articles à déclarer
xiāngyān 香烟	*hsiaang yenn*	les cigarettes
jiǔ 酒	*tio*	l'alcool
bāo 包	*pao*	le sac
xiāngzi 箱子	*hsiaang dz*	la valise
xíngli 行李	*hsinng li*	le bagage

Le **hǎiguān guānyuán** peut vous poser certaines de ces questions importantes :

» **Nín yǒu méiyǒu yào shēnbào de wùpǐn ?** (*ninn yô meï yô yao che pao te ou p'hinn* ; 您有没有有要申报的物品 ; avez-vous quelque chose à déclarer ?)

» **Qǐng gěi wǒ kànkan nín de hùzhào.** (*tchinng keï ouo k'hann k'hann ninn te h'ou djao* ; 请给我看看您的护照 ; montrez-moi votre passeport s'il vous plaît.)

» **Qǐng gěi wǒ kànkan nín de hǎiguān shēnbàodān.** (*tchinng keï ouo k'hann k'hann ninn te h'aï kouann che pao tann* ; 请给我看看您的海关申报单 ; montrez-moi votre déclaration en douane, s'il vous plaît.)

» **Nín dǎsuàn zài zhèli dāi duōjiǔ ?** (*ninn ta souann dzaï djeli taï touo tio* ; 您打算在这里呆多久 ; combien de temps pensez-vous rester ici ?)

» **Nín lái zhèli shì bàn gōngwù háishì lüyóu ?** (*ninn l'aï djeli ch pann konng ou h'aï ch lu yô* ; 您来这里是办公务还是旅游 ; êtes-vous ici pour affaires ou pour faire du tourisme ?)

Les agents des douanes ne sont pas les seules personnes susceptibles de poser des questions. Vous pouvez aussi avoir des questions à poser :

» **Xíngli yào dǎkāi ma ?** (*hsinng li yao ta k'haï ma* ; 行李要打开吗 ; est-ce que je dois ouvrir ma valise ?)

» **Xíngli kěyǐ shōu qǐlái ma ?** (*hsinng li k'he yi chô tchi laï ma ?* 行李可以收起来吗 ; est-ce que je peux fermer mes bagages maintenant ?)

» **X guāng huì sǔnhuài wǒde jiāojuǎn ma ?** (*aï k'he s kouaang h'oueï sounn h'ouaï ouo te tiao tuenn ma* ; 爱克斯光会损坏我的胶卷吗 ; les rayons X vont-ils abîmer mes pellicules ?)

» **Wǒ yào fù shuì ma ?** (*ouo yao fou choueï ma* ; 我要付税吗 ; est-ce que je dois payer des taxes ?)

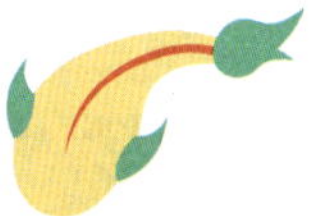

Mots clés

qŭ xíngli chù 取行李处	*tchu hsinng li tch'hou*	la zone où l'on récupère les bagages
gōngwù 公务	*konng ou*	affaires
lǐyóu 旅游	*lu yô*	le tourisme
lùguò 路过	*lou kouo*	passer
jiāo shuì 交税	*tiao choueï*	payer des taxes

Circuler en ville

CULTURE

Il est absolument impossible de louer une voiture en Chine. Il n'y en a tout simplement pas de disponible. Et même si vous trouviez une location, il est fort possible que vous n'ayez pas envie d'en louer une, compte tenu de la bureaucratie et des conditions de conduite. La principale raison pour laquelle vous ne devriez peut-être même pas essayer de le faire est la suivante : les panneaux ne sont pas en anglais. Pensez maintenant aux bons côtés de la chose : vous n'avez pas à apprendre à utiliser une **shŏupáidăng** (*chô paï taang* ; 手排档 ; boîte de vitesses) ou à contracter une **băoxiăn** (*pao hsienn* ; 保险 ; assurance) supplémentaire pour la voiture. Prenez le taxi et détendez-vous. Laissez le chauffeur se prendre la tête pour vous conduire d'un point A à un point B.

Quel que soit le mode de transport que vous allez utiliser en quittant l'aéroport, puis en ville, il est essentiel que vous connaissiez ces quelques mots et phrases :

- » **fāngxiàng** (*faang hsiaang* ; 方向 ; la direction)
- » **dìtú** (*ti t'hou* ; 地图 ; carte, plan)
- » **Wǒ mílù le.** (*ouo mi lou le* ; 我迷路了 ; je suis perdu/perdue)

Appeler un taxi

C'est vendredi soir, et vous venez de passer une journée à faire des visites dans les principaux lieux touristiques. Vous avez rassemblé l'énergie nécessaire pour vous aventurer en dehors de votre chambre d'hôtel pour une soirée en ville. Vous décidez d'aller danser dans une **wǔtīng** (*ou t'hinng* ; 舞厅 ; boîte) en vogue, et vous commencez à vous demander quel va être le meilleur moyen de transport pour vous y rendre.

Les principaux modes de transport pour l'individu moyen dans certaines régions de la Chine continentale sont toujours la **zìxíngchē** (*dz hsinng tch'he* ; 自行车 ; bicyclette), la **mótuōchē** (*mo t'houo tch'he* ; 摩托车 ; moto), la **mǎchē** (*ma tch'he* ; 马车 ; carriole tirée par des chevaux) ; par contre, la plupart des étrangers prennent le taxi, quel que soit l'endroit où ils se rendent. On trouve facilement des taxis près des hôtels, et il est certainement plus **shūfu** (*chou fou* ; 舒服 ; confortable) et **fāngbiàn** (*faang pienn* ; 方便 ; pratique) d'être dans un taxi que de conduire en l'absence de règles de circulation bien établies : vous évitez aussi de respirer la **kōngqì wūrǎn** (*k'honng tchi ou jann* ; 空气污染 ; pollution atmosphérique) en pédalant, d'avoir à trouver votre chemin à travers un dédale de vieilles ruelles, ou, en fonction de la saison, d'être à la merci des éléments naturels.

Voici ce que l'on dit au concierge quand on a besoin d'aide pour appeler un taxi :

Wŏ yào jiào chūzūchē. (*ouo yao tiao tch'hou dzou tch'he* ; 我要叫出租车 ; je voudrais un taxi.)

Une fois que vous êtes bien installé dans le taxi, vous avez besoin de savoir dire les phrases suivantes :

- **Qĭng dài wŏ dào zhèige dìzhĭ.** (*tchinng taï ouo tao dje ke ti dj* ; 请带我到这个地址 ; conduisez-moi à cette adresse, s'il vous plaît.)
- **Qĭng dă biăo.** (*tchinng ta piao* ; 请打表 ; mettez le compteur, s'il vous plaît.)
- **Qĭng kāi màn yìdiăr.** (*tchinng k'haï mann yi tiar* ; 请开慢一点儿 ; conduisez un peu plus lentement, s'il vous plaît.)
- **Qĭng kāi kuài yìdiăr.** (*tchinng k'haï k'houaï yi tiar* ; 请开快一点儿 ; conduisez un peu plus vite, s'il vous plaît.)
- **Wŏ dĕi găn shíjiān.** (*ouo teï kann ch tienn* ; 我得赶时间 ; je suis pressé/pressée.)
- **Qĭng zŏu fēngjĭng hăo de lù.** (*tchinng dzô fenng tinng h'ao te lou* ; 请走风景好的路 ; pouvez-vous choisir une route pittoresque, s'il vous plaît.)
- **Zài zhèli guăi wār.** (*dzaï djeli kouaï ouann* ; 在这里拐弯 ; tournez ici.)
- **Nĭ kĕyĭ dĕng jĭ fēn zhōng ma ?** (*ni k'he yi tenng ji fenn djonng ma* ; 你可以等几分钟吗 ; pouvez-vous attendre quelques minutes ?)

Autre chose encore : quand vous **chūfā** (*tchou fa* ; 出发 ; partez) avec votre **sījī** (*s ti* ; 司机 ; chauffeur) de taxi, n'oubliez pas d'attacher votre **ānquándài** (*ann tchuann taï* ; 安全带 ; ceinture de sécurité).

Et enfin, avant de sortir du taxi, ces phrases peuvent vous servir à négocier les prix :

» **Wǒ gāi gěi nǐ duōshǎo qián ?** (*ouo kaï keï ni touo chao tchienn* ; 我该给你多少钱 ; combien vous dois-je ?)

» **Wǒ huì àn biǎo fù kuǎn.** (*ouo h'oueï ann pïao fou k'houann* ; 我会按表付款 ; je paierai ce qui est indiqué sur le compteur.)

» **Bié piàn wǒ.** (*byé p'hienn ouo* ; 别骗我 ; ne trichez pas.)

» **Kāi wán xiào ! Wǒ jùjué fù zhènme duō qián.** (*k'haï ouann hsïao ! ouo tu tué fou dje me touo tchienn* ; 开玩笑！我拒绝付这么多钱 ; vous devez plaisanter ! Je refuse de payer autant.)

» **Bú yòng zhǎo le.** (*pou yonng djao le* ; 不用找了 ; gardez la monnaie.)

» **Qǐng gěi wǒ shōujù.** (*tchinng keï ouo chô tu* ; 请给我收据 ; donnez-moi une facture, s'il vous plaît.)

Mots clés

chē 车	*tch'he*	la voiture
chūzūchē 出租车	*tch'hou dzou tch'hou*	le taxi
sījī 司机	*s ti*	le chauffeur
kāi chē 开车	*k'haï tch'he*	conduire une voiture
jìchéngbiǎo 记程表	*ti tch'henng pïao*	le compteur
xiǎofèi 小费	*hsïao feï*	le pourboire
chéngkè 乘客	*tch'henng k'he*	le passager
wènlù 问路	*ouenn lou*	demander son chemin
gāofēngqī 高峰期	*kao fnng tchi*	l'heure de pointe
dǔchē 堵车	*tou tch'he*	l'embouteillage

TRUC

Comme la plupart des Chinois ne parlent pas anglais, et encore moins français, rappelez-vous de prendre une carte de visite de l'hôtel en partant. Elle indique son nom et son adresse en anglais et en chinois. Vous pourrez toujours montrer la carte au chauffeur de taxi quand vous voudrez rentrer à l'hôtel. Si vous marchez en ville, ce peut être une bonne idée de prendre un **dìtú** (*ti t'hou* ; 地图 ; plan) qui mentionne les points de repères locaux tels que les pagodes ou les gares proches de votre hôtel.

Sauter dans le bus

On trouve presque autant de **gōnggòng qìchē** (*konng konng tchi tch'he* ; 公共汽车 ; bus) que de bicyclettes en Chine. Ils coûtent aussi beaucoup moins cher que les **chūzūchē** (*tch'hou dzou tch'he* ; 出租车 ; taxis). Mais, voilà le hic : les chauffeurs de bus ne parlent en général pas un mot d'anglais, les indications sont uniquement en chinois et les bus sont toujours bondés. Mais, si vous êtes prêt à tenter cette expérience unique et que cela ne vous dérange pas de tuer le temps à attendre le bus, mettez donc ces phrases dans votre besace :

» **Yīnggāi zuò jǐ lù chē ?** (*yinng kaï dzouo ti lou tch'he* ; 应该坐几路车 ; quel (numéro de) bus dois-je prendre ?)

» **Chēpiào duōshǎo qián ?** (*tch'he p'hiao touo chao tchienn* ; 车票多少钱 ; combien coûte le trajet ?)

» **Gōnggòng qìchē zhàn zài nǎli ?** (*konng konng tchi tch'he dzann dzaï nali* ; 公共汽车站在哪里 ; où se trouve l'arrêt de bus ?)

» **Duōjiǔ lái yítàng ?** (*touo tio laï yi t'haang* ; 多久来一趟 ; tous les combien passe-t-il ?)

» **Qǐng gàosù wǒ zài nǎli xià chē.** (*tchinng ni kao sou ouo dzaï nali hsia tch'he* ; 请告诉我在哪里下车 ; pouvez-vous me dire où je dois descendre, s'il vous plaît ?)

Mots clés

gōnggòng qìchē 公共汽车	*konng konng tchi tch'he*	le bus
gōnggòng qìchē zhàn 公共汽车站	*konng konng tchi tch'he djann*	l'arrêt de bus
jǐ lù ? 几路	*ti lou*	Quelle direction ?
jǐ lù chē ? 几路车	*ti lou tch'he*	Quel (numéro de) bus ?
yuè piào 月票	*yué piao*	la carte mensuelle
hái hǎo 还好	*h'aï h'ao*	ça va, ce n'est pas trop mal

Prendre le train

Si vous voulez vous rendre vraiment rapidement là où vous le souhaitez, plus particulièrement à Hong Kong ou à Paris, le moyen le plus rapide pour vous y rendre risque probablement de vous emmener sous terre – en **dìtiě** (*ti t'hié* ; 地铁 ; métro). Il est assez facile de s'y retrouver dans la plupart des **dìtiě zhàn** (*ti t'hié dzann* ; 地铁站 ; stations de métro).

Contrairement à celui d'Hong Kong, le métro de la Chine continentale est assez récent, et vous ne trouverez des réseaux que dans une petite poignée de villes. En revanche, le voyage en **huǒchē** (*h'ouo tch'he* ; 火车 ; train) a fait ses preuves ; ceci est dû aux dimensions gigantesques de la Chine et aux distances considérables entre les villes. Si le nombre de stations de métro est limité, les **huǒchēzhàn** (*h'ouo tch'he djann* ; 火车站 ; gares) sont très nombreuses en Chine. Elles comportent même des **hòuchēshì** (*hô tch'he ch* ; 候车室 ; salles d'attente).

À RETENIR

Le mois de février est un mois particulièrement risqué pour tenter les voyages en train sur de longues distances : c'est au cours de ce mois le plus court de l'année qu'a lieu le nouvel an chinois, et vous allez avoir l'impression de rencontrer le pays entier en train de voyager d'un bout à l'autre de la Chine. Faites bien attention à regarder les **shíkèbiǎo** (*ch k'he piao* ; 时刻表 ; horaires) à l'avance et à noter la bonne **dàodá shíjiān** (*tao tao ch tienn* ; 到达时间 ; heure d'arrivée) et de **kāichē shíjiān** (*k'haï tch'he ch tienn* ; 开车时间 ; heure de départ) de votre train.

CULTURE

PRENDRE LE MÉTRO EN CHINE

Hong Kong améliore et développe constamment son métro qui est tout à fait fiable. Le métro de Taipei, construit par les Français, est également excellent et efficace. Shanghai, le principal centre commercial de la Chine, avec Pudong, a le réseau le plus étendu du monde (548 km), et de nouvelles lignes sont en cours de construction. Suite aux Jeux Olympiques en 2008, le réseau métropolitain de Pékin a été grandement amélioré.

Si vous avez l'intention de faire un long voyage, réservez une **ruǎnwò** (*jouann ouo* ; 软卧 ; couchette molle) pour l'occasion – ou demandez au moins un **ruǎnzuò** (*jouann dzouo* ; 软座 ; siège mou) – car ce sont les places les plus confortables et que l'on n'y est pas serré comme des sardines comme c'est le cas dans le reste du train. Faites-moi confiance. Les couchettes molles valent leur supplément de prix. Pour en savoir plus sur les autres types de sièges dans les trains, reportez-vous au tableau 4-2.

TABLEAU 4.2 : Les places dans les trains

Chinois	Pronciation	Français
yìngzuò 硬座	*yinng dzouo*	le siège dur
ruǎnzuò 软座	*jouann dzouo*	le siège mou
yìngwò 硬卧	*yinng ouo*	la couchette dure
ruǎnwò 软卧	*jouann ouo*	la couchette molle
xiàpù 下铺	*hsia p'hou*	la couchette inférieure
shàngpù 上铺	*chaang p'hou*	la couchette supérieure

Avant que vous **shàngchē** (*chaang tch'he* ; 上车 ; montiez dans le train) et que vous vous installiez confortablement dans votre siège mou, vous devez aller acheter votre **piào** (*p'hiao* ; 票 ; billet) au **shòupiàochù** (*chô p'hiao tch'hou* ; 售票处 ; guichet). Les mots et phrases suivantes vont vous y aider :

» **piào** (*p'hiao* ; 票 ; le billet)

» **piàojià** (*p'hiao tia* ; 票价 ; le prix, le tarif)

» **dānchéngpiào** (*tann tch'henng p'hiao* ; 单程票 ; un aller simple)

» **láihuípiào** (*laï h'oueï p'hiao* ; 来回票 ; un aller et retour)

- **shòupiàochù** (*chô p'hiao tch'hou* ; 售票处 ; le guichet)
- **tèkuài** (*t'he k'houaï* ; 特快 ; le train express)
- **mànchē** (*mann tch'he* ; 慢车 ; le tortillard)

Les mots suivants pourront vous servir dans les gares :

- **Shòupiàochù zài năr ?** (*chô p'hiao tch'hou dzaï nali* ; 售票处在哪里 ; où se trouve le guichet ?) Notez une nouvelle façon de dire « guichet » dans cette question : vous avez le choix entre de nombreux mots en chinois.
- **Wŏ yào yìzhāng yìngwò piào.** (*ouo yao yi djaang yinng ouo p'hiao* ; 我要一张硬卧票 ; je voudrais une couchette dure.)
- **Huŏchē cóng nĕige zhàntái kāi ?** (*h'ouo tch'he ts'honng na ke djann t'haï k'haï* ; 火车从哪个站台开 ; le train part de quel quai ?)

Et quand vous entendez finalement le **lièchēyuán** (*lié tch'he yuenn* ; 列车员 ; contrôleur) dire : **Shàng chē le !** (*chaang tch'he le* ; 上车了 ; en voiture, s'il vous plaît ! ; *mot à mot* : montez dans le train !), vous pouvez monter dans le train et poser les questions suivantes :

- **Zhèige zuòwèi yŏu rén ma ?** (*djeï ke dzouo oueï yô jenn ma* ; 这个座位有人吗 ; ce siège est-il disponible ?)
- **Cānchē zài năli ?** (*ts'hann tch'he dzaï nali* ; 餐车在哪里 ; où se trouve le wagon-restaurant ?)

Mots clés

lái huí piào 来回票	*laï h'oueï p'hiao*	le billet aller et retour
huí lái 回来	*h'oueï laï*	revenir
huànchē 换车	*h'ouann tch'he*	changer de train
chápiào 查票	*tch'ha p'hiao*	vérifier le billet
cānchē 餐车	*ts'hann tch'he*	le wagon-restaurant
zhàntái 站台	*djann t'haï*	le quai (de la gare)

Quand voulez-vous voyager ?

Le moment de l'année que vous choisissez pour voyager peut faire toute la différence entre des vacances fabuleuses ou pourries. Devriez-vous prévoir de partir en **dōngtiān** (*tonng t'hienn* ; 冬天 ; hiver), au **chūntiān** (*tch'hounn t'hienn* ; 春天 ; printemps), en **xiàtiān** (*hsia t'hienn* ; 夏天 ; été) ou en **qiūtiān** (*tchyo t'hienn* ; 秋天 ; automne) ? Un voyage à Pékin pendant le mois de **sān yuè** (*sann yué* ; 三月 ; mars), au moment où les tempêtes de sable soufflent du désert de Gobi, par exemple, n'a rien à voir avec un voyage en **wŭ yuè** (*ou yué* ; 五月 ; mai) ou en **shí yuè** (*ch yué* ; 十月 ; octobre), quand la pollution est minimale et que le soleil est au zénith. Bien sûr, **wŭ yuè** et **shí yuè** sont la pleine saison pour voyager en Chine et, de ce fait, les prix des hôtels atteignent des sommets. Il en est de même à Paris, qui est magnifique (et cher) au **chūntiān**, pour les mêmes raisons. Je ne peux pas faire grand-chose pour vous aider à ce sujet. Pour en savoir plus sur les dates, les semaines, les mois et les années, rendez-vous au chapitre 11.

Vous voulez savoir quand vos amis ont l'intention de partir en vacances ? Posez leur tout simplement l'une des questions suivantes :

- **Nǐ jǐ yuè jǐ hào zǒu ?** (*ni ti yué ti h'ao dzô* ; 你几月几号走 ; quand pars-tu ? ; *mot à mot* : quel mois et quel jour pars-tu ?)
- **Nǐ jǐ yuè jǐ hào qù Zhōngguó ?** (*ni ti yué ti h'ao tchu djonng kouo* ; 你几月几号去中国 ; quand pars-tu en Chine ? ; *mot à mot* : quel mois et quel jour partiras-tu en Chine ?)

Si vous devez répondre aux questions précédentes, ajoutez tout simplement le mois et le numéro du jour où vous pensez partir et mettez ces mots à la place de **yuè** (*yué* ; 月) et de **hào** (*h'ao* ; 号). Voici quelques exemples :

- **Nǐ jǐ yuè jǐ hào zǒu ?** (*ni ti yué ti h'ao dzô* ; 你几月几号走 ; quand pars-tu ?)
- **Wǒ wǔ yuè sānshí hào zǒu.** (*ouo ou yué sann ch h'ao dzô* ; 我五月三十号走 ; je pars le 30 mai.)
- **Nǐ jǐ yuè jǐ hào qù Fǎguó ?** (*ni ti yué ti h'ao tchu fa kouo* ; 你几月几号去法国 ; quand iras-tu en France ?)
- **Wǒ sān yuè yī hào qù Fǎguó.** (*ouo sann yue yi h'ao tchu fa kouo* ; 我三月一号去法国 ; j'irai en France le 1er mars.)

Où voulez-vous voyager ?

Bon, maintenant que vous savez quand vous allez **lüyóu** (*lu yô* ; 旅游 ; voyager), je ne peux plus attendre et je vous pose donc la question suivante : **Nǐ xiǎng dào nǎr qù ?** (*ni hsiaang tao nali tchu* ; 你想到哪里去 ;

où voulez-vous aller ?). Avez-vous l'intention de faire un voyage en **Yàzhōu** (*ia djô* ; 亚洲 ; Asie), en **Fēizhōu** (*feï djô* ; 非洲 ; Afrique), en **Ōuzhōu** (*ô djô* ; 欧洲 ; Europe) ou sur le **Měizhōu** (*meï djô* ; 美洲 ; continent américain) ? Votre voyage se fera-t-il **zài guó nèi** (*dzaï kouo neï* ; 在国内 ; à l'intérieur du pays) ou **zài guó wài** (*dzaï kouo ouaï* ; 在国外 ; à l'étranger) ? Le tableau 4-3 mentionne quelques pays parmi lesquels vous pouvez **xuǎnzé** (*hsuann dze* ; 选择 ; choisir).

TABLEAU 4-3 : Lieux à visiter autour du monde

Chinois	Prononciation	Français
Jiānádà 加拿大	*tia na ta*	le Canada
Zhōngguó dàlù 中国大陆	*djonng kouo ta lou*	la Chine continentale
Fǎguó 法国	*fa kouo*	la France
Déguó 德国	*te kouo*	l'Allemagne
Xiānggǎng 香港	*hsiaang kaang*	Hong Kong
Xiōngyálì 匈牙利	*hsionng ia li*	la Hongrie
Àiěrlán 爱尔兰	*aï er lann*	l'Irlande
Yǐsèliè 以色列	*yi se lié*	Israël
Rìběn 日本	*j penn*	le Japon
Mòxīgē 墨西哥	*mo hsi ke*	le Mexique
Éguó 俄国	*e kouo*	la Russie
Nánfēi 南非	*nann feï*	l'Afrique du Sud
Ruìshì 瑞士	*joueï ch*	la Suisse
Ruìdiǎn 瑞典	*joueï tienn*	la Suède
Táiwān 台湾	*t'haï ouann*	Taïwan
Tǎnsāngníyà 坦桑尼亚	*t'hann saang ni ia*	la Tanzanie
Yuènán 越南	*yué nann*	le Vietnam
Zhāyīěr 扎伊尔	*dja yi er*	le Zaïre

En fonction du type d'activité que vous aimez pratiquer pendant vos vacances, vous pourriez envisager de voyager dans un lieu qui présente un grand nombre des caractéristiques suivantes (ou au moins une caractéristique spécifique qui fera que le voyage en vaudra la peine) :

- **hǎitān** (*h'aï t'hann* ; 海滩 ; la plage)
- **shān** (*chann* ; 山 ; la montagne)
- **shāmò** (*cha mo* ; 沙漠 ; le désert)
- **zhíwùyuán** (*dj ou yuenn* ; 植物园 ; les jardins botaniques)
- **xióngmāo** (*hsionng mao* ; 熊猫 ; les pandas)
- **yóuliè** (*yô lié* ; 游猎 ; le safari)
- **tǎ** (*t'ha* ; 塔 ; la pagode)
- **fó miào** (*fo miao* ; 佛庙 ; le temple bouddhiste)
- **mótiāndàlóu** (*mo t'hienn ta lô* ; 摩天大楼 ; le gratte-ciel)
- **gǔdǒngdiàn** (*kou tonng tienn* ; 古董店 ; le magasin d'antiquités)
- **měishùguǎn** (*meï chou kouann* ; 美术馆 ; la galerie d'art)
- **xìyuàn** (*hsi yuenn* ; 戏院 ; le théâtre)

À moins que vous ne fassiez partie des gens qui aiment le danger et les émotions fortes (ou que vous travailliez pour une organisation humanitaire), essayez d'éviter les endroits où les phénomènes naturels suivants sont susceptibles de survenir :

- **táifēng** (*t'haï fenng* ; 台风 ; le typhon)
- **hànzāi** (*h'ann dzaï* ; 旱灾 ; la sécheresse)

- **dìzhèn** (*ti djenn* ; 地震 ; le tremblement de terre)
- **huǒzāi** (*h'ouo dzaï* ; 火灾 ; l'incendie)
- **shuǐzāi** (*choueï dzaï* ; 水灾 ; l'inondation)
- **yǔjì** (*yu ti* ; 雨季 ; la saison des pluies)

Avez-vous l'intention de voyager bientôt **cóng** (*ts'honng* ; 从 ; de) **Xiōngyálì** (*hsionng ia li* ; 匈牙利 ; Hongrie) **dào** (*tao* ; 到 ; à) **Xiānggǎng** (*hsiaang kaang* ; 香港 ; Hong Kong) ? Est-ce que cela vous dit d'aller plutôt **cóng Rìběn** (*ts'honng j penn* ; 从日本 ; du Japon) **dào Mòxīgē** (*tao mo hsi ke* ; 到墨西哥 ; au Mexique) ? Où que vous alliez, vous allez toujours **cóng** un endroit **dào** l'autre. Voici quelques phrases utiles à connaître quand vous voulez parler aux gens de vos prochains projets de voyage en utilisant la structure **cóng** ... **dào** :

- **Wǒ cóng Bālí dào Lǐ'áng qù.** (*ouo ts'honng pa li tao li aang tchu* ; 我从巴黎到里昂去 ; je vais de Paris à Lyon.)
- **Tā míngtiān cóng Yǐsèliè dào Ruìdiǎn qu.** (*t'ha minng tienn ts'honng yi se lié tao joueï tienn tchu* ; 她明天从以色列到瑞典去 ; demain, elle va d'Israël en Suède.)
- **Nǐmen shénme shíhòu cóng Zhōngguó dào zhèli lái ?** (*ni menn che me ch hô ts'honng djonng kouo tao djeli laï* ; 你们什么时候从中国到这里来 ; quand viendrez-vous tous de Chine jusqu'ici ?)
- **Cóng Nánfēi dào Zhāyīěr, yào duō cháng shíjiān ?** (*ts'honng nann feï tao dja yi er yao touo tch'haang ch tienn* ; 从南非到扎伊尔要多长时间 ; combien de temps met-on pour aller d'Afrique du Sud au Zaïre ?)

PASSEPORTS ET VISAS : NE PARTEZ PAS SANS EUX

Surprise ! À vrai dire, le fait que vous ayez besoin d'un **hùzhào** (*h'ou djao* ; 护照 ; passeport) en cours de validité et d'un **qiānzhèng** (*tchienn djenng* ; 签证 ; visa) si vous voulez entrer en Chine populaire ou à Taïwan ne devrait pas vous surprendre. Et si vous avez l'intention d'aller visiter plusieurs pays dans la région, quelle que soit la durée de votre séjour, vous risquez d'avoir besoin de plusieurs **qiānzhèng** différents pour chaque destination. Vérifiez les règlementations avant de monter dans le **fēijī** (*feï ti* ; 飞机 ; avion) ou vous pourriez connaître les vacances les plus courtes de toute votre vie.

Chapitre 5

Payer

DANS CE CHAPITRE :

» **Comprendre les devises chinoises**
» **Savoir comment (et où) changer de l'argent**
» **Utiliser la carte de crédit**
» **Échanger de l'argent dans les banques et les automates bancaires**
» **Laisser le pourboire qui convient**

Qián (*tchienn* ; 钱 ; l'argent) mène le monde. Dans ce chapitre, je vous indique des mots et des phrases indispensables pour gagner ou dépenser de l'argent – ce qu'il est maintenant possible de faire facilement dans le monde entier. Je vous révèle des termes bancaires qui vous aideront aussi bien lors de vos opérations avec des guichetiers qu'avec des objets inanimés comme les automates bancaires. Je vous donne même des conseils en ce qui concerne les pourboires.

Convertir des devises chinoises

En fonction de l'endroit en Asie (ou dans tout autre lieu où l'on parle le chinois) où vous vivez, travaillez, ou que vous visitez, il faudra vous habituer à faire des opérations dans des **huòbì** (*h'ouo pi* ; 货币 ; devises) différentes qui ont chacune leur **duìhuànlü** (*toueï h'ouann lu* ; 兑换

率 ; taux de change). Le tableau 5-1 reprend les devises internationales et les paragraphes suivants développent les principales **huòbì** chinoises.

TABLEAU 5.1 : Devises internationales

Chinois	Prononciation	Français
měiyuán 美元	*meï yuenn*	le dollar américain
rénmínbì 人民币	*jenn minn pi*	le Renminbi, monnaie de la République populaire de Chine
xīntáibì 新台币	*hsinn t'haï pi*	le dollar taïwanais
găngbì 港币	*kaang pi*	le dollar de Hong Kong
xīnbì 新币	*hsinn pi*	le dollar de Singapour
rìyuán 日元	*j yuenn*	le yen japonais
ōuyuán 欧元	*ô yuenn*	l'euro

Le Rénmínbì (RMB) de la République populaire de Chine

En République populaire de Chine, l'équivalent du **ōuyuán** (*ô yuenn* ; 欧元 ; euro) est le **yuán** (*yuenn* ; 元). Le **yuán** s'appelle aussi **rénmínbì** (*jenn minn pi* ; 人民币 ; *mot à mot* : la monnaie du peuple).

On trouve le **yuán** chinois, qui se présente sous la forme d'un billet de banque, en coupures de 1, 2, 5, 10, 20, 50 et 100. On trouve aussi des pièces de 1, 2 ou 5 **yuán**. Vous pouvez dire que vous avez **yì yuán** (*yi yuenn* ; 一元), ou que vous avez **yí kuài qián** (*yi k'houaï tchienn* ; 一块钱), ce qui signifie exactement la même chose, à savoir un dollar chinois. Plus d'un milliard de personnes sur terre utilisent couramment cette devise.

Vous voulez savoir quelle somme j'ai actuellement en poche ? Vous êtes bien indiscret. Pourquoi ne me posez-vous pas la question, tout simplement ?

» **Nǐ yǒu jǐ kuài qián ?** (*ni yô ti k'houaï tchienn* ; 你有几块钱 ; quelle somme as-tu ?) Utilisez cette phrase si vous pensez que la somme est inférieure à 10 euros.

» **Nǐ yǒu duōshǎo qián ?** (*ni yô touo chao tchienn* ; 你有多少钱 ; quelle somme as-tu ?) Utilisez cette phrase si vous pensez que la somme est supérieure à 10 euros.

Un **yuán** (*yuenn* ; 元) est l'équivalent de 10 **máo** (*mao* ; 毛) que l'on peut aussi appeler **jiǎo** (*tïao* ; 角), soit l'équivalent de 10 cents d'euros. Chaque **máo** ou **jiǎo** vaut 100 **fēn** (*fenn* ; 分). En plus des **yuán**, on trouve aussi des billets en coupures de 2 et 5 **jiǎo**. On trouve des pièces de 1, 2 et 5 **fēn**, de 1, 2 et 5 **jiǎo**, et de 1, 2 et 5 **yuán**.

À RETENIR

Il y a une différence de niveau de langue entre **yuán** et **kuài,** et entre **jiǎo** et **máo**. **Yuán** et **jiǎo** sont des formes écrites, plus formelles. **Kuài** et **máo** sont des termes plus familiers.

Les Xintáibì en République de Chine (Taïwan)

Les billets se déclinent en coupures de 50, 100, 500 et 1 000 nouveaux dollars taïwanais et les pièces sont de 1, 5, 10 et 50 cents. Les pièces ou **língqián** (*linng tchi-enn* ; 零钱 ; petite monnaie) sont particulièrement belles à Taïwan – elles sont gravées de toutes sortes de fleurs. Vous pourriez bien avoir envie d'en mettre de côté pour les rapporter en France ou pour les montrer à des amis. Faites en sorte d'en garder suffisamment pour acheter toutes les choses fabuleuses que vous allez trouver à bon prix sur les merveilleux marchés de nuit.

Voilà comment on demande de la monnaie :

» **Nǐ yǒu méiyǒu yí kuài qián de língqián ?** (*ni yô meï yô yi k'houaï tchienn te linng tchienn* ; 你有没有一块钱的零钱 ; avez-vous la monnaie sur un dollar ?)

Les dollars de Hong Kong

Xiānggǎng (*hsiaang kaang* ; 香港 ; *mot à mot* : le port parfumé) et qui a été pendant longtemps le moteur financier de l'Asie, utilise le dollar de Hong Kong ou le **gǎngbì** (*kaang pi* ; 港币).

Les dollars de Singapour

Singapour est un pays asiatique où l'on parle le mandarin. Ses dollars s'appellent **xīnbì** (*hsinn pi* ; 新币) et on les trouve en coupures de 2, 5,10, 50 et 100. Les pièces sont de 1, 5, 10, 20, 50 cents ainsi que de 1 dollar.

CULTURE

À Singapour, si l'on veut dire 1,25 dollar, on n'utilise pas le nombre **wǔ** (*ou* ; 五 ; cinq) pour indiquer les 5 derniers cents de la somme. On utilise le terme **bàn** (*pann* ; 半) qui signifie « moitié » : **yí kuài liǎng máo bàn** de préférence à **yí kuài liǎng máo wǔ**. En revanche, on peut utiliser sans se tromper le nombre **wǔ** à Taïwan, Hong Kong ou en République populaire de Chine.

Changer de l'argent

Vous pouvez **huànqián** (*h'ouann tchienn* ; 换钱 ; changer de l'argent) en arrivant au **fēijīchǎng** (*feï ti tch'haang* ; 飞机场 ; aéroport) dans l'un des nombreux **duìhuànchù** (*toueï h'ouann tch'hou* ; 兑换处 ; bureaux de change), ou bien vous pouvez attendre de vous rendre à l'une des principales **yínháng** (*yinn h'aang* ; 银行 ; banques) ou à votre **lüguǎn** (*lu kouann* ; 旅馆 ; hôtel). Bien sûr, vous ne pourrez pas vous rendre à la banque ou à l'hôtel si vous n'avez pas suffisamment d'argent pour appeler un **chūzūchē** (*tch'hou dzou tch'he* ; 出租车 ; taxi) pour vous y rendre. Et vous ne voulez pas vous retrouver en **jiānyù** (*tiann yu* ; 监狱 ; prison) où vous n'aurez pas la possibilité de payer une **bǎoshìjīn** (*pao ch tinn* ; 保释金 ; caution), puisque vous n'avez toujours pas de **huòbì** (*h'ouo pi* ; 货币 ; devise) locale.

Les phrases suivantes sont bien pratiques au moment de **huànqián** :

» **Qǐng wèn, zài nǎli kěyǐ huàn qián ?** (*tchinng ouenn, dzaï nali k'he yi h'ouann tchienn* ; 请问，在哪里可以换钱 ; excusez-moi, où puis-je changer de l'argent ?)

» **Qǐng wèn, yínháng zài nǎli ?** (*tchinng ouenn, yinn haang dzaï nali* ; 请问，银行在哪里 ; excusez-moi, où est la banque ?)

» **Jīntiān de duìhuànlü shì shénme ?** (*tinn t'hienn te toueï h'ouann lu ch che me* ; 今天的兑换率是什么 ; quel est le taux de change aujourd'hui ?)

» **Qǐng nǐ gěi wǒ sì zhāng wǔshí yuán de.** (*tchinng ni keï ouo s djaang ou ch yuenn te* ; 请你给我四张五十元的 ; pouvez-vous me donner quatre billets de 50 yuans, s'il vous plaît ?)

- **Wǒ yào huàn yì bǎi ōuyuán.** (*ouo yao h'ouann yi paï ô yuenn* ; 我要换一百欧元 ; je voudrais changer 100 euros.)
- **Nǐmen shōu duōshǎo qián shǒuxùfèi ?** (*ni menn chô touo chao tchienn chô hsu feï* ; 你们收多少钱手续费 ; quel est le montant de la commission de change ?)

TRUC

Quel que soit l'endroit où vous allez chercher de l'argent et le montant que vous décidez de changer en devises locales, on pourrait bien vous demander votre **hùzhào** (*h'ou djao* ; 护照 ; passe-port). Soyez donc prêt à le sortir.

Mots clés

huàn 换	*h'ouann*	changer (de l'argent)
duìhuànlǜ 兑换率	*toueï h'ouann lu*	le taux de change
duìhuànchù 兑换处	*t'oueï h'ouann tch'hou*	le comptoir de change
chūnàyuán 出纳员	*tch'hou na yuenn*	le caissier
huànqián 换钱	*h'ouann tchienn*	changer de l'argent
wàibì 外币	*ouaï pi*	la devise étrangère
shǒuxùfèi 手续费	*chô hsu feï*	la commission de change
Qǐng gěi wǒ kànkan nǐde hùzhào 请给我看看你的护照	*tchinng keï ouo k'hann k'hann ni te h'ou djao*	Montrez-moi votre passeport, s'il vous plaît

Dépenser de l'argent

Quand vous voyez quelque chose que vous voulez, que ce soit dans un **shāngdiàn** (*chaang tienn* ; 商店 ; magasin), dans la **jiēshang** (*tié chaang* ; 街上 ; rue), ou sur un **yèshì** (*yé ch* ; 夜市 ; marché de nuit), vous pouvez céder à la tentation et l'acheter tant que vous avez suffisamment de **qián** (*tchienn* ; 钱 ; argent). C'est aussi facile que cela. Si vous avez de l'argent, vous pouvez voyager. Ou plutôt, si vous avez de l'argent, vous pouvez le dépenser.

Quand vous êtes prêt à acheter quelque chose, vous pouvez le faire avec du **xiànjīn** (*hsienn tinn* ; 现金 ; de l'argent liquide), un **zhīpiào** (*dj p'hiao* ; 支票 ; chèque) ou une **xìnyòngkǎ** (*hsinn yonng k'ha* ; 信用卡 ; carte de crédit). Et quand vous voyagez à l'étranger, vous utilisez souvent les **lüxíng zhīpiào** (*lu hsinng dj p'hïao* ; 旅行支票 ; chèques de voyage).

Si vous finissez par acheter tellement de choses que vous pouvez à peine saisir le tout à pleines mains, il serait bon de vous rappeler l'adverbe suivant. Il est bien utile quand vous commencez à additionner le coût de chaque article avant d'engloutir tout votre argent ; je parle de **yígòng** (*yi konng* ; 一共), qui signifie « en tout », comme dans : « Combien coûtent ces 20 jouets et ces 80 pulls, en tout ? »

Il est possible que vous surpreniez ce type de conversation dans un magasin :

» **Zhèige hé nèige yígòng duōshǎo qián ?**
(*djeï ke h'e neï ke yi konng touo chao tchienn* ; 这个和那个一共多少钱 ; combien coûtent ceci et cela, en tout ?)

» **Zhèige sān kuài liǎng máo wǔ, nèigei yí kuài liǎng máo, suǒyǐ yígòng sì kuài sì máo wǔ.** (*djeï ke sann k'houaï liaang mao ou, neï ke yi k'houaï liaang mao, souo yi yi konng s k'houaï s mao ou* ; 这个三块两毛五，那个一块两毛，所以一共四块四毛五 ; ceci coûte 3,25 dollars et cela 1,20 dollar, ce qui fait en tout 4,45 dollars.)

Avant de décider de **mǎi dōngxi** (*maï tonng hsi* ; 买东西 ; acheter des choses), assurez-vous d'avoir suffisamment d'argent (**yígòng**) pour acheter tout ce que vous voulez afin d'éviter d'être déçu après avoir passé tant d'heures dans votre magasin favori.

Utiliser de l'argent liquide

Quoi que l'on puisse dire, il est toujours utile d'avoir du **xiànjīn** (*hsienn tinn* ; 现金 ; argent liquide) en monnaie locale, quels que soient l'endroit où vous vous trouvez et l'heure de la journée. Le **xiànjīn** vous permet parfois d'acheter des choses et de vous rendre dans certains endroits, alors que cela vous serait impossible avec une **xìnyòngkǎ** (*hsienn yonng k'ha* ; 信用卡 ; carte de crédit). Par exemple, si votre enfant entend le camion de glaces qui descend la rue, vous ne pouvez pas sortir votre **xìnyòngkǎ** pour lui acheter un cône glacé quand le camion s'arrêtera devant votre maison. Vous ne pouvez même pas convaincre le vendeur d'accepter un **zhīpiào** (*dj p'hïao* ; 支票 ; chèque). Pour des occasions comme celle-ci, il vous faut des **xiànjīn** (*hsïann tinn* ; 现金 ; espèces) sonnantes et trébuchantes. Vous pouvez les utiliser pour acheter de tout, de la **bīngqílín** (*pinng tchi linn* ; 冰淇淋 ; crème glacée) dans la rue jusqu'au **diànyǐng piào** (*tienn yinng p'hïao* ; 电影票 ; billet de cinéma). Veillez seulement à mettre votre **qián** (*tchienn* ; 钱 ; argent) dans un **qiánbāo** (*tchienn pao* ; 钱包; portefeuille) robuste et gardez-le dans votre **kǒudài** (*k'hô taï* ;

口袋 ; poche) de devant afin qu'un **zéi** (*dzeï* ; 贼 ; voleur) ne puisse pas vous le voler facilement.

Quand on parle du coût de quelque chose, on met le nombre avant le mot signifiant le billet ou la pièce. Par exemple, vous pouvez appeler un euro **yí kuài** (*yi k'houaï* ; 一块 ; un euro) ou **sān kuài** (*sann k'houaï* ; 三块 ; trois euros). Vous traduisez 10 cents par « un décime », **yì máo** (*yi mao* ; 一毛) ou 30 cents par « trois décimes », **sān máo** (*sann mao* ; 三毛).

Voici comment on exprime des sommes croissantes d'argent. On mentionne les unités les plus importantes avant les plus petites, comme en français :

- **sān kuài** (*sann k'houaï* ; 三块 ; 3 yuans)
- **sān kuài yì máo** (*sann k'houaï yi mao* ; 三块一毛 ; 3,10 yuans)
- **sān kuài yì máo wŭ** (*sann k'houaï yi mao ou* ; 三块一毛五; 3,15 yuans)

Quand vous voyagez à l'étranger, la manière la plus sûre de transporter de l'argent est d'utiliser des **lüxíng zhīpiào** (*lu hsinng dj p'hïao* ; 旅行支票 ; chèques de voyage) que l'on peut remplacer quand on les perd ou qu'on se les fait voler.

Mots clés

qiánbāo 钱包	*tienn pao*	le portefeuille, le porte-monnaie
kŏudài 口袋	*k'hô taï*	la poche
lüxíng zhīpiào 旅行支票	*lu hsinng dj p'hïao*	le chèque de voyage
língqián 零钱	*linng tchienn*	la petite monnaie
dà piàozi 大票子	*ta p'hïao dz*	le gros billet

À RETENIR

Les éléments de base de la devise chinoise sont le **yuán** (ou **kuài** dans la langue parlée), le **jiǎo** (ou **máo** dans la langue parlée) : 1/10e de yuan, et le **fēn** (1/100e de yuan).

Régler avec la carte

La **xìnyòngkǎ** (*hsinng yonng k'ha* ; 信用卡 ; carte de crédit) est peut-être la plus grande invention du XXe siècle – c'est certainement le cas pour les **gōngsī** (*konng s* ; 公司 ; sociétés) émettrices de cartes de crédit. En revanche, nous autres sommes souvent coincés quand nous devons payer divers **lìlû** (*li lu* ; 利率 ; taux d'intérêt) parfois exorbitants, si nous ne sommes pas prudents. Mais les cartes de crédit facilitent quand même beaucoup le paiement, n'êtes-vous pas d'accord ?

Pour savoir si un magasin accepte les cartes de crédit, il vous suffit de dire :

» **Nǐmen shōu bù shōu xìnyòngkǎ ?** (*ni menn chô pou chô hsinn yonng k'ha* ; 你们收不收信用卡 ; acceptez-vous les cartes de crédit ?)

À l'étranger, on accepte souvent la **Měiguó yùntòngkǎ** (*meï kouo yune t'honng k'ha* ; 美国运通卡 ; American Express). Mais il se peut que seule la Mastercard ou la Visa soit **shōu** (*chô* ; 收 ; acceptée). Dans certaines régions reculées de Chine, il est impossible d'utiliser la carte, prévoyez donc beaucoup de **xiànjīn** (*hsienn tinn* ; 现金 ; argent liquide) ou **lüxíng zhīpiào** (*lu hsinng dj p'hïao* ; 旅行支票 ; chèques de voyage) au cas où.

La **xìnyòng kǎ** (*hsinn yonng k'ha* ; 信用卡 ; carte de crédit) est bien pratique, que le **jiàgé** (*tia ke* ; 价格 ; prix) des articles que vous voulez acheter soit **guì** (*koueï* ; 贵 ; élevé, cher) ou **piányì** (*p'hienn yi* ; 便宜 ; bas, bon marché).

En continuant votre lecture, vous allez trouver une liste de mots qui concernent la carte de crédit :

- **xìnyòng** (*hsinn yonng* ; 信用 ; le crédit)
- **xìnyòngkǎ** (*hsinn yonng k'ha* ; 信用卡 ; la carte de crédit)
- **xìnyòng xiàn'é** (*hsinn yonng hsienn e* ; 信用限额 ; la limite de crédit)
- **shēzhàng de zuì gāo é** (*che djaang te dzoueï kao e* ; 赊帐的最高额 ; la ligne de crédit)

CULTURE

En République populaire de Chine, les banques ouvrent en général à 8 h 30, du lundi au samedi. Elles ferment pendant deux heures entre midi et 14 heures et ouvrent à nouveau de 14 heures à 17 h 30. De nombreuses succursales de la Banque de Chine ouvrent le dimanche matin mais certaines sont fermées le mercredi après-midi. À Taïwan, les banques ferment à 15 h 30 et à Hong Kong, elles ouvrent généralement de 9 heures à 16 h 30 pendant la semaine et de 9 heures à 12 heures le samedi.

L'automate bancaire

Actuellement, on trouve des **zìdòng tíkuǎnjī** (*dz tonng t'hi k'houann ti* ; 自动提款机 ; automates bancaires) partout. Où que vous alliez, il y en a toujours un à chaque coin de rue. Je me demande parfois comment on a fait pour survivre sans eux. (Il en est de même pour l'ordinateur portable… mais je m'éloigne du sujet.)

Pour utiliser un **zìdòng tíkuǎnjī** (*dz tonng t'hi k'houann ti* ; 自动提款机 ; automate bancaire), on a besoin d'une **zìdòng tíkuǎnjī kǎ** (*dz tonng t'hi k'houann ti* ; 自动提款机

卡 ; carte) pour prendre connaissance du **jiéyú** (*tié yu* ; 结余 ; solde) de son compte, pour **cún qián** (*ts'hounn tchienn* ; 存钱 ; déposer de l'argent) ou **qŭ qián** (*tchu tchienn* ; 取钱 ; retirer de l'argent). Et il est indispensable de connaître son **mìmă** (*mi ma* ; 密码 ; code secret), sinon le **zìdòng tíkuănjī** ne sert à rien.

Autre chose : faites bien attention d'être la seule personne à connaître votre **mìmă**. C'est un **mìmì** (*mi mi* ; 秘密 ; secret).

Des conseils sur les pourboires

En France, le service est compris dans les bars et restaurants, il représente 15 % de l'addition. Si on est satisfait du service, on donne **píngcháng** (*p'hinng tch'haang* ; 平常 ; souvent) un pourboire en plus, environ 10 % du montant de la note. Les chauffeurs de taxi se voient souvent attribuer 10 % de la course. On s'attend partout à un **xiăo fèi** (*hsïao feï* ; 小费 ; pourboire), d'ici à Tombouctou. Dans certains cas, on est même censé donner un **xiăo fèi** aux personnes qui changent les serviettes dans les **xîshŏu jiān** (*hsi chô tienn* ; 洗手间 ; toilettes) publiques. Il est important de savoir, avant votre voyage, combien vous êtes censé donner afin d'éviter d'être gêné (et de gêner vos compatriotes, par la même occasion).

À Taïwan, les **xiăo fèi** sont généralement inclus dans les additions, au restaurant. Si ce n'est pas le cas, on donne généralement 10 %. Vous pouvez **gĕi** (*keï* ; 给 ; donner) un euro par bagage aux grooms et aux bagagistes.

À Hong Kong, la plupart des restaurants incluent généralement un pourboire équivalent à 10 % de l'addition, mais n'hésitez pas à donner 5 % de plus si le **fúwù** (*fou ou* ; 服务 ; service) était vraiment de qualité. On peut aussi donner de petits pourboires aux chauffeurs de taxi, aux grooms et aux dames pipi.

Auparavant, il était rare de donner des pourboires en Chine, mais cette idée gagne du terrain, au fur et à mesure que les mines renfrognées se raréfient et que le service est rendu plus souvent avec le sourire. (Pendant longtemps, après la révolution culturelle, on n'encourageait pas les ouvriers à travailler plus ou à avoir un comportement plus agréable.) Un pourboire de 3 % est d'usage dans les restaurants (ce qui est peu comparé à Taïwan et Hong Kong). Les grooms et le personnel de service s'attendent à recevoir un ou deux dollars américains. Le fait de donner des pourboires en **Měijīn** (*meï tinn* ; 美金 ; US dollars) est encore très apprécié car il vaut environ huit fois plus que le dollar chinois.

Si l'on vous donne l'addition et que vous n'y comprenez rien, vous pouvez toujours poser la question suivante pour savoir si le pourboire est inclus ou non :

» **Zhàngdān bāokuò fúwùfèi ma ?** (*djaang tann pao k'houo fou ou feï ma* ; 帐单包括服务费吗 ; le pourboire est-il inclus ?)

GRAMMAIRE

En français, quand vous dites « 15 pour cent », vous voulez dire 15 sur un total de 100. En chinois, on exprime les **bǎifēnbî** (*paï fenn pi* ; 百分比 ; pourcentages) en commençant par le plus gros chiffre, à savoir **bǎi** (*paï* ; 百 ; 100), et en prenant les choses à l'envers pour terminer par le pourcentage de ce montant.

Voici quelques exemples :

- **bǎifēn zhī bǎi** (*paï fenn dj paï* ; 百分之百 ; 100 % ; *mot à mot :* 100 sur 100 parts)
- **bǎifēn zhī bāshíwǔ** (*paï fenn dj pa ch ou* ; 百分之八十五 ; 85 % ; *mot à mot :* 85 sur 100 parts)
- **bǎifēn zhī shíwǔ** (*paï fenn dj ch ou* ; 百分之十五 ; 15 % ; *mot à mot :* 15 sur 100 parts)
- **bǎifēn zhī sān** (*paï fenn dj sann* ; 百分之三 ; 3 % ; *mot à mot :* 3 sur 100 parts)
- **bǎifēn zhī líng diǎn sān** (*paï fenn dj linng tienn sann* ; 百分之零点三 ; 0,3 % ; *mot à mot :* 0,3 sur 100 parts)

Reportez-vous au chapitre 3 pour des informations complémentaires sur les nombres.

Mots clés

zhàngdān 帐单	*djaang tann*	l'addition
yígòng 一共	*yi konng*	en tout
yīnggāi 应该	*yinng kaï*	devrait
yīnwèi ... suǒyǐ 因为……所以	*yinn oueï ... souo yi*	comme ... alors (par conséquent)
tóngyì 同意	*t'honng yi*	être d'accord

Chapitre 6

Se déplacer

DANS CE CHAPITRE :

- **Poser la question « où » et y répondre**
- **Indiquer la route aux autres**
- **Parcourir le temps et la distance**
- **S'orienter avec les co-verbes de direction**

Chacun d'entre nous (eh oui, même vous) doit demander son **fāngxiàng** (*faang hsiaang* ; 方向 ; direction, chemin) à un moment ou à un autre. Même s'il s'agit juste de trouver les **cèsuǒ** (*ts'he souo* ; 厕所 ; toilettes) – quand vous en avez besoin, il est mieux de savoir le demander.

Ce chapitre vous aide à comprendre comment demander votre chemin avant que vous ne puissiez vous **mílù** (*mi lou* ; 迷路 ; perdre). Que vous perdiez le nord à Pékin ou que vous vous égariez à Luoyang, les conseils utiles de ce chapitre vous permettront de vous retrouver chez vous plus facilement. Ou du moins de retrouver votre hôtel.

Demander « où »

Vous êtes en train de chercher la **yóujú** (*yô tu* ; 邮局 ; poste) la plus proche pour envoyer un paquet chez vous avant l'anniversaire de votre mère, la semaine prochaine. Un passant vous dit de descendre la **jiēdào** (*tié tao* ; 街道 ; rue), mais vous ne trouvez rien d'autre que quelques **shūdiàn** (*chou tienn* ; 书店 ; librairies) et, de temps en temps, une **dìtiě zhàn** (*ti t'hyé djann* ; 地铁站 ; station de métro). Il est temps de demander votre chemin. Mais, comment faire ?

GRAMMAIRE

La manière la plus simple de demander où se trouve quelque chose en chinois, c'est d'utiliser l'adverbe interrogatif **năr à l'américaine, ou năli** (*nali* ; 哪里). Il signifie « où ». Mais si vous dites juste **năr**, les gens vont continuer à se demander de quoi vous voulez parler. Vous devez utiliser le co-verbe **zài** devant **năr** (**zài năr**) : il se traduit par « dans » ou « à ». Mettez juste le nom de ce que vous cherchez avant le mot **zài** pour compléter la question :

- **Yóuyú zài năli ?** (*yô tu dzaï nali* ; 邮局在哪里 ; où se trouve la poste ?)
- **Shūdiàn zài năli ?** (*chou tienn dzaï nali* ; 书店在哪里 ; où se trouve la librairie ?)
- **Nî zài năli ?** (*ni dzaï nali* ; 你在哪里 ; où es-tu ?)

Voici d'autres endroits que vous pourriez chercher quand vous vous perdez :

- **cèsuŏ** (*ts'he souo* ; 厕所 ; les toilettes)
- **Făguó dàshîguăn** (*fa kouo ta ch kouann* ; 法国大使馆 ; l'ambassade de France)
- **xuéxiào** (*hsué hsïao* ; 学校 ; l'école)
- **yínháng** (*yinn h'aang* ; 银行 ; la banque)
- **fànguăn** (*fann kouann* ; 饭馆 ; le restaurant)
- **gōnggòngqìchēzhàn** (*konng konng tchi tch'he djann* ; 公共汽车站 ; l'arrêt de bus)

- » **huǒchēzhàn** (*h'ouo tch'he djann* ; 火车站 ; la gare)
- » **dìtiězhàn** (*ti t'hié djann* ; 地铁站 ; la station de métro)
- » **chūzū qìchēzhàn** (*tch'hou dzou tchi tch'he djann* ; 出租汽车站 ; la station de taxi)
- » **jízhěnshì** (*ti djenn ch* ; 急诊室 ; la salle des urgences)
- » **shòupiào chù** (*chô p'hïao tch'hou* ; 售票处 ; le guichet [pour acheter des billets])

Quand vous voyagez dans des endroits qui vous sont inconnus, vous pouvez avoir besoin de savoir si vous pouvez y aller à pied ou s'il vous faut prendre le **gōnggòng qìchē** (*konng konng tchi tch'he* ; 公共汽车 ; bus) ou le **chūzū qìchē** (*tch'hou dzou tchi tch'he* ; 出租汽车 ; taxi) pour arriver à votre destination :

- » **Hěn jìn ma ?** (*h'enn tinn ma* ; 很近吗 ; est-ce c'est près d'ici ?)
- » **Hěn yuǎn ma ?** (*h'enn yuenn ma* ; 很远吗 ; est-ce que c'est loin d'ici ?)

Une nuance qui en dit long : Nǎr et nǎlǐ

CULTURE

En Chine, quand on vous complimente, les convenances exigent que vous répondiez par un **nǎlǐ, nǎlǐ** (*na li na li* ; 哪里哪里) prompt et ferme, qui signifie littéralement « Où ? Où ? », mais qui se traduit plutôt par : « Non, non, vous êtes trop aimable. » Quand un Chinois vous dit quelque chose de gentil, que ce soit à propos de vous, de vos vêtements, de votre voiture ou de vos enfants, n'acceptez jamais un compliment comme vous le feriez en français, c'est-à-dire en l'acceptant avec bienveillance tout en disant : « Merci. »

Vous devriez plutôt insister sur le fait que vous ne méritez pas le compliment et exprimer votre désaccord en vociférant promptement : **nălĭ**, **nălĭ**. En République populaire de Chine, l'expression équivalente est **năr de huà** (*nali te h'oua* ; 哪里的话 ; *mot à mot* : d'où peuvent provenir de tels mots ?). La culture chinoise respecte toujours l'humilité, même feinte.

Mots clés

fāngxiàng 方向	*faang hsiaang*	le chemin, la direction
dìtú 地图	*ti t'hou*	la carte, le plan
shíjiānbiăo 时间表	*ch tienn pïao*	l'horaire
dìzhĭ 地址	*ti dj*	l'adresse

Le mot **năr** (*nali* ; 哪里) prononcé au troisième ton (descendant puis ascendant) signifie « où », mais au quatrième ton (le ton descendant), **nàr** (*nali* ; 那儿) signifie « là ». Faites donc particulièrement attention au ton que vous utilisez quand vous demandez votre chemin. La personne à qui vous vous adressez peut penser que vous affirmez quelque chose et non que vous posez une question.

Se repérer quand on demande son chemin

La première étape est donc de savoir demander où se trouve un endroit spécifique, mais savoir s'y rendre est aussi important. (Sinon, pourquoi demanderiez-vous où il se trouve ? Nous sommes donc bien d'accord.) Voici la façon la plus simple de le demander :

» **Qù _____ zěnme zǒu ?** (*tchu__dzenn me dzô* ; 去____怎么走 ; comment fait-on pour aller à ______ ?)

Voici quelques exemples d'utilisation de cette structure interrogative :

» **Qù fēijīchǎng zěnme zǒu ?** (*tchu feï ti tch'haang dzenn me dzô* ; 去飞机场怎么走 ; comment fait-on pour aller à l'aéroport ?)

» **Qù túshūguǎn zěnme zǒu ?** (*tchu t'hou chou kouann dzenn me dzô* ; 去图书馆怎么走 ; comment fait-on pour aller à la bibliothèque ?)

» **Qù xuéxiào zěnme zǒu ?** (*tchu hsué hsïao dzenn me dzô* ; 去学校怎么走 ; comment puis-je me rendre à l'école ?)

Répondre à la question « où »

Si vous ne maîtrisez pas suffisamment la langue internationale des signes et le mime, vous pourriez avoir besoin de connaître quelques termes élémentaires pour indiquer la direction et la localisation. Lisez donc ces quelques mots :

» **yòu** (*yô* ; 右 ; à droite)

» **zuǒ** (*dzô* ; 左 ; à gauche)

» **qián** (*tchienn* ; 前 ; devant)

» **hòu** (*h'ô* ; 后 ; derrière)

» **lǐ** (*li* ; 里 ; dedans)

» **wài** (*ouaï* ; 外 ; dehors)

» **shàng** (*chaang* ; 上 ; dessus)

» **xià** (*hsia* ; 下 ; dessous)

- » **duìmiàn** (*toueï mienn* ; 对面 ; de l'autre côté, en face)
- » **kàojìn** (*k'hao tinn* ; 靠近 ; à côté de)

TRUC

Si vous voulez indiquer que quelque chose se trouve dedans, dehors, dessus, dessous, devant ou derrière quelque chose, vous pouvez utiliser trois terminaisons différentes, complètement interchangeables, avec chacun des termes de localisation :

- » **bian** (*pienn* ; 边)
- » **mian** (*mienn* ; 面)
- » **tou** (*t'hô* ; 头)

Si vous voulez dire, par exemple, que le chien est dehors, vous pouvez le dire des trois façons suivantes :

- » **Gǒu zài wàimian** (*kô dzaï ouaï mienn* ; 狗在外面 ; le chien est dehors)
- » **Gǒu zài wàibian** (*kô dzaï li pienn* ; 狗在里边 ; le chien est dehors)
- » **Gǒu zài wàitou** (*kô dzaï ouaï t'hou* ; 狗在外头 ; le chien est dehors)

Il se peut que vous ayez parfois besoin d'utiliser des expressions de localisation plus complexes. Cela peut être le cas quand vous ne voulez pas noter tout simplement où se trouve quelque chose. Vous voulez peut-être dire à quelqu'un à quel endroit une action spécifique devrait avoir lieu. Par exemple, si vous voulez dire « Attends devant l'école. », voilà ce que vous diriez :

- » **Qǐng nǐ zài xuéxiào qiánmian děng.** (*tchinng ni dzaï hsué hsïao tchienn mienn tenng* ; 请你在学校前面等 ; attends devant l'école, s'il te plaît.)

Dans ce cas, le verbe **děng** (*tnng* ; 等 ; attendre) se place après le lieu (**xuéxiào qiánmian** ; *hsué hsïao tchienn miienn* ; 学校前面).

Voici quelques autres exemples :

» **Zài xuéxiào hòumian děng.** (*dzaï hsué hsiao h'ô mienn tenng* ; 在学校后面等 ; attends derrière l'école.)

» **Zài wūzi li chīfàn.** (*dzaï ou dz li tch fann* ; 在屋子里吃饭 ; mange dans la pièce.)

» **Zài túshūguǎn kànshū.** (*dzaï t'hou chou kouann k'hann chou* ; 在图书馆看书 ; lis dans la bibliothèque.)

Mots clés

wàng 往	*ouaang*	vers, en direction de
duìmiàn 对面	*toueï mienn*	en face
zài yínháng duìmiàn 在银行对面	*dzaï yinn h'aang toueï mienn*	en face de la banque
zǒu (zǒulù) 走（走路）	*dzô (dzô lou)*	marcher
kāichē 开车	*k'haï tch'he*	conduire
zuò huǒchē 坐火车	*dzouo h'ouo tch'e*	prendre le train
shàng 上	*chaang*	monter
xià 下	*hsia*	descendre

Indiquer le chemin

Pensez-vous bien connaître une ville étrangère après avoir jeté un coup d'œil à quelques **dìtú** (*ti t'hou* ; 地图 ; plans) avant de vous y trouver ? Si c'est le cas, vous pourriez bien vouloir indiquer le chemin de temps en temps plutôt que de demander le vôtre. Tout ce que vous savez peut vous servir quand vous pensez que le chauffeur de taxi va vous mener en bateau (de façon imagée, bien sûr) parce qu'il s'imagine que vous ne vous savez pas vous retrouver en ville.

Si vous voulez **jiào** (*tiao* ; 叫 ; appeler) un taxi, dites au groom ce qui suit :

» **Wǒ yào jiào jìchéngchē.** (*ouo yao tiao ti tch'henng tch'he* ; 我要叫记程车 ; je voudrais un taxi.)

Vous pouvez dire aussi :

» **Wǒ yào jiào chūzūchē.** (*ouo yao tiao tch'hou dzou tch'he* ; 我要叫出租车 ; je voudrais un taxi.)

Les deux phrases sont interchangeables.

Si vous savez vraiment vous y retrouver en ville, vous pouvez indiquer au chauffeur de taxi quels **gāosùgōnglù** (*kao sou konng lou* ; 高速公路 ; autoroute), **gōnglù** (*konng lou* ; 公路 ; route nationale), **qiáo** (*tchiao* ; 桥 ; pont) ou **lù** (*lou* ; 路 ; rue) prendre ; à quel **guǎijiǎo** (*kouaï tiao* ; 拐角 ; coin) tourner ; quelle **xiàngzi** (*hsiaang dz* ; 巷子 ; voie) suivre. Ou peut-être voulez-vous éviter d'aller sur un certain **tiānqiáo** (*t'hienn tchïao* ; 天桥 ; autopont) ou un certain **dìxiàdào** (*ti hsia tao* ; 地下道 ; passage inférieur).

Où que vous vouliez aller, certains mots clés vous permettront de donner vos instructions au chauffeur de taxi :

- **guò** (*kouo* ; 过 ; passer)
- **shàng** (*chaang* ; 上 ; monter)
- **xià** (*hsia* ; 下 ; descendre)
- **yòu zhuǎn** (*yô* ; 右转 ; tourner à droite)
- **zuǒ zhuǎn** (*dzouo djouann* ; 左转 ; tourner à gauche)
- **zhí zǒu** (*dj dzô* ; 直走 ; aller tout droit)
- **zhuǎn wān** (*djouann ouann* ; 转弯 ; faire demi-tour)

Si vous ne connaissez pas la localisation exacte, vous donnerez aussi moins de détails :

- **fùjìn** (*fou tinn* ; 附近 ; près de)
- **sìzhōu** (*s djô* ; 四周 ; dans les environs de, autour de)

Mots clés

cóng ... dào 从......到	*ts'honng... tao*	de ... à
guò mǎlù 过马路	*kouo ma lou*	traverser l'avenue
máfan nǐ 麻烦你	*ma fann ni*	excusez-moi

Exprimer les distances (le temps et l'espace) avec lí

Même si vous pouvez utiliser la structure **cóng... dào** (*ts'honng ...tao* ; 从......到) pour dire mot à mot « d'ici à là-bas » (**cóng zhèrli dào nàli** ; *ts'honng djeli tao nali* ; 从这儿到那儿), quand vous voulez indiquer la distance entre deux endroits, il vous faut utiliser le co-verbe **lí** (*li* ; 离), « distant de ». La structure de la phrase ressemble un peu à ceci :

» Endroit + **lí** + endroit + distance

Par exemple :

» **Gōngyuán lí túshūguǎn hěn jìn.** (*konng yuenn li t'hou chou kouann h'enn tinn* ; 公园离图书馆很近 ; le parc est très proche de la bibliothèque.)

» **Wǒ jiā lí nǐ jiā hěn yuǎn.** (*ouo tian li ni tia h'enn yuenn* ; 我家离你家很远 ; ma maison est vraiment loin de la tienne.)

Si vous voulez préciser la distance exacte entre deux endroits, vous utilisez le nombre de **gōnglǐ** (*konng li* ; 公里 ; l'équivalent chinois du kilomètre), suivi du mot **lǔ** puis du mot **lù** (*mot à mot* : route, rue). Que vous disiez **sì gōnglǐ lù** (*s konng li lou* ; 四公里路 ; 4 km), **bā gōnglǐ lù** (*pa konng li lou* ; 八公里路 ; 8 km), ou **èrshísān gōnglǐ lù** (*er ch sann konng li lou* ; 二十三公里路 ; 23 km), les gens connaissent la distance exacte quand vous utilisez cette structure. Vous devez aussi utiliser le mot **yǒu** (*yô* ; 有 ; avoir) devant le nombre de kilomètres. Si la réponse inclut un verbe adjectivé comme **yuǎn** (*yuenn* ; 远 ; loin) ou **jìn** (*tinn* ; 近 ; près) au lieu d'une distance numérique, il n'est alors pas nécessaire de préciser le nombre de kilomètres ni d'utiliser le mot **yǒu**.

Les questions et les réponses suivantes utilisent ces nouvelles structures de phrase :

» **Gōngyuán lí túshūguǎn yǒu.duō yuǎn ?** (*konng yuenn li t'hou chou kouann yô tou yuenn* ; 公园离图书馆有多远 ; à quelle distance est le parc de la bibliothèque ?)

» **Gōngyuán lí túshūguǎn yǒu bā gōnglǐ lù.** (*konng yuenn li t'hou chou kouann yô pa konng li lou* ; 公园离图书馆有八公里路 ; Le parc est à 8 km de la bibliothèque.)

» **Yínháng lí nǐ jiā yǒu duō jìn ?** (*yinn haang li ni tia yô touo jinn* ; 银行离你家有多近 ; à quelle distance [proche] de chez toi se trouve la banque ?)

» **Hěn jìn. Zhǐ yǒu yī gōng lǐ lù.** (*h'enn tinn. Dz yô yi konng li lou* ; 很近。只有一公里路 ; elle est très proche. Elle n'est qu'à un kilomètre.)

Il se peut que vous ayez d'autres questions à poser quand vous voulez des précisions sur la localisation ou la distance :

» **Yào duō cháng shíjiān ?** (*yao touo tch'haang ch tienn* ; 要多长时间 ; cela prendra combien de temps ?)

» **Zǒu de dào ma ?** (*dzô te tao ma* ; 走得到吗 ; est-ce que je peux y aller à pied ?)

» **Zǒu de dào, zǒu bú dào ?** (*dzô te tao, dzô pou tao* ; 走得到，走不到 ; peut-on y aller à pied ?)

GRAMMAIRE

Pour indiquer que quelque chose risque d'arriver ou ne risque pas de se réaliser, on utilise une structure de phrase incluant des *compléments potentiels*. Cette structure se forme en plaçant, entre le verbe et le complément, les mots **de** (*te* ; 得) et **bù** (*pou* ; 不) selon le sens positif ou négatif de la phrase.

Si vous dites **Nî kànjiàn** (*ni k'hann tienn* ; 你看见), vous voulez dire : « Tu vois. » Si vous dites à la place **Nî kàn de jiàn ma ?** (*ni k'hann te tienn ma* ; 你看得见吗), vous dites : « Est-ce que tu peux voir ? » Et si vous utilisez la négation **bù** à la place de **de** qui a une connotation positive pour demander : **Nî kàn bú jiàn ma ?** (*ni k'hann pou tienn ma* ; 你看不见吗), vous dites alors : « Tu ne peux pas voir ? » Et finalement, si vous utilisez à la fois les formes potentielles positives et négatives dans la foulée, ce qui donne : **Nî kàn de jiàn, kàn bú jiàn ?** (*ni k'hann te tienn k'hann pou tienn* ; 你看得见，看不见), vous dites : « Tu peux voir (ou non) ? »

Voici quelques exemples supplémentaires utilisant cette structure :

- **zuò wán** (*dzouo ouann* ; 做完 ; terminer [de faire quelque chose])
- **zuò de wán** (*dzouo te ouann* ; 做得完 ; peut terminer)
- **zuò bù wán** (*dzouo pou ouann* ; 做不完 ; ne peut pas terminer)
- **zuò de wán, zuò bù wán ?** (*dzouo te ouann, dzouo pou ouann* ; 做得完，做不完 ; peux-tu le terminer, ne peux-tu pas le terminer ?)
- **xî gānjìng** (*hsi kann tinng* ; 洗干净 ; laver [et rendre propre])
- **xî de gānjìng** (*hsi te kann tinng* ; 洗得干净 ; peut être lavé)
- **xî bù gānjìng** (*hsi pou kann tinng* ; 洗不干净 ; ne peut pas être lavé)
- **xî de gānjìng, xî bù gānjìng ?** (*hsi te kann tinng , hsi pou kann tinng* ; 洗得干净，洗不干净 ; peux-tu le laver, ne peux-tu pas le laver ?)

Quand vous demandez votre chemin, les questions suivantes peuvent s'avérer bien pratiques :

- **Wǒmen zǒu de dào, zǒu bú dào ?** (*ouo menn dzô te tao, dzô pou tao* ; 我们走得到，走不到 ; peut-on aller là-bas à pied ?)
- **Wǒmen lái de jí, lái bù jí ?** (*ouo menn laï te ti, laï pou ti* ; 我们来得及，来不及 ; arrivera-t-on à l'heure ?)

Découvrir les nombres ordinaux

Avez-vous jamais dit à quelqu'un de tourner à droite au second **jiāotōng dēng** (*tïao t'honng tnng* ; 交通灯 ; feu de signalisation) ou que votre maison était la troisième sur la gauche ?

En chinois, on ne peut pas utiliser tout simplement le nombre et un classificateur, comme lorsqu'on dit **sān ge** (*sann ke* ; 三个 ; trois) quelque chose. Si vous dites **sān ge jiāotōng dēng**, la personne entendra « trois feux ». Si vous voulez dire « le troisième feu », vous devez ajouter le mot **dì** avant le nombre ce qui donne **dì sān ge jiāotōng dēng** (*ti sann ke tïao t'honng tenng* ; 第三个交通灯), désignant ainsi le troisième feu.

GRAMMAIRE

Si vous faites suivre un nombre ordinal par un nom, vous devez toujours mettre un classificateur entre les deux. Vous ne pouvez pas associer **dì sān** (*ti dann* ; 第三 ; le troisième) à **qìchē** (*tchi tch'he* ; 汽车 ; la voiture). Le classificateur 辆 (*liaang*) doit se trouver entre le nombre et le nom, ce qui donne **dì sān ge qìchē** (*ti sann liaang tchi tch'he* ; 第三辆汽车) et veut dire « la troisième voiture ».

En chinois, il est très facile de créer des nombres ordinaux (nombres qui indiquent l'ordre des choses). Il vous suffit de mettre **dì** devant le nombre :

- **dì yī** (*ti yi* ; 第一 ; le premier)
- **dì èr** (*ti er* ; 第二 ; le deuxième/second)
- **dì sān** (*ti sann* ; 第三 ; le troisième)
- **dì sì** (*ti s* ; 第四 ; le quatrième)
- **dì wǔ** (*ti ou* ; 第五 ; le cinquième)
- **dì liù** (*ti lio* ; 第六 ; le sixième)
- **dì qī** (*ti tchi* ; 第七 ; le septième)
- **dì bā** (*ti pa* ; 第八 ; le huitième)
- **dì jiǔ** (*ti tio* ; 第九 ; le neuvième)
- **dì shí** (*ti ch* ; 第十 ; le dixième)

Vous pouvez avoir besoin d'utiliser ces exemples pour vous orienter :

- **dì yī tiáo lù** (*ti yi t'hiao lou* ; 第一条路 ; la première rue)
- **dì èr ge fángzi** (*ti er ke faang dz* ; 第二个房子 ; la deuxième maison)
- **zuǒ biān dì bā ge fángzi** (*dzouo pienn ti pa ke faang dz* ; 左边第八个房子 ; la huitième maison sur la gauche)

Préciser les points cardinaux avec des co-verbes directionnels

Vous pouvez toujours dire à quelqu'un d'aller à **yòu** (*yô* 右 ; droite) ou à **zuǒ** (*dzouo* ; 左 ; gauche) à longueur de journée, mais la meilleure façon d'orienter quelqu'un est parfois de s'aider des points cardinaux (nord, sud, est ou ouest).

Mais, en chinois, vous les direz dans cet ordre-là :

- » **dōng** (*tonng* ; 东 ; l'est)
- » **nán** (*nann* ; 南 ; le sud)
- » **xī** (*hs* ; 西 ; l'ouest)
- » **běi** (*peï* ; 北 ; le nord)

Pour donner des indications plus précises, vous pouvez utiliser les termes suivants :

- » **dōng běi** (*tonng peï* ; 东北 ; le nord-est)
- » **xī běi** (*hsi peï* ; 西北 ; le nord-ouest)
- » **dōng nán** (*tonng nann* ; 东南 ; le sud-est)
- » **xī nán** (*hsi nann* ; 西南 ; le sud-ouest)

ATTENTION !

Quand il s'agit d'indiquer le nord, le sud, l'est, l'ouest, la gauche ou la droite, vous pouvez utiliser **-bian** ou **-mian** à la fin des mots, mais jamais **-tou** que vous pouvez utiliser avec d'autres mots de positionnement : devant, derrière, dedans et dehors.

GRAMMAIRE

Indiquer une direction implique souvent des instructions multiples. Vous ne pouvez pas toujours dire « vous tournez à droite et vous y êtes » ou « vous allez tout droit et vous le verrez en face de vous ». Vous devrez parfois utiliser une structure chinoise couramment utilisée pour indiquer des directions multiples. Cette structure est la suivante :

xiān (*hsienn* ; 先) + 1er verbe, **zài** (*dzaï* ; 再) + 2e verbe

Ce qui se traduit ainsi : « Vous commencez par X, et faites ensuite Y. ». En voici quelques exemples :

- **Xiān wàng dōng zǒu, zài wàng yòu zhuǎn.** (*hsienn ouaang tonng dzô, dzaï ouaang yô djouann* ; 先往东走，再往右转 ; vous commencez par marcher vers l'est, et tournez ensuite à droite.)
- **Xiān zhí zǒu, zài wàng xī zǒu.** (*hsienn dj dzô, dzaï ouaang hsi dzô* ; 先直走，再往西走 ; vous commencez par aller tout droit, et vous dirigez ensuite vers l'ouest.)

Chapitre 7
L'hébergement

DANS CE CHAPITRE :

- **Réserver une chambre**
- **Formalités d'arrivée à l'hôtel**
- **Utiliser les services de l'hôtel**
- **Faire ses bagages et régler sa note d'hôtel**

Le choix de l'hôtel **lǚguǎn** (*lu kouann* ; 旅馆 ; hôtel) conditionne la réussite ou l'échec de vos vacances. Que vous séjourniez dans la capitale ou dans un trou perdu avec un seul **lǚguǎn** digne de ce nom, il est toujours indispensable de savoir remplir un formulaire, régler sa note et demander tout ce dont vous avez besoin entre les deux (y compris la note). Ce chapitre vous fait passer par toutes les étapes : la réservation de l'hôtel, l'enregistrement à la réception, les formalités de départ à l'heure prévue et le règlement de divers problèmes qui peuvent surgir entre toutes ces étapes.

Mais, tout d'abord, voici quelque chose qui va vous stupéfier : il n'y a pas une, ni deux mais cinq façons de dire le mot « hôtel » en chinois :

- **lǚguǎn** (*lu kouann* ; 旅馆 ; hôtel)
- **fàndiàn** (*fann tienn* ; 饭店 ; *mot à mot :* un endroit pour les repas)
- **jiǔdiàn** (*tio tienn* ; 酒店 ; *mot à mot :* un endroit pour l'alcool)

- **zhāodàisuǒ** (*djao taï souo* ; 招待所 ; *mot à mot :* un lieu d'accueil)
- **bīnguǎn** (*pinn kouann* ; 宾馆 ; *mot à mot :* un endroit pour les invités)

Réserver une chambre

Êtes-vous en train de penser à **yùdìng** (*yu tinng* ; 预订 ; réserver) une **fángjiān** (*faang tienn* ; 房间 ; chambre) d'hôtel ? Quel type de chambre voulez-vous ? Une **dānrén fángjiān** (*taan jenn faang tienn* ; 单人房间 ; chambre simple) pour vous tout seul ? Une **shuāngrén fángjiān** (*chouaang jenn faang tienn* ; 双人房间 ; chambre double) pour vous et la personne qui vous est chère ? Ou peut-être une **tàojiān** (*t'hao tienn* ; 套间 ; suite) de grand standing pour une occasion spéciale comme le 10e **zhōunián** (*djô nienn* ; 周年 ; anniversaire) de votre mariage ?

Indépendamment de l'occasion et du type de chambre que vous voulez, vous avez besoin de savoir faire une réservation. Veillez à bien évaluer le **yùsuàn** (*yu souann* ; 预算 ; budget) dont vous disposez (et à le respecter). Vous êtes sûr de trouver un hôtel correct quelle que soit votre fourchette de prix si vous passez du temps à étudier la concurrence. Oh, et quand vous finissez par prendre le téléphone pour réserver une chambre, faites en sorte d'avoir votre **xìnyòng kǎ** (*hsinn yonng k'ha* ; 信用卡 ; carte de crédit) devant vous. (Reportez-vous au chapitre 5 pour les questions d'argent.)

Voici quelques questions que vous pourriez avoir envie de poser en commençant votre recherche de l'hôtel **lǐxiǎng** (*hsiaang* ; 这项 ; idéal).

- » **Nîmen hái yǒu fángjiān ma ?** (*ni menn h'aï yô faang tienn ma* ; 你们还有房间吗 ; vous reste-t-il des chambres disponibles ?)
- » **Nîmen fángjiān de jiàgé shì duōshăo ?** (*ni menn faang tienn te tia ke ch touo chao* ; 你们房间的价格是多少 ; quel est le prix des chambres ?)
- » **Wŏ yào yíge fángjiān, zhù liăng ge wănshàng.** (*ouo yao yi ke faang tienn, djou liaang ke ouann chaang* ; 我要一个房间，住两个晚上 ; je voudrais une chambre pour deux nuits.)
- » **Nîmen shōu bù shōu xìnyòng kă ?** (*ni menn chô pou chô hsinn yonng k'ha* ; 你们收不收信用卡 ; acceptez-vous les cartes de crédit ?)
- » **Yŏu méiyŏu shāngwù zhōngxīn ?** (*yô meï yô chaang ou djonng hsinn* ; 有没有商务中心 ; y a-t-il un centre d'affaires ?)
- » **Nîmen de fángjiān yŏu méiyŏu wăngluò liánjiē ?** (*ni menn te faang tienn yô meï yô ouaang louo lienn tié* ; 你们的房间有没有网络连接 ; a-t-on accès à Internet dans les chambres ?)

Vous pouvez choisir entre plusieurs types de chambres, en fonction de votre budget et de vos besoins spécifiques :

- » **yíge ānjìng de fángjiān** (*yi ke ann tinng te faang tienn* ; 一个安静的房间 ; une chambre calme)
- » **yíge guāngxiàn hăo de fángjiān** (*yi ke kouaang hsienn h'ao te faang tienn* ; 一个光线好的房间 ; une chambre lumineuse)
- » **yíge cháo hăi de fángjiān** (*yi ke tch'hao h'aï te faang tienn* ; 一个朝海的房间 ; une chambre avec vue sur la mer)

- » **yíge cháo yuànzi de fángjiān** (*yi ke tch'hao yuenn dz te faang tienn* ; 一个朝院子的房间 ; une chambre donnant sur la cour)
- » **yíge yǒu kōngtiáo de fángjiān** (*yi ke yô k'honng t'hïao te faang tienn* ; 一个有空调的房间 ; une chambre avec air conditionné)
- » **yíge dài yángtái de fángjiān** (*yi ke taï yaang t'haï te faang tienn* ; 一个带阳台的房间 ; une chambre avec balcon)
- » **yíge bù xīyān de fángjiān** (*yi ke pou hsi yenn te faang tienn* ; 一个不吸烟的房间 ; une chambre non fumeurs)
- » **yíge fāngbiàn cánjí rén de fángjiān** (*yi ke faang pienn ts'hann ti jenn te faang tienn* ; 一个方便残疾人的房间 ; une chambre équipée pour les personnes handicapées)

Mots clés

dānrén fángjiān 单人房间	*tann jenn faang tienn*	une chambre simple
shuāngrén fángjiān 双人房间	*chouaang jenn faang tienn*	une chambre double
tàojiān 套间	*t'hao tienn*	une suite
yígòng 一共	*yi konng*	en tout
yíyàng 一样	*yi yaang*	le même, pareil
jiàgé 价格	*tia ke*	le prix
hé 和	*h'e*	et
dōu 都	*tô*	les deux ; tous
dōu yíyàng 都一样	*tô yi yaang*	ils sont tous les deux pareils
dāi 呆	*taï*	rester

Le co-verbe **hé** (*h'e* ; 和 ; et) accompagné d'un nom qu'il précède toujours, se place toujours avant le verbe principal ou l'adjectif dans une phrase. Les synonymes de **hé** sont **gēn** (*kenn* ; 跟), **yǔ** (*yu* ; 与) et **tóng** (*t'honng* ; 同).

Procéder à l'enregistrement

Aaah, **Yàzhōu** (*ia djô* ; 亚洲 ; l'Asie) ! On tombe souvent sous son charme dès que l'on s'arrête à l'entrée de l'hôtel et que l'on en passe la porte. Vous allez peut-être même vous attarder mystérieusement dans le **dàtīng** (*ta t'hinng* ; 大厅 ; lobby) et y faire un repérage suffisamment long pour mémoriser tous les aménagements qui existent. Vous pourrez probablement disposer, entre autres, de ces signes ostentatoires de luxe :

- **yóuyǒngchí** (*yô yonng tch'hi* ; 游泳池 ; la piscine)
- **diànshì** (*tienn ch* ; 电视 ; la télévision)
- **gānxǐ fúwù** (*kann hsi fou ou* ; 干洗服务 ; le service de nettoyage à sec)
- **ànmóyùchí** (*ann mo yu tch* ; 按摩浴池 ; le jacuzzi)
- **jiànshēnfáng** (*tienn che faang* ; 健身房 ; la salle de gym)
- **shāngwù zhōngxīn** (*chaang ou djonng hsinn* ; 商务中心 ; le centre d'affaires)
- **fàndiàn cāntīng** (*faan tienn ts'hann t'hinng* ; 饭店餐厅 ; le restaurant de l'hôtel)

Avant de pouvoir profiter de toutes ces facilités, vous devez tout de même, officiellement, **bànlǐ rùzhù shǒuxù** (*pann li jou djou chô hsu* ; 办理入住手续 ; remplir un formulaire). Vous ne voulez quand même pas que l'on vous prenne la main dans le sac alors que vous courez dans la **jiànshēnfáng** ou que vous vous détendez dans le

ànmóyùchí, à moins que vous ne soyez un invité de bonne foi, n'est-ce pas ? (Ne répondez pas à cette question.)

À la **fàndiàn qiántái** (*faan tienn tchienn t'haï* ; 饭店前台 ; réception de l'hôtel), vous aurez toujours besoin de dire l'une des phrases suivantes :

» **Wǒ yǐjīng yùdìng le fángjiān.** (*ouo yi tinng yu tinng le faang tienn* ; 我已经预订了房间 ; j'ai déjà fait une réservation.)

» **Wǒ méiyǒu yùdìng fángjiān.** (*ouo meï yô yu tinng faang tienn* ; 我没有预订房间 ; je n'ai pas fait de réservation.)

» **Nǐmen hái yǒu fángjiān ma ?** (*ni menn h'aï yô faang tienn ma* ; 你们还有房间吗 ; avez-vous encore des chambres ?)

Si vous avez de la chance, il restera au moins une **kōng fángjiān** (*k'honng faang tienn* ; 空房间 ; chambre libre). S'il n'y a plus de chambres disponibles, vous entendrez : **Duìbùqǐ, wǒmen kèmǎn le.** (*toueï pou tchi, ouo menn k'he mann le* ; 对不起，我们客满了 ; désolé, nous sommes complets.)

Le **qiántái fúwùyuán** (*tchienn t'haï fou ou yuenn* ; 前台服务员 ; l'employé de la réception) vous demandera de **tián** (*t'hienn* ; 填 ; remplir) quelques **biǎo** (*pïao* ; 表 ; formulaires) pour réserver votre chambre. Préparez donc un **gāngbǐ** (*kaang pi* ; 钢笔 ; stylo-plume) et une **zhèngjiàn** (*djenng tienn* ; 证服 ; pièce d'identité) – plus spécialement votre **hùzhào** (*h'ou djao* ; 护照 ; passeport). Voilà ! Vous êtes devenu officiellement un **kèrén** (*k'he jenn* ; 客人 ; invité) de l'hôtel.

Dès que vous aurez rempli ces formalités, un **xíngliyuán** (*hsinng li yuenn* ; 行李员 ; bagagiste) viendra aussitôt vers vous pour vous aider à porter vos **xíngli** (*hsinng li* ; 行李 ; bagages) dans votre **fángjiān** (*faang tienn* ; 房间 ; chambre). Une fois que vous y serez rentré, il vous donnera la **yàoshi** (*yao ch* ; 钥匙 ; clé) si ce n'est pas le **qiántái fúwùyuán** (*tchienn t'haï fou ou yuenn* ; 前台服务员 ; employé de réception) qui vous l'a donnée en bas.

Vous pouvez enfin vous **xiūxi** (*hsio hsi* ; 休息 ; reposer) et peut-être même vous endormir. Mais avant, vous pourriez avoir envie de demander le réveil téléphonique. Tout ce que vous avez à dire, c'est :

» **Qǐng nǐ jiào wǒ qǐchuáng.** (*tchinng ni tiao ouo tchi tch'houaang* ; 请你叫我起床 ; *mot à mot* : appelez-moi pour que je me lève de mon lit, s'il vous plaît)

Mots clés

duìbuqǐ 对不起	*toueï pou tchi*	je suis désolé(e)
zāogāo 糟糕	*dzao kao*	quel dommage
tuījiàn 推荐	*t'houeï tienn*	recommander
biéde 别的	*pié te*	autre
lǚguǎn 旅馆	*lu kouann*	l'hôtel

Utiliser les services de l'hôtel

Oh, oh ! Vous êtes maintenant bien installé dans votre magnifique et spacieuse chambre d'hôtel et vous découvrez que le **mén suǒ bú shàng** (*menn souo pou chaang* ; 门锁不上 ; la porte ne ferme pas) et que le **kōngtiáo huài le** (*k'honng t'hïao h'ouaï le* ; 空调坏了 ; l'air conditionné ne fonctionne pas). La situation empire : votre **chuānghu dǎ bu kāi** (*tch'houaang h'ou ta pou k'aï* ; 窗户打不开 ; votre fenêtre ne s'ouvre pas). Quelle vague de chaleur ! Vous allez peut-être avoir du mal à le croire mais, en plus de tout ceci, vos **mǎtǒng dǔzhùle** (*ma t'honng tou djou le* ; 马桶堵住了 ; toilettes sont bouchées). Il est temps d'appeler la **kèfáng fúwùyuán** (*ke faang fou ou yuenn* ; 客房服务员 ; personnel de service) la plus proche et de crier au secours. Vous pourriez avoir envie de demander à la **kèfáng fúwùyuán** de vous **sòng** (*sonng* ; 送 ; apporter) :

- **chuīfēngjī** (*tch'houeï fenng ti* ; 吹风机 ; un sèche-cheveux)
- **máotǎn** (*mao t'hann* ; 毛毯 ; une couverture)
- **zhěntóu** (*djenn t'hô* ; 枕头 ; un oreiller)
- **máojīn** (*mao tinn* ; 毛巾 ; une serviette)
- **wèishēngzhǐ** (*oueï chenng dj* ; 卫生纸 ; du papier toilette)

Appelez rapidement si les équipements suivants sont **huàile** (*h'ouaï le* ; 坏了 ; défectueux) et qu'ils ont besoin d'être réparés immédiatement :

- **nuǎnqì** (*nouann tchi* ; 暖气 ; le chauffage)
- **kōngtiáo** (*k'honng t'hiao* ; 空调 ; l'air conditionné)
- **mǎtǒng** (*ma t'honng* ; 马桶 ; les toilettes)
- **kāiguān** (*k'haï kouann* ; 开关 ; l'interrupteur électrique)
- **chāzuò** (*tch'ha dzouo* ; 插座 ; la prise de courant)
- **yáokòngqì** (*yao k'honng tchi* ; 遥控器 ; la télécommande)

Peut-être allez-vous juste avoir besoin de quelqu'un pour **dǎsǎo fángjiān** (*ta sao faang tienn* ; 打扫房间 ;

nettoyer la chambre). Eh oui ! Même les meilleurs hôtels ont besoin d'un petit coup de frais de temps en temps.

Vous allez être en relation avec de nombreux employés différents au cours de votre séjour à l'hôtel :

» **fúwùtái jīnglǐ** (*fou ou t'haï tinng li* ; 服务台经理 ; le responsable de la réception)

» **zǒngjīnglǐ** (*dzonng tinng li* ; 总经理 ; le gérant)

» **zhùlǐ jīnglǐ** (*djou li tinng li* ; 助理经理 ; l'assistant du gérant)

» **fúwùyuán lǐngbān** (*fou ou yuenn linng pann* ; 服务员领班 ; le chef des grooms)

» **fúwùyuán** (*fou ou yuenn* ; 服务员 ; le personnel de service)

Avant que vous décidiez de commander de la nourriture au service d'étage, rappelez-vous que c'est souvent **guì liǎng bèi** (*koueï liaang peï* ; 贵两倍 ; deux fois plus cher) que de dîner dans le **fàndiàncāntīng** (*fann tienn ts'hann t'hinng* ; 饭店餐厅 ; restaurant de l'hôtel), parce que le service est plus **fāngbiàn** (*faang piann* ; 方便 ; pratique).

GRAMMAIRE

Vous voulez comparer quelque chose et dire que c'est un certain nombre de fois plus cher que quelque chose d'autre ? Utilisez tout d'abord le mot **guì** (*koueï* ; 贵 ; cher) que vous faites suivre du nombre de fois que vous pensez que cela va être plus cher ainsi que du mot **bèi** (*peï* ; 倍 ; traduit grosso modo par « fois »). Vous pouvez comparer le coût relatif de deux produits ou services en utilisant le mot **bǐ** (*pi* ; 比 ; comparé à) selon la structure suivante :

X bǐ Y guì Nombre **bèi**

Voici quelques exemples :

» **Zuò chūzūchē bǐ zuò gōnggòng qìchē guì wǔ bèi.** (*dzouo tch'hou dzou tch'he pi dzouo konng konng tchi tch'he koueï ou peï* ; 坐出租车比坐公共汽车贵五倍 ; cela coûte cinq fois plus cher de prendre le taxi que l'autobus.)

» **Zhètiáo qúnzi bǐ nèitiáo guì shí bèi.** (*dze t'hiao tchune dz pi na t'hiao koueï ch peï* ; 这条裙子比那条贵十倍 ; cette jupe coûte dix fois plus cher que celle-là.)

CULTURE

Dans chaque chambre d'hôtel en Chine, vous trouverez un grand thermos d'eau bouillante que vous pouvez utiliser pour faire du thé ou du café. Ne buvez jamais l'eau du robinet. Vous pouvez vous laver les dents avec l'eau du robinet, parce que vous la recrachez. Les Chinois locaux n'osent pas boire l'eau du robinet non plus : vous serez donc en bonne compagnie.

Mots clés

qǐng jìn 请进	*tinng tinn*	entrez, s'il vous plaît
xǐ 洗	*hsi*	laver
wūdiǎn 污点	*ou tienn*	une tache
qùdiào 去掉	*tchu tïao*	effacer, enlever
méiyǒu wèntí 没有问题	*meï yô ouenn t'hi*	pas de problème
xǐyī fúwù 洗衣服务	*hsi yi fou ou*	le service de nettoyage de vêtements

GRAMMAIRE

Comme vous pouvez le voir dans la conversation précédente, le co-verbe **bǎ** (*pa* ; 把) apparaît souvent tout de suite après le sujet de la phrase, le séparant ainsi de l'objet direct, qui est toujours quelque chose de concret et non pas une idée abstraite. Il sépare les compléments d'objet direct et indirect.

Au lieu d'avoir la structure de phrase suivante :

» Sujet + Verbe + Complément (+ objet indirect) + Objet

Vous avez :

» Sujet + **bǎ** + Objet + Verbe + Complément (+ objet indirect)

Voici quelques exemples :

» **Wǒ bǎ shū jiè gěi nǐ.** (*ouo pa chou tié keï ni* ; 我把书借给你 ; je te prête le livre.)

» **Qǐng nǐ bǎ běnzi ná gěi lǎoshī.** (*tchinng ni pa penn dz na keï lao ch* ; 请你把本子拿给老师 ; veuillez donner le cahier au professeur.)

Formalités de départ

Voilà à nouveau un moment un peu déprimant. Il est temps de dire **zàijiàn** (*dzaï tienn* ; 再见 ; au revoir). Il est temps de **téngchū** (*t'henng tch'hou* ; 腾出 ; libérer) votre **fángjiān** (*faang tienn* ; 房间 ; chambre) d'hôtel et de **tuìfáng** (*t'houeï faang* ; 退房 ; accomplir les formalités de départ).

Vous pourriez avoir besoin de dire l'une des choses suivantes quand votre séjour sera sur le point de se terminer :

- **Wǒ yào fù zhàng** (*ouo yao fou djaang* ; 我要付帐 ; je voudrais régler la note.)
- **Nǐmen jiēshòu shénme xìnyòng kǎ ?** (*ni mann tié chô che me hsinn yonng k'ha* ; 你们接受什么信用卡 ; quelles cartes de crédit acceptez-vous ?)
- **Zhè bú shì wǒde zhāngdàn.** (*dje pou ch ouo te djaang tann* ; 这不是我的帐单 ; ce n'est pas ma note.)
- **Wǒ bù yīnggāi fù zhè xiàng.** (*ouo pou yinng kaï fou dje hsiaang* ; 我不应该付这项 ; on ne devrait pas me facturer ceci.)
- **Jiézhàng yǐhòu wǒ néng bù néng bǎ xíngli liú zài qiántái ?** (*tié djaang yi hô ouo nenng pou nenng pa hsinng li lio dzaï tchienn t'haï* ; 结帐以后我能不能把行李留在前台 ; après avoir réglé ma note, est-ce que je pourrais laisser mes bagages à la réception ?)
- **Yǒu méiyǒu qù fēijīchǎng de bānchē ?** (*yô meï yô tchu feï ti tch'haang te pann tch'he* ; 有没有去飞机场的班车 ; y a-t-il une navette pour l'aéroport ?)

Mots clés

tuìfáng 退房	*toueï faang*	accomplir les formalités de départ
zhàngdān 帐单	*djaang tann*	la note
jié zhàng 结帐	*tié djaang*	arrêter (liquider ou régler un compte)
fángjià 房价	*faang tia*	le prix de la chambre

Chapitre 8

Se présenter et faire connaissance

DANS CE CHAPITRE :

» **Se présenter et présenter les autres**

» **Se saluer et bavarder en famille, entre amis et avec des collègues**

» **Échanger des plaisanteries amicales avec quelqu'un que vous venez de rencontrer**

» **Discuter de son travail**

» **Parler de chez vous**

Nǐ hǎo (*ni h'ao* ; 你好 ; bonjour ! Comment allez-vous ?). Ces deux mots sont probablement les plus importants : ils vous permettront d'amorcer une conversation avec les gens que vous rencontrerez, le personnel des hôtels, restaurants et autres services que vous utiliserez, ou le personnel de l'aéroport à votre arrivée en Chine. À peine les avez-vous prononcés que vous avez déjà franchi la première étape pour vous faire de nouveaux amis et pour établir le contact avec à peu près tout le monde.

Dans ce chapitre, vous allez découvrir comment se faire de nouvelles relations en utilisant simplement les mots qu'il faut. Il ne vous restera ensuite plus qu'à sourire. C'est quelque chose que tout le monde comprend, d'où que l'on vienne.

Les présentations

Les meilleures occasions de se faire de nouveaux amis se présentent au cours d'une **wǎnhuì** (*ouann h'oueï* ;晚会 ; soirée), à l'occasion d'un **xīn gōngzuò** (*hsinn konng dzouo* ; 新工作 ; nouveau travail), dans le **dìtiě** (*ti t'hié* ; 地铁 ; métro), ou tout simplement **zài lùshàng** (*dzaï lou chaang* ; 在路上 ; dans la rue). Cette partie vous apportera une aide précieuse chaque fois qu'il s'agira de faire une première bonne impression. Lancez-vous et pratiquez ces salutations afin de vous préparer à toute éventualité.

Vous présenter

Lorsque vous rencontrez des Chinois ou voyagez à l'étranger, vous vous rendez vite compte qu'une connaissance succincte de quelques expressions clés dans leur propre langue permet vraiment de créer un climat propice entre vos deux cultures. Les Chinois sont particulièrement sensibles au fait que quelqu'un prenne le temps d'apprendre leur langue complexe et difficile : vos efforts seront donc récompensés au centuple.

Vous avez d'autres options que **nî hǎo** (*ni h'ao* ; 你好 ; comment allez-vous ?) quand vous rencontrez quelqu'un pour la première fois : **Hěn gāoxìng jiàndào nî** (*h'enn kao hsinng tienn tao ni* ; 很高兴见到你 ; je suis ravi(e) de vous rencontrer) ou **Wǒ hěn róngxìng** (*ouo h'enn jonng hsinng* ; 我很荣幸 ; je suis très honoré(e) de faire votre connaissance). Allez-y, donnez votre **míngzi** (*minng dzi* ; 名字 ; nom) et démarrez ainsi la conversation.

Vous ne savez pas quoi dire après le premier **nǐ hǎo** ? Voici quelques exemples de phrases d'introduction courantes pour vous aider à démarrer.

- **Wŏ zìwŏ jièshào yíxià.** (*ouo dz ouo tié chao yi hsia* ; 我自我介绍一下 ; laissez-moi me présenter.)
- **Wŏ jiào ___. Nĭ ne ?** (*ouo tïao* _ ; 我叫___ ; je m'appelle _. Comment vous appelez-vous ?)
- **Nĭ jiào shénme míngzi ?** (*ni tiao che me minng dz* ; 你叫什么名字 ; comment vous appelez-vous ?)
- **Wŏ shì Făguórén.** (*ouo ch fa kouo jenn* ; 我是法国人 ; je suis français(e).)

Présenter vos amis et votre famille

Vous pouvez aider vos amis à se faire encore plus d'amis si vous commencez à les présenter les uns aux autres. Tout ce que vous avez à dire, c'est : **Qĭng ràng wŏ jièshào wŏde péngyou, Charles** (*tchinng jaang ouo tié chao ouo te p'henng yô Charles*; 请让我介绍我的朋友 Charles ; Laissez-moi vous présenter mon ami Charles). Vous pouvez présenter votre **péngyŏu** (*p'henng yô* ; 朋友 ; ami), mais vous pouvez aussi présenter ces personnes importantes :

- **māma** (*ma ma* ; 妈妈 ; mère)
- **bàba** (*pa pa* ; 爸爸 ; père)
- **tàitai** (*t'haï t'haï* ; 太太 ; femme)
- **zhàngfu** (*djaang fou* ; 丈夫 ; mari)
- **lăoshī** (*lao ch* ; 老师 ; professeur)
- **tóngwū** (*t'honng ou* ; 同屋 ; colocataire)
- **tóngxué** (*t'honng hsué* ; 同学 ; camarade de classe)
- **wŏde péngyŏu** (*ouo te p'henng yô* ; 我的朋友 ; mon ami(e))
- **nán péngyŏu** (*nann p'henng yô* ; 男朋友 ; petit ami)

- **nh péngyǒu** (*nu p'henng yô* ; 女朋友 ; petite amie)
- **tóngshì** (*t'honng ch* ; 同事 ; collègue)
- **lǎobǎn** (*lao pann* ; 老板 ; patron)

TRUC

Quand vous présentez deux personnes, présentez toujours celle qui a un statut social inférieur et/ou qui est plus jeune à la personne qui a un statut social plus élevé. Procéder de cette façon est une preuve de politesse en Chine.

Demander leurs noms aux gens

Dans de nombreuses situations, les présentations sont informelles : **Wǒ jiào Sarah, nî ne ?** (*ouo tïao Sarah, ni ne* ; 我叫Sarah，你呢 ; je m'appelle Sarah. Et vous ?) ou **Nî jiào shénme míngzi ?** (*ni tïao che me minng dz* ; 你叫什么名字 ; comment vous appelez-vous ?). Vous pouvez aussi faire preuve de plus de politesse et de respect en demandant **Nín guì xìng ?** (*ninn koueï hsinng* ; 您贵姓 ; quel est votre honorable nom ?) Mais si vous posez la question à quelqu'un qui est plus jeune que vous ou dont le statut social est inférieur, vous pouvez dire tout simplement **Nî jiào shénme míngzi ?** (*ni tïao che me minng dz* ; 你叫什么名字 ; comment vous appelez-vous ?) Même si le sens de **míngzi** est généralement le « nom », la réponse à cette question peut inclure nom et prénom. Continuez à pratiquer ces quelques phrases d'introduction pour demander aux gens qui ils sont et vous êtes sûr de vous faire des amis rapidement (ou du moins, vous êtes sûr de connaître de nombreux noms chinois).

TRUC

Si quelqu'un vous demande **Nín guì xìng**, n'utilisez pas le terme honorifique **guì** dans votre réponse, en parlant de vous. Votre nouvelle connaissance trouverait que vous avez la grosse tête. Une telle réponse signifierait : « Mon honorable nom est Dupont. » La meilleure façon de répondre est de dire : **Wǒ xìng Dupont.** (*ouo hsinng* ; 我姓 Dupont ; je m'appelle Dupont.)

À RETENIR

Si quelqu'un vous dit son nom en chinois, vous pouvez être sûr que la première syllabe qu'il prononcera sera son nom de famille et non son prénom. S'il dit qu'il s'appelle **Lǐ Shìmín**, par exemple, son nom de famille est **Lǐ** et son prénom est **Shìmín**. Vous devriez continuer à l'appeler **Lǐ Shìmín** (plutôt que **Shìmín** tout court) jusqu'à ce que vous deveniez vraiment de bons amis. Si vous voulez l'appeler **Xiānsheng** (*hsienn chenng* ; 先生 ; monsieur), ou, si vous vous adressez à une femme, **Xiǎojiě** (*hsïao tié* ; 小姐 ; mademoiselle), ce titre se place après son nom de famille, ce qui donne : **Lǐ Xiānsheng** ou **Lǐ Xiǎojiě.** Madame se dit **Tàitai** (*t'haï t'haï* ; 太太).

Se saluer et bavarder

Quand vous **dǎ zhāohu** (*ta djao h'ou* ; 打招呼 ; procéder à des salutations), vous êtes sûr de conserver vos relations et peut-être même de resserrer les liens. Ceci s'avère efficace pour bien commencer la journée avec votre **àiren** (*aï jenn* ; 爱人 ; époux, épouse), pour présenter vos respects à votre **lǎoshī** (*lao ch* ; 老师 ; professeur), pour vous faire bien voir de votre **lǎobǎn** (*lao pann* ; 老板 ; patron), ou encore pour préparer le terrain en vue d'une affaire avec votre nouveau **shēngyì héhuǒ rén** (*chenng yi h'e h'ouo jenn* ; 生意合伙人 ; associé).

Après les salutations préliminaires, restez discuter un petit peu afin de mieux vous connaître. Vous pouvez vous faire de nouveaux amis et en savoir plus l'un sur l'autre en parlant de choses et d'autres. Cette section vous indique les phrases importantes à connaître.

S'adresser à de nouveaux amis et à des étrangers

Il se peut que vous ayez plein de **lǎo péngyou** (*lao p'henng yô* ; 老朋友 ; vieux amis) dans votre ville ou votre pays d'origine, mais, dans une autre ville ou un autre pays, vous avez besoin de vous y prendre comme il faut en vous adressant aux gens de la manière qui leur convienne. Vous pouvez devenir plus copains au fur et à mesure que le temps passe, mais faites en sorte de ne pas donner l'impression d'être trop amical ou impertinent trop rapidement.

On ne prend aucun risque si, dans le cadre professionnel, on salue les gens en les appelant par leur nom suivi de leur titre, comme pour **Wáng xiàozhǎng** (*ouaang hsïao djaang* ; 王校长 ; président [d'un établissement d'enseignement] Wang) ou **Jīn zhǔrèn** (*tinn djou jenn* ; 金主任 ; directeur Jin). Voici quelques exemples de titres professionnels :

- **bùzhǎng** (*pou djaang* ; 部长 ; chef de département ou ministre)
- **fùzhǔrèn** (*fou djou jenn* ; 副主任 ; sous-directeur)
- **jiàoshòu** (*tïao chô* ; 教授 ; professeur)
- **jīnglǐ** (*tinng li* ; 经理 ; directeur)
- **lǎoshī** (*lao ch* ; 老师 ; professeur)

Si vous ne connaissez pas le titre de quelqu'un, vous pouvez en toute sécurité vous adresser à la personne en disant son nom suivi de **xiānsheng** (*hsienn chenng* ; 先生 ; monsieur) ou **xiǎojie** (*hsïao tié* ; 小姐 ; mademoiselle).

CULTURE

Faire la connaissance de la famille de quelqu'un en Chine est un avantage inestimable : comme il est courant d'indiquer à son ou ses enfants de s'adresser à une personne plus âgée sous le dénominatif de **shūshu** (*chou chou* ; 叔叔 ; tonton) ou **āyí** (*a yi* ; 阿姨 ; tata), on a l'impression de faire partie de la famille dans un nouveau pays.

TRUC

Les gens ajoutent parfois les termes **lǎo** (*lao* ; 老 ; vieux) ou **xiǎo** (*hsiao* ; 小 ; petit) devant le nom de famille et omettent complètement le prénom. Cela indique un certain niveau de familiarité et d'amitié qui ne peut se développer qu'au fil du temps. Mais soyez sûr de savoir quel terme utiliser – **lǎo** s'utilise souvent pour quelqu'un de plus âgé que vous, et **xiǎo** pour quelqu'un de plus jeune que vous. Ces noms peuvent parfois faire sourire ceux qui ne sont pas Chinois. Si le nom de famille de quelqu'un se prononce **Yáng** (*yaang* ; 杨), qui est proche du mot chèvre, vous pourriez avoir l'impression d'appeler cette personne « vieille chèvre » une fois que vous serez devenus de bons amis.

Bavarder à toute heure

Vous pouvez toujours dire **nǐ hǎo** (*ni h'ao* ; 你好 ; comment allez-vous) quand vous rencontrez quelqu'un, mais à certaines heures de la journée, vous pouvez utiliser d'autres expressions.

Le matin, quand vous rencontrez la famille, des amis, des collègues ou des camarades de classe, vous pouvez dire **zǎo** (*dzao* ; 早 ; bonjour) ou **zǎo ān** (*dzao ann* ; 早安 ; bonjour ; littéralement : paix matinale).

Dans la soirée ou avant d'aller vous coucher, vous pouvez dire **wǎn ān** (*ouann ann* ; 晚安 ; bonne nuit, littéralement soirée paisible). **Zǎo** signifie tôt, **wǎn** signifie tard. Si quelqu'un dit : **Nǐ lái de tài wǎn** (*ni laï te t'haï ouann* ; 你来得太晚) ou **Nǐ lái de tài zǎo** (*ni laï te t'haï dzao* ; 你来得太早), il veut dire que « tu es arrivé trop tard » ou que « tu es arrivé trop tôt ».

CULTURE

POUR ÉVITER LES FAUX PAS...

Les Chinois sont des gens très amicaux et n'hésitent parfois pas à aller vers un étranger en pleine rue dans le but de pratiquer l'anglais. Vous pouvez aussi en profiter pour pratiquer le chinois. Vous vous habituerez petit à petit à de nombreuses différences culturelles : ne soyez donc pas surpris si une personne que vous rencontrez pour la première fois commence à vous poser des questions sur votre salaire ou le prix du pull que vous portez. Des sujets tabous en France ne le sont pas en Chine. (Note : n'essayez pas de demander à quelqu'un ses opinions politiques ou de lui poser des questions sur sa vie sentimentale avant de connaître vraiment bien la personne concernée, ou vous allez vous heurter à un mur.)

En général, les Chinois détestent montrer des émotions négatives en public. La colère, la déception ou le désaccord sont totalement contre-indiqués. Essayez de vous comporter ainsi quand vous vous trouvez dans un environnement chinois ; dans le cas contraire, vous pourriez courir le risque d'insulter quelqu'un sans le faire exprès. Ce qui lui ferait perdre la face – un péché capital si vous voulez vous en sortir en Chine. La dernière chose à faire est d'insulter quelqu'un, de lui crier dessus, ou bien de le mettre publiquement dans l'embarras : veillez donc à ne laisser apparaître aucune réaction négative. Le fait de contrôler vos émotions vous attirera le respect.

Vous pourriez être surpris de voir que de nombreux Chinois exécutent sans scrupules certaines fonctions physiologiques en public. En Chine, il n'est pas impoli d'éructer, de cracher. Et comme il n'y a pas de zone non-fumeurs, la plupart des fumeurs ne pensent même pas à vous demander si cela vous dérange qu'ils allument une cigarette à côté de vous. En plus de toutes ces attitudes qui pourraient choquer les étrangers, vous pourrez aussi trouver des gens qui vous montrent du doigt ou qui vous regardent fixement, plus particulièrement dans les petites villes et villages où ils voient peu d'étrangers. Ces comportements étant considérés comme tout à fait acceptables, ne vous mettez pas en boule. Allez dans leur sens et souriez-leur poliment.

La notion de distance physique à respecter lors d'une conversation est très différente en Chine. Il n'est pas inhabituel que quelqu'un reste debout ou s'asseye très près de vous même si vous tentez vainement de reculer à plusieurs reprises. Et si vous voyez deux amis du même sexe marcher bras dessus bras dessous ou en se tenant la main, n'en tirez pas de conclusions hâtives. Cela signifie tout simplement qu'ils sont amis.

Note : Évitez de taper dans le dos de Chinois que vous ne connaissez pas bien, même si vous êtes très content de les rencontrer. Et quand il s'agit de personnes du sexe opposé, tout contact physique avec des gens que vous ne connaissez pas trop bien sera mal interprété : essayez donc de les éviter.

Parler de la pluie et de beau temps

Dans toute conversation, le fait de parler du **tiānqì** (*t'hienn tch i* ; 天气 ; temps) est toujours un sujet sûr. Cela permet en quelque sorte de briser partout la glace. Si le ciel est bleu et que tout semble aller bien, vous pouvez commencer en disant : **Jīntiān de tiānqì zhēn hǎo, duì bú duì ?** (*tinn t'hienn te t'hienn tchi djenn h'ao , toueï pou toueï* ; 今天的天气真好，对不对 ; il fait vraiment beau aujourd'hui, n'est-ce-pas ?). Voici quelques adjectifs pour décrire la température et l'humidité :

- **lěng** (*lenng* ; 冷 ; froid)
- **liángkuài** (*liaang k'houaï* ; 凉快 ; frais)
- **mēnrè** (*menn je* ; 闷热 ; chaud et humide)
- **nuǎnhuo** (*nouann houo* ; 暖和 ; doux)
- **rè** (*je* ; 热 ; très chaud)

À RETENIR

S'il fait très chaud, vous pouvez utiliser le mot **rè**. Mais si la nourriture que vous mangez est trop chaude pour que vous puissiez la mettre dans votre bouche, vous direz **tàng** (*t'haang* ; 烫).

Les **sìjì** (*s ti* ; 四季 ; quatre saisons) – **dōngtiān** (*tonng t'hienn* ; 冬天 ; hiver), **chūntiān** (*tch'hounn t'hienn* ; 春天 ; printemps), **xiàtiān** (*hsia t'hienn* ; 夏天 ; été), et **qiūtiān** (*tchio t'hienn* ; 秋天 ; automne) – ont chacune un charme qui leur est propre. Chacune a aussi des caractéristiques spécifiques en ce qui concerne le temps qu'il fait ; vous pouvez les exprimer à l'aide des mots qui suivent au cours de toute conversation :

- **bàofēngxuě** (*pao fenng hsué* ; 暴风雪 ; tempête de neige)
- **dàfēng** (*ta fenng* ; 大风 ; rafales de vent)

- **duōyún** (*touo yune* ; 多云 ; nuageux)
- **fēng hěn dà** (*fenng h'enn ta* ; 风很大 ; il y a du vent)
- **léiyǔ** (*leï yu* ; 雷雨 ; orage)
- **qínglǎng** (*tchinng laang* ; 晴朗 ; ensoleillé)
- **qíngtiān** (*tchinng t'hienn* ; 晴天 ; clair)
- **xià máomaoyǔ** (*hsia mao mao yu* ; 下毛毛雨 ; il bruine)
- **xiàwù** (*hsia ou* ; 下雾 ; il y a du brouillard)
- **xiàxuě** (*hsia hsué* ; 下雪 ; il neige)
- **xiàyǔ** (*hsia yu* ; 下雨 ; il pleut)
- **yīntiān** (*yinn t'hienn* ; 阴天 ; couvert)

Découvrir d'où viennent les gens

Il est naturel de se demander d'où viennent les gens quand on les rencontre pour la première fois. Ils viennent peut-être de votre ville natale. Il se peut que la mère de votre nouvel ami et votre père soient allés au même collège, il y a bien longtemps. Quel que soit ce qui vous motive à poser cette question, il suffit de dire : **Nǐ shì nǎli de rén ?** (*ni ch nali te jenn* ; 你是哪里的人 ; d'où es-tu ?)

GRAMMAIRE

Pour répondre à cette question, vous remplacez le mot **nǐ** (*ni* ; 你 ; tu/vous) par **wǒ** (*ouo* ; 我 ; je) et mettez le nom de l'endroit d'où vous venez à la place du mot **nǎli** ou **nǎr**.

À RETENIR

Dans le Sud et à Taiwan, les gens préfèrent dire **nǎlǐ** (*na li* ; 哪里) plutôt que **nǎr** (*nali* ; 哪里) pour dire « où ». **Nǎr** indique un accent du Nord plus difficile à prononcer, préférez-lui **nǎli** quand c'est vous qui parlez !

Voici une liste de pays qui peuvent être mentionnés au cours d'une conversation :

- **Făguó** (*fa kouo* ; 法国 ; la France)
- **Měiguó** (*meï kouo* ; 美国 ; les États-Unis)
- **Rìběn** (*j penn* ; 日本 ; le Japon)
- **Déguó** (*te kouo* ; 德国 ; l'Allemagne)
- **Yīngguó** (*yinng kouo* ; 英国 ; l'Angleterre)
- **Jiānádà** (*tia na ta*; 加拿大 ; le Canada)
- **Bǐlìsh** (*pi li ch* ; 比利时 ; la Belgique)
- **Ruìdiǎn** (*joueï tienn* ;瑞典 ; la Suède)
- **Ruìshì** (*joueï ch* ;瑞士 ; la Suisse)
- **Yìdàlì** (*yi ta li* ;意大利 ; l'Italie)
- **Yuènán** (*yué nann* ;越南 ; le Vietnam)
- **Hánguó** (*h'ann kouo* ;韩国 ; la Corée)
- **Zhōngguó** (*djong kouo* ;中国 ; la Chine)

Accepter (ou refuser) les compliments

Les Chinois sont toujours impressionnés quand ils rencontrent un étranger qui a pris le temps d'apprendre leur langue. Ce qui fait que, lorsque vous parlez **zhōngwén** (*djonng ouenn* ; 中文 ; chinois) à un **Zhōngguórén** (*djonng kouo jenn* ; 中国人 ; Chinois), il se peut très bien qu'il réponde : **Nîde zhōngwén tài hǎo le.** (*ni te djonng ouenn t'haï h'ao le* ; 你的中文太好了 ; tu parles très bien le chinois.) Mais, au lieu de vous en glorifier, vous devriez répondre en vous rabaissant un petit peu. Ne cédez pas à la tentation d'accepter facilement le compliment en disant **xièxie** (*hsié hsié* ; 谢谢 ; merci) ; ceci impliquerait que vous acceptez le compliment de bon cœur. Essayez plutôt l'une des réponses suivantes. Le sens de chacune d'entre elles est proche de « ce n'est rien » ou « non, non, je ne le mérite pas ».

- **guò jiăng guò jiăng** (*kouo tiaang kouo tiaang* ; 过奖过奖)
- **nălĭ nălĭ** (*na li na li* ; 哪里哪里)
- **năr de huà** (*nali te h'oua* ; 哪里的话)

Dire au revoir

Quand vient le moment de dire au revoir, vous pouvez toujours dire **zàijiàn** (*dzaï tienn* ; 再见 ; au revoir). Si vous ne partez pas pour longtemps et que vous pensez revenir bientôt, vous pouvez dire **yìhuîr jiàn** (*yi h'oue tienn* ; 一会儿见 ; à bientôt). Et si vous ne voyez pas quelqu'un avant le lendemain, vous pouvez dire **míngtiān jiàn** (*minng t'hienn tienn* ; 明天见 ; à demain). Pour un rapide « à tout à l'heure », vous pouvez dire **huítóu jiàn** (*h'oueï t'hô tienn* ; 回头见). Voici une liste complémentaire de phrases que vous pouvez utiliser pour dire au revoir :

- **huítóu jiàn** (*h'oueï t'hô tienn* ; 回头见 ; à tout à l'heure)
- **míngnián jiàn** (*minng nienn tienn* ; 明年见 ; à l'année prochaine)
- **míngtiān jiàn** (*minng t'hienn tienn* ; 明天见 ; à demain)
- **xiàge lĭbài jiàn** (*hsia ke li paï tienn* ; 下个礼拜见 ; à la semaine prochaine)
- **xīngqī' èr jiàn** (*hsinng tchi er tienn* ; 星期二见 ; à mardi)

- **yì huîr jiàn** (*yi h'oueïr tienn* ; 一会儿见 ; à tout à l'heure)
- **yílù píng'ān** (*yi lou p'hinng an* ; 一路平安 ; bon voyage)
- **zàijiàn** (*dzaï tienn* ; 再见 ; au revoir)

Ce chapitre vous aide à maîtriser quelques phrases clés ainsi que des questions que vous pouvez utiliser pour établir une relation.

Xiánliáo (*hsienn lïao* ; 闲聊) signifie « parler de choses et d'autres » en chinois. **Xiántán** (*hsienn t'hann* ; 闲谈) signifie « bavarder »... Tous les deux font l'affaire.

Établir un lien

Un moyen infaillible d'entamer une conversation est de poser une question à quelqu'un. Voici quelques questions de base à garder dans un coin de votre tête au moment de faire connaissance :

- **Shéi ?** (*cheï ;* 谁; qui ?)
- **Shénme?** (*che me ;* 什么; quoi ?)
- **Zài nǎli ?** (*dzaï nali ;* 在哪里; où ?)
- **Shénme shíhòu ?** (*che me ch h'ô ;* 什么时候 ; quand ?)
- **Wèishénme ?** (*oueï che me ;* 为什么; pourquoi ?)
- **Zěnme?** (*dze me ;* 怎么; comment ?)
- **Duoshao ?** (*touo chao ;* 多少; combien ?)
- **Duō jiǔ ?** (*touo tiô ;* 多久; combien de temps ?)

Voici quelques exemples permettant d'utiliser ces mots interrogatifs dans des phrases simples – vous pouvez parfois utiliser certains d'entre eux tout seuls, comme en français :

- **Tā shì shéi ?** (*t'ha ch cheï* ; 他/她是谁 ; qui est-il/elle ?)
- **Nǐ yào shénme ?** (*ni yao che me* ;你要什么 ; que veux-tu ?)
- **Jǐ diǎn zhōng ?** (*ti tienn djonng* ; 几点钟 ; quelle heure est-il ?)
- **Cèsuǒ zài nǎli ?** (*ts'he souo dzaï nali* ; 厕所在哪里 ; où sont les toilettes ?)
- **Nǐ shénme shíhòu chīfàn ?** (*ni che me ch h'ôt ch fann* ; 你什么时候吃饭 ; quand manges-tu ?)
- **Nǐ wèishénme yào qù Zhōngguó ?** (*ni oueï che me yao tchu djonng kouo* ; 你为什么要去中国 ; pourquoi veux-tu aller en Chine ?)
- **Nǐ zěnme yàng ?** (*ni dze me yaang* ; 你怎么样 ; comment ça va ?)
- **Nǐ yǐjīng zài zhèli duō jiǔ le ?** (*ni yi tinng dzaï djeli touo tyô le* ; 你已经在这里多久了 ; depuis combien de temps êtes-vous ici ?)
- **Duô shǎo qiàn ?** (*touo chao tchienn* ; 多少钱 ; combien ça coûte ?)

Vous pouvez aussi utiliser les réponses suivantes aux questions de la liste précédente au cas où quelqu'un vous aborderait. Ces expressions sont les bases d'une conversation informelle et sont vraiment pratiques quand on apprend une langue étrangère :

- **Wǒ bùdǒng.** (*ouo pou tonng* ; 我不懂 ; je ne comprends pas.)
- **Wǒ bù zhīdào.** (*ouo pou dj tao* ; 我不知道 ; je ne sais pas.)
- **Wǒ bú rènshi tā.** (*ouo pou jenn ch t'ha* ; 我不认识他/她 ; je ne le/la connais pas.)

- **Duìbùqǐ.** (*toueï pou tchi ;* 对不起 ; excuse(z)-moi.)
- **Hěn bàoqiàn.** (*h'enn pao tchienn ;* 很抱歉 ; je suis vraiment désolé.)

Poser des questions simples pour amorcer la conversation

Vous trouverez ci-dessous une liste de questions simples que vous pouvez utiliser quand vous rencontrez les gens.

- **Nǐ jiào shénme míngzi ?** (*ni tïao che me minng dz ;* 你叫什么名字 ; quel est ton nom ?)
- **Nǐ niánjì duō dà ?** (*ni nienn ti touo ta ;* 你年纪多大 ; quel âge as-tu ?)
- **Nǐ zhù zài nǎli ?** (*ni djou dzaï nali ;* 你住在哪里 ; où habites-tu ?)
- **Nǐ jiéhūn le méiyǒu ?** (*ni tié h'ounn le meï yô ;* 你结婚了没有 ; es-tu marié ?)
- **Nǐ yǒu háizi ma ?** (*ni yô h'aï dz ma ;* 你有孩子吗 ; as-tu des enfants ?)
- **Nǐ zuò shénme gōngzuò ?** (*ni dzouo che me konng dzouo ;* 你做什么工作 ; quel genre de travail fais-tu ?)
- **Nǐ huì jiǎng Zhōngwén ma ?** (*ni h'oueï tiaang djonng ouenn ma ;* 你会讲中文吗 ; parles-tu chinois ?)
- **Nǐ xǐhuān kàn diànyǐng ma ?** (*ni hsi h'ouann k'hann tienn yinng ma ;* 你喜欢看电影吗 ; aimes-tu voir des films ?)
- **Nǐ shénme shíhòu zǒu ?** (*ni she me ch h'ô dzô ;* 你什么时候走 ; quand pars-tu ?)
- **Jīntiān de tiānqì zěnme yàng ?** (*tinn t'hienn te t'hienn tchi dzenn me yaang ;* 今天的天气怎么样 ; quel temps fait-il aujourd'hui ?)

Discuter de la famille

Si vous voulez parler de votre famille pour répondre aux questions ou pour mener une conversation informelle, vous avez besoin de connaître ces mots courants :

- **àiren** (*aï jenn ;* 爱人 ; mari/femme ; conjoint – utilisé principalement en Chine continentale (et non à Taïwan))
- **tàitai** (*t'haï t'haï ;* 太太 ; femme – utilisé principalement à Taïwan)
- **qīzi** (*tchi dz ;* 妻子 ; femme)
- **zhàngfu** (*djaang fou ;* 丈夫 ; mari)
- **fùmŭ** (*fou mou ;* 父母 ; parents)
- **xiōngdì jiĕmèi** (*hsionng ti tié meï ;* 兄弟姐妹 ; frères et sœurs)
- **mŭqīn** (*mou tchinn ;* 母亲 ; mère)
- **fùqīn** (*fou tchinn ;*父亲; père)
- **háizi** (*h'aï dz ;* 孩子 ; enfants)
- **érzi** (*er dz ;* 儿子 ; fils)
- **nh'ér** (*nu er ;* 女儿 ; fille)
- **zŭfù** (*dzou fou ;* 祖父 ; grand-père)
- **zŭmŭ** (*dzou mou ;* 祖母 ; grand-mère)
- **sūnzi** (*sounn dz ;* 孙子 ; petit-fils)
- **sūnnh** (*sounn nu ;* 孙女 ; petite-fille)

Discuter du travail

Le genre de travail que vous faites en dit très long sur vous. Cela peut aussi être un sujet de conversation ou mettre un peu de piment dans une conversation un peu terne. Pour demander à quelqu'un ce qu'il fait comme **gōngzuò** (*konng dzouo* ; 工作 ; travail), vous pouvez dire : « **Nǐ zuò shénme gōngzuò ?** » (*ni dzouo che me konng dzouo* ; 你做什么工作 ; quel genre de travail fais-tu ?). Vous pouvez même essayer de deviner et dire, par exemple, « **Nǐ shì lǎoshī ma ?** » (*ni ch lao ch ma* ; 你是老师吗 ; es-tu professeur ?)

Voici quelques activités professionnelles que vous ou votre interlocuteur peuvent exercer :

- **lǎoshī** (*lao ch* ; 老师 ; professeur)
- **jiàoshòu** (*tïao chô* ; 教授 ; professeur d'université)
- **lǜshī** (*lu ch* ; 律师 ; avocat, juriste)
- **yīshēng** (*yi chenng* ; 医生 ; médecin)
- **hù shì** (*h'ou ch* ; 护士 ; infirmier/infirmière)
- **biānji** (*pienn ti* ; 编辑 ; éditeur)
- **kuàiji** (*k'houaï ti* ; 会计 ; comptable)
- **shuǐnuǎngóng** (*choueï nouann konng* ; 水暖工 ; plombier)
- **diàngōng** (*tienn konng* ; 电工 ; électricien)
- **yǎnyuán** (*yenn yuenn* ; 演员 ; acteur)
- **zhǔ jing li** (*dzonng tinng li* ; 总经理 ; PDG)
- **fēixíngyuán** (*feï hsinng yuenn* ; 飞行员 ; pilote)
- **chéngwùyuán** (*tch'henng ou yuenn* ; 乘务员 ; hôtesse de l'air/steward)
- **hǎiguān guānyuán** (*h'aï kouann kouenn yuenn* ; 海关官员 ; douanier)
- **lièchēyuán** (*lié tch'he yuenn* ; 列车员 ; employé de train)

- » **jiēxiànyuán** (*tié hsienn yuenn ;* 接线员 ; standardiste)
- » **qiántái fúwùyuán** (*tchienn t'haï fou ou yuenn ;* 前台服务员 ; réceptionniste)
- » **kèfáng fúwùyúan** (*k'he faang fou ou yuenn ;* 客房服务员 ; femme de ménage)
- » **chūnàyuán** (*tch'hou na yuenn ;* 出纳员 ; caissier de banque)
- » **yóudìyuán** (*yô ti yuenn ;* 邮递员 ; postier)
- » **cáifeng** (*ts'haï fenng ;* 裁缝 ; tailleur)

Voici quelques mots ou expressions utiles en relation avec le travail :

- » **bàn rì gōngzuò** (*pann j konng dzouo ;* 半日工作 ; travail à temps partiel)
- » **quán rì gōngzuò** (*tchuann j konng dzouo ;* 全日工作 ; travail à plein temps)
- » **shīyè** (*ch yé ;* 失业 ; au chômage)
- » **miànshì** (*mienn ch ;* 面试 ; interview, entretien)
- » **jīnglî** (*tinng li ;* 经理 ; directeur)
- » **gùyuán** (*kou yuenn ;* 雇员 ; employé)
- » **gùzhŭ** (*kou djou ;* 雇主 ; employeur)

Parler de l'endroit où vous habitez

Une fois que les gens ont fait connaissance en parlant de choses et d'autres, il peuvent alors échanger leurs adresses et numéros de téléphone afin de rester en contact. Vous pourriez aussi avoir envie de poser les questions suivantes :

- **Nĭde dìzhĭ shì shénme ?** (*ni te ti dj ch che me ;* 你的地址是什么 ; quelle est ton adresse ?)
- **Nĭde diànhuà hàomă shì duōshăo ?** (*ni te tienn h'oua hao ma ch touo chao ;* 你的电话号码是多少 ; quel est ton numéro de téléphone ?)
- **Nĭ shénme shíhòu zài jiā ?** (*ni che me ch h'ô dzaï tia ;* 你什么时候在家 ; quand es-tu chez toi ?)

Vous pourriez aussi parler de chez vous. Les mots et les phrases suivantes sont alors très pratiques :

- **Wŏmen zhù de shì fángzi.** (*ouo menn djou te ch faang dz ;* 我们住的是房子 ; nous vivons dans une maison.)
- **Tā zhù de shì gōngyù.** (*t'ha djou te ch konng yu ;* 她住的是公寓 ; elle vit dans un appartement.)
- **Tāmen yŏu yíge yuànzi.** (*t'ha menn yô yi ke yuenn dz ;* 他们有一个院子 ; ils ont une cour.)
- **Nĭ yŏu yíge huāyuán.** (*ni yô yi ke houa yuenn ;* 你有一个花园 ; tu as un jardin.)
- **Wŏ zhù zài chénglĭ.** (*ouo djou dzaï tch'henng li ;* 我住在城里 ; je vis en ville.)
- **Wŏ zhù zài jiāowài.** (*ouo djou dzaï tïao ouaï ;* 我住在郊外 ; je vis en banlieue.)
- **Wŏ zhù zài nóngcūn.** (*ouo djou dzaï nonng ts'hounn ;* 我住在农村 ; je vis à la campagne.)

En plus de votre **diànhuà hàomă** (*tienn h'oua h'ao ma ;* 电话号码 ; numéro de téléphone) et votre **dìzhĭ** (*ti dj ;* 地址 ; adresse), la plupart des gens voudront aussi connaître votre **diànzĭ yóuxiāng dìzhĭ** (tienn dz *yô hsiaang ti dj ;* 邮箱地址 ; adresse e-mail).

Chapitre 9
Se restaurer

DANS CE CHAPITRE :

» **Manger à la chinoise**

» **Commander et bavarder au restaurant**

» **Régler votre repas**

» **Acheter les provisions**

Ce chapitre vous aide à faire comprendre que vous avez faim ou soif, à acheter vos provisions et à commander vos plats au restaurant ; il va encore plus loin en vous donnant quelques conseils utiles qui vous permettront d'être un invité merveilleux ainsi qu'un hôte bienveillant ; or, c'est la première impression qui compte.

Vous avez déjà faim ? Laissez-moi aiguiser votre appétit en vous invitant à vous intéresser de plus près à une cuisine de renommée mondiale : la cuisine chinoise. De très nombreux plats chinois vous sont probablement déjà familiers, qu'il s'agisse de chow mein ou de chop suey, ou encore de porc à la sauce aigre-douce, sans oublier ces délices inoubliables de tout menu chinois, les dim sum.

L'examen de la cuisine chinoise et du rituel des repas est une manière formidable de découvrir la culture chinoise. Vous pourrez aussi utiliser ce que vous allez découvrir dans ce chapitre pour impressionner votre petit(e) ami(e) en commandant en chinois la prochaine fois que vous mangerez à l'extérieur.

Tout sur les repas

Si vous avez faim en commençant cette partie, vous devriez vous arrêter à **chī** (*tch* ; 吃 ; manger) et **fàn** (*fann* ; 饭 ; repas ; riz cuit). En fait, **fàn** est toujours présent quand vous parlez de repas en Chine. On appelle ainsi les différents repas pris au cours de la journée :

- **zăofàn** (*dzao fann ;* 早饭 ; le petit déjeuner)
- **wŭfàn** (*ou fann ;* 午饭 ; le déjeuner)
- **wănfàn** (*ouann fann ;* 晚饭 ; le dîner)

Pendant des siècles, les Chinois ne se disaient pas bonjour en disant « **Nî hăo ma ?** » (*ni h'ao ma* ; 你好吗 ; comment allez-vous ?) mais en disant : « **Nî chī fàn le méiyŏu ?** » (*ni tch fann le meï yô* ; 你吃饭了没有 ; *mot à mot* : as-tu mangé ?)

CULTURE

En Chine, **zhushi** désigne les céréales à la base de l'alimentation. Vous trouverez du **mîfàn** (*mi fann* ; 米饭 ; riz), qui peut être du **chăofàn** (*tch'hao fann* ; 炒饭 ; riz blanc frit) ou du **bái mîfàn** (*paï mi fann* ; 白米饭 ; riz blanc cuit à la vapeur), des **miàntiáo** (*mienn t'hïao* ; 面条 ; nouilles), des **mántou** (*mann t'hô* ; 馒头 ; pains cuits à la vapeur), des **bāozi** (*pao dz* ; 包子 ; brioches farcies cuites à la vapeur) ou des **jiăozi** (*tïao dz* ; 饺子 ; raviolis). Comme vous le voyez, vous avez un grand choix de **zhushi**.

Vous rassasier

Si vous avez faim, vous pouvez dire **wŏ hĕn è** (*ouo h'enn e* ; 我很饿 ; j'ai très faim) et attendre qu'un ami vous invite à manger un morceau. Si vous avez soif, dites tout simplement **wŏde kŏu hĕn kĕ** (*ouo te k'hô h'enn* *k'he* ;我的口很渴 ; *mot à mot* : ma bouche a très soif) pour que l'on vous offre toutes sortes de boissons. Mais il se peut que vous n'ayez jamais l'occasion de prononcer ces mots, parce que les règles de l'hospitalité chinoise imposent que l'on propose tout de suite à boire et à manger à ses invités.

Si vous voulez faire comprendre, de façon subtile, que vous avez faim et éviter ainsi de paraître trop direct, vous avez le choix entre plusieurs solutions. Vous pouvez dire :

- **Nî è ma ?** (*ni e ma ;* 你饿吗 ; as-tu faim ?)
- **Nî è bú è ?** (*ni e pou e ;* 你饿不饿 ; Tu as faim ou pas ?)
- **Nî hái méi chī wǎnfàn ba.** (*ni h'aï meï tch ouann fann pa ;* 你还没吃晚饭吧 ; je parie que tu n'as pas encore dîné.)

En commençant par demander à l'autre personne si elle a faim, vous faites preuve d'une certaine sollicitude, qualité très appréciée en Chine ; et vous vous permettez ainsi de faire savoir subtilement qu'en fait, c'est vous qui mourez d'envie de manger chinois. Si vous le souhaitez, vous pouvez toujours jouer cartes sur table et dire que c'est vous qui avez faim en remplaçant **nî** (*ni* ; 你 ; tu) par **wǒ** (*ouo* ; 我 ; je).

GRAMMAIRE

Si vous entendez le son **ba** à la fin d'une phrase, vous pouvez probablement le traduire par « je parie que... », comme dans **Nî hái méi chī wǎnfàn ba** (*ni h'aï meï tch ouann fann pa* ; 你还没吃晚饭吧 ; je parie que tu n'as pas encore dîné), ou par « allons », comme dans **Wǒmen qù chīfàn ba** (*ouo menn tchu tch fann pa* ; 我们去吃饭吧 ; allons manger). Cette particule brève sert à adoucir la demande (ou l'ordre).

Vous pouvez dire quelque chose comme **Nî xiān hē jiǔ** (*ni hsienn h'e tio* ; 你先喝酒 ; bois du vin d'abord), mais vous aurez l'air plus sympathique et amical si vous dites **Nî xiān hē jiǔ ba** (*ni hsienn h'e tio pa* ; 你先喝酒吧 ; allez, bois d'abord du vin !)

Quand une relation vous invite à dîner, elle peut vous demander : **Nî yào chī fàn háishì yào chī miàn ?** (*ni yao tch fann h'aï ch yao tch mienn* ; 你要吃饭还是要吃面 ; veux-tu manger du riz ou des nouilles ?). Il est évident que votre hôte ne va pas vous servir juste un bol de riz ou de nouilles ; il cherche à savoir quel aliment de base il va préparer avant d'ajouter le **cài** (*ts'haï* ; 菜 ; les plats variés qui accompagnent le riz ou les nouilles).

S'asseoir pour manger

Une fois que vous aurez choisi ce que vous vouliez commander, que vous aurez été servi et que tout cela se trouvera devant vous, sur la table, vous allez probablement vous poser la question de savoir quels ustensiles vous allez utiliser pour manger ce repas. Ne soyez pas timide et demandez une bonne vieille fourchette et un bon vieux couteau même si vous êtes dans un restaurant chinois. De toute façon, l'idée que tous les Chinois mangent avec des baguettes est un mythe. Le tableau 9-1 vous propose une liste pratique d'ustensiles que vous pourriez avoir besoin de demander à un moment ou à un autre.

TABLEAU 9.1 : Ustensiles et accessoires servant à se nourrir

Chinois	Prononciation	Français
yáqiān 牙签	*ia tchienn*	le cure-dent
chāzi 叉子	*tch'ha dz*	la fourchette
dāozi 刀子	*tao dz*	le couteau
sháozi 勺子	*chao dz*	la cuillère
bēizi 杯子	*peï dz*	la tasse
pánzi 盘子	*p'hann dz*	l'assiette
wǎn 碗	*ouann*	le bol
cānjīnzhǐ 餐巾纸	*ts'hann tinn dj*	la serviette

La nourriture chinoise est très variée, délicieuse et il est possible d'en manger trois fois par jour jusqu'à la fin de ses jours. Cela ne vous empêchera pas forcément de mourir d'envie de manger un bon steak ou un cornet de frites, de temps en temps. En fait, vous pourriez être surpris de voir des McDonald's et KFC en Asie, quand vous vous y attendrez le moins. Le tableau 9-2 liste quelques aliments que vous pourrez commander quand vous ressentirez le besoin de manger cette bonne vieille nourriture réconfortante ; le tableau 9-3 liste des boissons.

TABLEAU 9.2 : Nourriture occidentale

Chinois	Prononciation	Français
zhá shǔtiáo 炸薯条	*dja chou t'hïao*	les frites
zhá jī 炸鸡	*dja ti*	le poulet frit
zhá yángcōng quān 炸洋葱圈	*dja yaang ts'honng tchuenn*	les rondelles d'oignons frits
bǐsà bǐng 比萨饼	*pi sa pinng*	la pizza
kǎo tǔdòu 烤土豆	*k'hao t'hou tô*	la pomme de terre au four

Chinois	Prononciation	Français
tǔdòuní 土豆泥	*t'hou tô ni*	la purée de pomme de terre
yìdàlì shì miàntiáo 意大利式面条	*yi ta li mienn t'hïao*	les spaghettis
yáng pái 羊排	*yaang p'haï*	la côtelette de mouton
zhū pái 猪排	*djou p'haï*	la côtelette de porc
sānmíngzhì 三明治	*sann minng dj*	le sandwich
shālā 沙拉	*cha la*	le buffet de crudités
shālā jiàng 沙拉酱	*cha la tiaang*	l'assaisonnement

TABLEAU 9.3 : Boissons

Chinois	Prononciation	Français
jiǔdān 酒单	*tio tann*	la carte des vins
píjiǔ 啤酒	*p'hi tio*	la bière
gān hóng pútaojiǔ 干红葡萄酒	*kann h'onng p'hou t'hao tio*	le vin rouge sec
kuàngquánshuǐ 矿泉水	*k'houaang tchuenn choueï*	l'eau minérale
guǒzhī 果汁	*kouo dj*	le jus de fruits
niúnǎi 牛奶	*nio naï*	le lait
kāfēi 咖啡	*k'ha feï*	le café
chá 茶	*tch'ha*	le thé
níngméng qìshuǐ 柠檬汽水	*ninng menng tchi choueï*	la limonade
kělè 可乐	*k'he le*	le Coca

TRUC

En chinois, le mot **xiǎng** (*hsiaang* ; 想) signifie « penser », « penser à » et « manquer ». Vous pouvez entendre quelqu'un dire : **Wǒ xiǎng**

wǒ hěn xiǎng jiā (*ouo hsiaang ouo h'enn hsiaang tia* ; 我想我很想家 ; je pense que ma maison me manque beaucoup / que je pense à ma maison).

Pratiquer les bonnes manières à table

Quand vous êtes invité chez quelqu'un, pensez toujours à apporter un petit cadeau et à porter un toast avant de boire au cours du repas. Soit dit en passant, ne soyez pas surpris si vous entendez un Chinois boire de la soupe bruyamment ou éructer au cours ou à la fin du repas à l'occasion d'une rencontre tout à fait formelle : cela ne pose aucun problème aux Chinois. Et si vous voulez rester poli et être bien vu, vous devriez toujours essayer de servir quelqu'un avant de vous servir vous-même quand vous dînez avec d'autres personnes ; sinon vous courez le risque d'être considéré comme mal élevé et égoïste.

N'hésitez pas à utiliser certaines de ces phrases à table :

» **Màn chī** ou **Màn màn chī !** (*mann mann tch ;* 慢慢吃 ; bon appétit !) Cette phrase signifie littéralement : « mangez lentement », mais on pourrait la traduire ainsi : « Prenez votre temps pour apprécier la nourriture. »

» **Zìjǐ lái.** (*dz ti laï ;* 自己来 ; je vais me servir moi-même.)

» **Gānbēi !** (*kann peï ;* 干杯 ; à votre santé !)

» **Duō chī yìdiǎr ba !** (*touo tch yi tiar pa ;* 多吃一点儿吧 ; resservez-vous !)

» **Wǒ chībǎo le.** (*ouo tch pao le ;* 我吃饱了 ; je n'ai plus faim.)

CULTURE

Quand la personne avec qui vous partagez votre repas commence à vous servir, comme c'est la coutume, vous devez toujours faire semblant de protester en disant à plusieurs reprises **zìjî lái** (*dz ti laï* ; 自己来 ; je vais me servir moi-même) pour ne pas donner l'impression que vous pensez que cette personne *devrait* vous servir. En fin de compte, vous devriez permettre à la personne de se conformer au protocole en la laissant vous servir un peu de chaque plat, si vous êtes l'invité.

ATTENTION !

Et quoi que vous fassiez, n'utilisez pas de **yáqiān** (*ia tchienn* ; 牙签 ; cure-dents) sans vous cacher la bouche. Le fait de montrer vos dents pendant que vous utilisez le cure-dents est l'une des erreurs de protocole les plus graves.

Dîner en ville

Que vous dîniez chez un ami ou dans un grand restaurant chinois, vous avez besoin de savoir demander certains ustensiles de base et de pouvoir nommer les objets qui sont déjà sur la table.

Vous pouvez demander quelque chose poliment en disant : **Qîng nî gĕi wŏ...** (*tchinng ni keï ouo* ; 请你给我 ; pourrais-tu me passer...)

Vous pouvez aussi dire : **Máfan nî gĕi wŏ...** (*ma fann ni keï ouo* ; 麻烦你给我 ; puis-je me permettre de vous déranger afin que vous me donniez...)

Voici certains ustensiles courants dont vous pourrez avoir besoin lors d'un dîner en ville :

» **yí ge wǎn** (*yi ke ouann ;* 一个碗 ; un bol)

» **yí ge pánzi** (*yi ke p'hann dz ;* 一个盘子 ; une assiette)

» **yí ge bēizi** (*yi ke peï dz ;* 一个杯子 ; un verre)

» **yí ge sháozi** (*yi ke chao dz ;* 一个勺子 ; une cuillère)

» **yí ge dāozi** (*yi ke tao dz ;* 一个刀子 ; un couteau)

» **yí ge chāzi** (*yi ke tch'ha dz ;* 一个叉子 ; une fourchette)

» **yì zhāng cānjīn zhǐ** (*yi djaang ts'hann tinng dj ;* 一张餐巾纸 ; une serviette)

» **yì gēn yáqiān** (*yi kenn ia tchienn ;* 一根牙签 ; un cure-dents)

» **yí ge shī máojīn** (*yi ke ch mao tinn ;* 一个湿毛巾 ; une serviette humide)

» **yí ge rè máojīn** (*yi ke je mao tinn ;* 一个热毛巾 ; une serviette chaude)

» **yì shuāng kuàizi** (*yi chouaang k'houaï dz ;* 一双筷子 ; une paire de baguettes)

Dans le doute, utilisez le classificateur **ge** (*ke* ; 个) devant un terme que vous voulez quantifier ou spécifier à l'aide de « ceci » (**zhè** ; *dje* ; 这) ou « cela » (**nà** ; *na* ; 那). Comme vous avez pu le voir dans la liste précédente, le mot « un(e) » se traduit toujours par **yī** (*yi* ; 一), c'est-à-dire le nombre 1, en chinois. Le classificateur se trouve entre **yī** et le nom. Pour les baguettes, c'est **shuāng** (*chouaang* ; 双), qui signifie « une paire » ; pour la serviette, **zhāng** (*djaang* ; 张), qu'on utilise pour tout ce qui est plat (comme du papier, une carte, un plan ou même un lit) ; et le classificateur pour cure-dents est **gēn** (*kenn* ; 根), qu'on utilise pour tout ce qui ressemble à un bâton, comme une corde, un fil, ou un brin d'herbe. Il y a de nombreux classificateurs en chinois mais **ge** (*ke* ; 个) est de loin le plus courant.

Mots clés

Nǐ è bú è ? 你饿不饿	*ni e pou e*	As-tu faim ?
Zhōngguó cài 中国菜	*djonng kouo ts'haï*	la nourriture chinoise
Cānguǎn 餐馆	*ts'hann kouann*	le restaurant

Comprendre ce qui est écrit sur le menu

Êtes-vous végétarien ? Si c'est le cas, vous voudrez commander des **sùcài** (*sou ts'haï* ; 素菜 ; des plats de légumes). Mais si vous êtes accro à la viande, vous devriez absolument porter votre attention sur les différents **hūncài** (*h'ounn ts'haï* ; 荤菜 ; plats de viande ou de poisson) indiqués sur le **càidān** (*ts'haï tann* ; 菜单 ; menu). Si l'on sert un bol à chacun quand vous commandez du **fàn** (*fann* ; 饭 ; riz) ou des **miàn** (*mienn* ; 面 ; nouilles), les **cài** (*ts'haï* ; 菜 ; plats) sont servis sur de grands plats à partager entre vous.

Ce serait une bonne idée de vous familiariser un peu avec les différentes catégories de plats qui se trouvent sur le menu car vous allez peut-être devoir un jour vous débrouiller avec des caractères chinois et du pinyin. Ceci vous permettra de savoir immédiatement où concentrer votre attention (ou, au contraire, où ne pas regarder).

Mots clés

fànguǎn 饭馆	*fann kouann*	le restaurant
gāojí jiǔlóu 高级酒楼	*kao ti tio lô*	le restaurant chic
xiǎochīdiàn 小吃店	*hsïao tch tienn*	la sandwicherie
zhōngcān 中餐	*djonng ts'hann*	la nourriture chinoise
xīcān 西餐	*hsi ts'hann*	la nourriture occidentale
kuàicān 快餐	*k'houaï ts'hann*	le fast food
kāfēitīng 咖啡厅	*k'ha feï t'hinng*	le café (lieu)
píjiǔ 啤酒	*p'hi tio*	la bière

Prenez la viande, par exemple. En français, les mots « porc », « bœuf » et « mouton » ne sont pas les termes utilisés pour les animaux eux-mêmes, comme dans le cas de **zhū** (*djou* ;猪 ; cochon), **niú** (*nio* ; 牛 ; vache), ou **yáng** (*yaang* ; 羊 ; agneau). Le chinois est plus simple. Il suffit d'ajouter le mot **ròu** (*jô* ; 肉), qui signifie « viande », au mot qui spécifie l'animal, ce qui donne **zhūròu** (*djou jô* ; 猪肉 ; porc), **niúròu** (*nio jô* ; 牛肉 ; bœuf) et **yángròu** (*yaang jô* ; 羊肉 ; agneau). Voilà ! Ce n'est pas la peine d'en faire tout un plat !

Le tableau 9-4 énumère les différentes parties d'un **càidān** (*ts'haï taan* ; 菜单 ; menu) chinois.

TABLEAU 9.4 : Les différentes parties d'un menu chinois

Chinois	Prononciation	Français
kāiwèicài 开胃菜	*k'haï oueï ts'haï*	les apéritifs
ròulèi 肉类	*jô leï*	les viandes
jīlèi 鸡类	*ti leï*	les volailles
hǎixiān 海鲜	*h'aï hsienn*	les fruits de mer
sùcài 素菜	*sou ts'haï*	les plats végétariens
tāng 汤	*t'haang*	les soupes
diǎnxīn 点心	*tienn hsinn*	les desserts
yǐnliào 饮料	*yinn lïao*	les boissons

Les délices végétariens

Si vous êtes végétarien, vous pourriez vous sentir un peu perdu en regardant un menu composé surtout de porc (la nourriture de base en Chine), de bœuf et de poisson. Ne vous inquiétez pas. Tant que vous vous souviendrez de quelques termes du tableau 9-5, vous n'aurez pas faim.

TABLEAU 9.5 : Légumes que l'on trouve souvent dans les plats chinois

Chinois	Prononciation	Français
biǎndòu 扁豆	*pienn tô*	le haricot vert
bōcài 菠菜	*po ts'haï*	les épinards
dòufu 豆腐	*tô fou*	le tofu (fromage de soja)
xīhóngshì 西红柿	*hsi h'onng ch*	la tomate
gàilán 芥蓝	*kaï lann*	le brocoli chinois
mógū 蘑菇	*mo kou*	le champignon
qiézi 茄子	*tchié dz*	l'aubergine
qīngjiāo 青椒	*tchinng tïao*	le poivron vert
tǔdòu 土豆	*t'hou tô*	la pomme de terre

Chinois	Prononciation	Français
xīlánhuā 西兰花	*hsi lann h'oua*	le brocoli
yáng bái cài 洋白菜	*yaang paï ts'haï*	le chou
yùmǐ 玉米	*yu mi*	le maïs
zhúsǔn 竹笋	*djou sounn*	les pousses de bambou

Une fois que vous aurez bien intégré les noms des légumes utilisés dans les plats chinois, vous pourrez commencer à commander fièrement des plats végétariens dans vos restaurants favoris. Le tableau 9-6 vous présente quelques plats végétariens pour une sortie en ville ou pour préparer un repas d'amis.

TABLEAU 9.6 : Plats végétariens

Chinois	Prononciation	Français
dànhuā tāng 蛋花汤	*tann h'oua t'haang*	la soupe aux œufs
gānbiān sìjìdòu 干煸四季豆	*kann pienn s ti tô*	les haricots verts sautés
hóngshāo dòufu 红烧豆腐	*h'onng chao tô fou*	le tofu (fromage de soja) braisé à la sauce de soja
suān là tāng 酸辣汤	*souann la t'haang*	la soupe fermentée et épicée
yúxiāng qiézi 鱼香茄子	*yu hsiaang tchié dz*	les aubergines aux épices et à l'ail

Quelques plats chinois très appréciés

Il se peut que vous connaissiez un bon nombre des plats suivants si vous êtes déjà allé dans un restaurant chinois :

- **Běijīng kǎoyā** (*peï tinng k'hao ia* ; 北京烤鸭 ; le canard laqué de Pékin)
- **chūnjuǎn** (*tch'hounn tuenn* ; 春卷 ; le rouleau de printemps)
- **dànhuā tāng** (*tann h'oua t'haang* ; 蛋花汤 ; la soupe aux œufs)
- **dòufu gān** (*tô fou kann* ; 豆腐干 ; le tofu séché)
- **gàilán niúròu** (*kaï lann nio jô* ; 芥蓝牛肉 ; le bœuf aux brocolis)
- **gōngbào jīdīng** (*konng pao ti tinng* ; 宫爆鸡丁; les dés de poulet au piment rouge)
- **háoyóu niúròu** (*h'ao yô nio jô* ; 蚝油牛肉 ; le bœuf à la sauce d'huître)
- **hóngshāo dòufu** (*h'onng chao tô fou* ; 红烧豆腐 ; le tofu braisé à la sauce de soja)
- **húntun tāng** (*h'ounn t'hounn t'haang* ; 馄饨汤; la soupe aux raviolis)
- **shuàn yángròu** (*chouann yaang jô* ; 涮羊肉 ; la fondue mongole)
- **suān là tāng** (*souann la t'haang* ; 酸辣汤 ; la soupe fermentée et épicée)
- **tángcù yú** (*t'haang ts'hou yu* ; 糖醋鱼 ; le poisson à la sauce aigre-douce)
- **yān huángguā** (*yenn h'ouaang koua* ; 腌黄瓜 ; le concombre au vinaigre)

Sauces et assaisonnements

Les Chinois utilisent toutes sortes d'assaisonnements et de sauces ; c'est ce qui donne tant de saveur à leurs plats.

Voici quelques éléments de base :

- » **jiāng** (*tiaang* ; 姜 ; le gingembre)
- » **làyóu** (*la yô* ; 辣油 ; la sauce épicée)
- » **yán** (*yenn* ; 盐 ; le sel)
- » **máyóu** (*ma yô* ; 麻油 ; l'huile de sésame)
- » **jiàngyóu** (*tiaang yô* ; 酱油 ; la sauce au soja)
- » **cù** (*ts'hou* ; 醋 ; le vinaigre)

Commander les plats et discuter avec les serveurs

CULTURE

Je parie que vous avez l'habitude que chacun commande le plat qui lui convient ? Eh bien, en Chine, on partage presque toujours les plats en les posant sur des plateaux communs en plein milieu de la table afin que chacun puisse se servir. On s'habitue ainsi à commander pour tout le groupe, et non pas que pour soi-même ; voilà un autre exemple de la primauté du groupe sur l'individu dans la culture chinoise.

Il est d'usage de se mettre d'accord pour commander les plats. Les deux catégories principales pour lesquelles vous devez vous décider sont les **cài** (*ts'haï* ; 菜 ; plats cuisinés) et la **tāng** (*t'haang* ; 汤 ; soupe). Vous pouvez être le premier à demander : **Wǒmen yīngāi jiào jǐge cài jǐge tāng ?** (*ouo men yinng kaï tïao ti ke ts'haï ti ke t'haang* ; 我们应该叫几个菜几个汤 ; combien de plats et combien de soupes allons-nous commander ?) Dans l'absolu, pour que votre repas soit un « vrai » repas chinois, on devrait retrouver chacune des cinq saveurs principales dans l'un ou l'autre plat : **suān** (*souann* ; 酸 ; aigre), **tián** (*t'hienn* ; 甜 ; doux), **kǔ** (*k'hou* ; 苦 ; amer), **là** (*la* ; 辣 ; épicé), et **xián** (*hsienn* ; 咸 ; salé).

Je sais qu'il peut être difficile de choisir étant donné l'extraordinaire diversité qui caractérise la plupart des menus chinois ; après tout, les Chinois se sont perfectionnés dans l'art de la cuisine bien avant que Français et Italiens n'entrent en scène. Mais si vous tombez finalement sur quelque chose que vous aimez, il vous faut alors trouver un moyen d'expliquer au serveur ce que vous voulez **chī** (*tch* ; 吃 ; manger), si vous aimez la nourriture **là** (*la* ; 辣 ; épicée) ou non et si vous voulez éviter le **wèijīng** (*oueï tinng* ; 味精 ; glutamate) ; vous pourrez aussi avoir besoin de lui indiquer le type de **píjiǔ** (*p'hi tio* ; 啤酒 ; bière) que vous voulez **hē** (*h'e* ; 喝 ; boire), et de lui demander le **náshǒu cài** (*na chô ts'haï* ; 拿手菜 ; spécialité) du jour.

Voici quelques questions que le serveur ou la serveuse sont susceptibles de vous poser :

- **Nǐmen yào shénme cài ?** (*ni menn yao che me ts'haï* ; 你们要什么菜 ; qu'aimeriez-vous commander ; *mot à mot* : quelle sorte de plat aimeriez-vous ?)
- **Nǐmen yào hē diǎr shénme ?** (*ni menn yao h'e tiar che me* ; 你们要喝点儿什么 ; qu'aimeriez-vous boire ?)
- **Yào jǐ píng píjiǔ ?** (*yao ti p'hinng p'hi tio* ; 要几瓶啤酒 ; combien de bouteilles de bière voulez-vous ?)

Et voici quelques phrases bien pratiques quand vous avez besoin de répondre :

- **Wǒmen yào yí ge suān là tāng.** (*ouo menn yao yi ke souann la t'haang* ; 我们要一个酸辣汤 ; Nous voudrions une soupe fermentée et épicée.)
- **Wǒ bù chī là de.** (*ouo pou yao tch la te* ; 我不要吃辣的 ; je n'aime pas la nourriture épicée.)

» **Qǐng bié fàng wèijīng, wǒ guòmǐn.** (*tchinng pié faang oueï tinng, ouo kouo minn* ; 请别放味精，我过敏 ; pouvez-vous ne pas utiliser de glutamate, j'y suis allergique.)

Quand vous vous adressez à un serveur ou à une serveuse, vous pouvez les appeler par le même nom : **fúwùyúan** (*fou ou yuenn* ; 服务员 ; le serveur, la serveuse). En fait, en chinois, on utilise aussi le même mot, **tā** (*t'ha* ; 他), pour dire « il » ou « elle ». N'est-ce pas facile ?

» **Qǐng gěi wǒ càidān ?** (*tchinng keï ouo ts'haï tann* ; 请给我菜单 ; pouvez-vous me donner le menu, s'il vous plaît ?)

» **Nǐ gěi wǒmen jièshào cài hǎo ma ?** (*ni keï ouo menn tié chao ts'haï h'ao ma* ; 你给我们介绍菜好吗 ; pouvez-vous me recommander certains plats ?)

» **Dà shīfu náshǒu cài shì shénme ?** (*ta ch fou na chô ts'haï ch che me* ; 大师傅拿手菜是什么 ; quelle est la spécialité du chef ?)

» **Yú xīnxiān ma ?** (*yu hsinn hsienn ma* ; 鱼新鲜吗 ; est-ce que le poisson est frais ?)

» **Wǒ bú yuànyì chī hǎishēn.** (*ouo pou yuenn yi tch h'aï hsenn* ; 我不愿意吃海参 ; je ne veux pas essayer les limaces de mer.)

» **Nǐmen yǒu kuàngquánshuǐ ma ?** (*ni menn yô k'houaang tchuenn choueï ma* ; 你们有矿泉水吗 ; avez-vous de l'eau minérale ?)

» **Wǒ bú yào là de cài.** (*ouo pou yao la te ts'haï* ; 我不要辣的菜 ; je ne veux pas quelque chose d'épicé.)

» **Wǒ bù néng chī yǒu táng de cài.** (*ouo pou nenng tch yô t'haang te ts'haï* ; 我不能吃有糖的菜 ; je ne peux rien manger de sucré.)

» **Wǒ bù chī zhūròu.** (*ouo pou tch djou jô* ; 我不吃猪肉 ; je ne mange pas de porc.)

» **Qǐng cā zhuōzi ?** (*tchinng ts'ha djouo dz* ; 请擦桌子 ; pouvez-vous essuyer la table, s'il vous plaît ?)

» **Qǐng bǎ yǐnliào sòng lái ?** (*tchinng pa yinn lïao sonng laï* ; 请把饮料送来 ; pouvez-vous nous apporter les boissons, s'il vous plaît ?)

» **Wǒ méi jiào zhèige.** (*ouo meï tïao djeï ke* ; 我没叫这个 ; je n'ai pas commandé ceci.)

Mots clés

wǒ hěn è 我很饿	*ouo h'enn e*	j'ai très faim
wǒde kǒu hěn kě 我的口很渴	*ouo te k'hô h'enn k'he*	j'ai soif
náshǒu cài 拿手菜	*na chô ts'haï*	la spécialité de la maison
tuījiàn 推荐	*t'houeï tienn*	recommander
xián 咸	*hsienn*	salé
suān 酸	*souann*	aigre
là 辣	*la*	épicé
tián 甜	*t'hienn*	doux
yóu 油	*yô*	huile
wèijīng 味精	*oueï tinng*	glutamate
guòmǐn 过敏	*kouo minn*	allergique
kuàizi 筷子	*k'houaï dz*	des baguettes

GRAMMAIRE

Le chinois ne distingue pas le singulier du pluriel, en ce qui concerne les noms courants. Que vous vouliez parler d'une **píngguǒ** (*p'hinng kouo* ; 苹果 ; pomme), de deux **júzi** (*tu dz* ;

桔子 ; oranges), ou des deux à la fois **píngguǒ hé júzi** (*p'hinng kouo h'e tu dz* ; 苹果和桔子 ; de pommes et d'oranges), le son est le même en ce qui concerne les fruits. Par contre, s'il s'agit d'êtres humains, vous pouvez toujours ajouter le suffixe **-men** (*menn* ; 们). « Je » ou « moi » se dit **wǒ** (*ouo* ; 我), mais « nous » se dit **wǒmen** (*ouo menn* ; 我们). Il en est de même pour **nî** (*ni* ; 你 ; toi) et **tā** (*ta* ; 他, 她, 它 ; il, elle). Leur pluriel est **nîmen** (*ni menn* ; 你们) ou **tāmen** (*ta menn* ; 他们, 她们, 它们). Mais si vous voulez préciser le nombre de pommes, vous n'utiliserez pas le suffixe **-men**. Vous pouvez dire **píngguǒ** (*p'hinng kouo* ; 苹果) pour une pomme (ou des pommes) ou **liǎngge píngguǒ** (*liaang ke p'hinng kouo* ; 两个苹果) pour deux pommes. Pigé ?

Un petit tour du côté des dim sum

Le dim sum est probablement la nourriture la plus appréciée des Chinois en France et des gens de la province de Canton, ainsi que partout à Hong Kong où l'on vous en sert au petit déjeuner, au déjeuner et parfois au dîner. On les vend même comme en-cas dans le métro.

Il doit sa réputation principalement à sa petite taille et au fait qu'on le serve avec du thé, ce qui aide à faire passer l'huile et la graisse. Mais il faut que vous fassiez un signe aux serveurs si vous voulez un plat qui se trouve sur le chariot des dim sum qu'ils poussent dans le restaurant, sinon ils ne feront que passer. Les restaurants de dim sum sont généralement bondés et bruyants, ce qui les rend encore plus amusants.

Vous pouvez goûter de très nombreuses saveurs différentes quand vous vous retrouvez avec de vieux amis :

c'est une partie de l'attrait des dim sum. Les repas de dim sum peuvent durer des heures, ce qui fait que la plupart des Chinois choisissent de savourer les dim sum le week-end. Il est toujours possible de prendre son temps le samedi ou le dimanche.

Vu la petite taille des dim sum, le serveur fait souvent les comptes en additionnant le nombre d'assiettes qui restent sur votre table. Vous pouvez indiquer au serveur que vous souhaitez un dim sum particulier en disant : **Qǐng lái yì dié _____** (*tchinng laï yi tié* ; 请来一碟 ; donnez-moi une assiette de _____, s'il vous plaît) ; il vous suffit de remplir l'espace vide avec l'un des mets de choix que j'ai listés dans le tableau 9-7.

TABLEAU 9.7 : Les dim sum les plus courants

Chinois	Prononciation	Français
guō tiē 锅贴	*kouo t'hié*	raviolis de porc frits
xiǎolóng bāo 小笼包	*hsïao lonng pao*	brioches de porc à la vapeur
xiā jiǎo 虾饺	*hsia tïao*	raviolis de crevettes
xiā wán 虾丸	*hsia ouann*	boulettes de crevettes
niúròu wán 牛肉丸	*nio jô ouann*	boulettes de bœuf
yùjiǎo 芋饺	*yu tïao*	racines de taro frit
dàntǎ 蛋塔	*tann t'ha*	tartes à l'œuf
luóbo gāo 萝卜糕	*louo po kao*	gâteaux au navet
niàng qīngjiāo 酿青椒	*niaang tchinng tïao*	poivrons farcis
chūnjuǎn 春卷	*tch'hounn tuenn*	rouleaux de printemps
dòushā bāo 豆沙包	*tô cha pao*	brioches de haricots sucrés

Trouver les toilettes

Une fois que vous aurez mangé un morceau, vous aurez peut-être besoin des toilettes. Le besoin peut être poussé à son paroxysme si vous vous trouvez en plein milieu d'un banquet de 12 plats à Pékin et que vous avec déjà englouti deux verres de **máotái** (*mao t'haï* ; 茅台), la boisson chinoise à la plus forte teneur en alcool.

Eh bien, tout ce que vous avez à faire maintenant est de rassembler suffisamment d'énergie pour demander « **Cèsuǒ zài nǎr ?** » (*ts'he souo dzaï nali* ; 厕所在哪里 ; où se trouvent les toilettes ?) si vous êtes en République populaire de Chine ou « **Cèsuǒ zài nǎlî ?** » si vous êtes à Taïwan. Vous pouvez aussi demander : « **Nǎlî kěyî xî xî shǒu ?** » (*na li k'he yi hsi hsi chô* ; 哪里可以洗洗手 ; où puis-je me laver les mains ?)

À RETENIR

Quelle que soit la façon dont vous demandez où se trouvent les toilettes, n'oubliez pas de prendre un peu de papier toilette avant de quitter l'hôtel si vous êtes en République populaire de Chine : de nombreuses toilettes publiques n'en fournissent pas. La plupart du temps, les pictogrammes sur les portes des toilettes sont faciles à comprendre, mais vous pourrez aussi lire, en pinyin, **nán** (*nann* ; 男) pour les hommes et **nü** (*nu* ; 女) pour les femmes, avant le mot **cèsuǒ**. Ces mots demandent donc une attention toute particulière.

On retrouve aussi le mot **cèsuǒ** dans le mot qui signifie « graffiti » : **cèsuǒ wénxué** (*ts'he souo ouenn hsué* ; 厕所文学 ; *mot à mot* : littérature pour les toilettes). Quel à propos !

Terminer votre repas et régler l'addition

Une fois que vous aurez goûté à toutes les combinaisons possibles de la cuisine chinoise (ou française ou italienne, d'ailleurs), vous ne pourrez pas vous éclipser furtivement par la porte d'entrée sans vous faire remarquer et disparaître dans le coucher de soleil. Eh non, mon cher ami, il est temps de régler l'addition. On peut espérer que cela en valait la peine. Voici quelques phrases à connaître au moment de régler :

- **jiézhàng** (*tié djaang ;* 结帐 ; régler l'addition) ou **suànzhàng,** ou encore la formule cantonaise à la mode un peu partout **maidan**
- **fēnkāi suàn** (*fenn k'haï souann ;* 分开算 ; payer chacun sa part)
- **Wǒ qǐng kè.** (*ouo tchinng k'he ;* 我请客 ; c'est moi qui offre.)
- **Qǐng jiézhàng.** (*tchinng tié djaang ;* 请结帐 ; l'addition s'il vous plaît.)
- **Zhàngdān yǒu cuò.** (*djaang tann yô ts'houo ;* 帐单有错 ; il y a une erreur dans l'addition.)
- **Bāokuò fúwùfèi.** (*pao k'houo fou ou feï ;* 包括服务费 ; le pourboire est inclus.)
- **Qǐng kāi shōujù.** (*tchinng k'haï chô tu ;* 请开收据 ; merci de me donner une facture.)
- **Wǒ kěyǐ yòng xìnyòng kǎ ma ?** (*ouo k'he yi yonng hsinn yonng k'ha ma ;* 我可以用信用卡吗 ; vous prenez les cartes de crédit ?)

Tout le thé de Chine

Il y a autant de différentes sortes de thé qu'il y a de dialectes en Chine. Des centaines, en fait. Pour faciliter la commande ou l'achat de ce breuvage, il suffit de connaître les types de thé les plus courants :

» **lü chá** (*lu tch'ha ;* 绿茶 ; le thé vert). Le thé vert est le plus ancien de tous les thés en Chine ; il existe beaucoup de sous-catégories non fermentées. Le thé vert le plus connu s'appelle **lóngjǐng chá** (*lonng tinng tch'ha ;* 龙井茶), ce qui signifie le thé du Puits du dragon. On peut le trouver près de la région bien connue des lacs occidentaux à Hangzhou, mais les gens du Sud préfèrent généralement ce thé.

» **hóng chá** (*h'onng tch'ha ;* 红茶 ; le thé noir). Même si **hóng** signifie rouge en chinois, on l'appelle thé noir. Contrairement au thé vert, les thés noirs sont fermentés ; ses premiers consommateurs sont les habitants de la région du Fujian.

» **wūlóng chá** (*ou lonng tch'ha ;* 乌龙茶 ; le thé du Dragon noir). Ce type de thé est semi-fermenté. Il est le thé préféré des habitants des provinces de Canton et de Fujian ainsi que des Taïwanais.

» **mòlì huā chá** (*mo li h'oua tch'ha ;* 茉莉花茶 ; le thé au jasmin). Ce type de thé est composé d'une combinaison de thés noir, vert et **wūlóng** à laquelle on ajoute des fleurs parfumées comme le jasmin ou le magnolia en bonne quantité. La plupart des gens du Nord ont un faible pour le thé au jasmin, probablement parce qu'il fait froid dans le nord et que ce thé augmente la température du corps.

CULTURE

Il est d'usage d'offrir du thé aux invités dès qu'ils franchissent le seuil d'un foyer chinois. Il ne s'agit pas seulement de politesse ; le fait d'offrir du thé est une preuve de respect envers l'invité et une façon de partager quelque chose à savourer ensemble. Ne pas en boire la moindre petite gorgée peut être considéré comme grossier. Selon la coutume chinoise, l'hôte ne remplit la tasse qu'à 70 %. Les autres 30 % sont censés contenir amitié et affection. N'est-ce pas un beau concept ?

GRAMMAIRE

L'adjectif **hăo** (*h'ao* ; 好 ; bon) s'utilise souvent avec un verbe et forme ainsi un adjectif qui signifie « bon à ». Voici quelques exemples :

- **hăohē** (*h'ao h'e* ; 好喝 ; savoureux ; *mot à mot* : bon à boire)
- **hăochī** (*h'ao tch* ; 好吃 ; savoureux ; *mot à mot* : bon à manger)
- **hăowán** (*h'ao ouann* ; 好玩 ; amusant, intéressant ; *mot à mot* : bon à jouer)
- **hăokàn** (*h'ao k'hann* ; 好看 ; beau, intéressant ; *mot à mot* : bon à voir ou à regarder. Il s'applique aussi bien à des gens qu'à des films.)

Vous pourriez être tenté de **chī** (*tch* ; 吃 ; manger) votre soupe dans un restaurant chinois, mais vous devriez plutôt la **hē** (*h'e* ; 喝 ; boire). Si elle est vraiment bonne, vous pouvez dire que la soupe est **hěn hăo hē** (*h'enn h'ao h'e* ; 很好喝 ; délicieuse), tout comme tout ce que vous auriez pu commander à boire.

GRAMMAIRE

Quand vous voulez demander si quelqu'un a déjà fait quelque chose, utilisez le mot **guò** (过) tout de suite après le verbe pour exprimer cette idée. **Nî qù**

guò Făguó méiyǒu ? (*ni tchu kouo fa kouo meï yô* ; 你去过法国没有 ; es-tu déjà allé en France ?) **Nǐ chī guo Yìdàlì fàn ma ?** (*ni tch kouo yi ta li fann ma* ; 你吃过意大利饭吗 ; as-tu déjà mangé italien ?). Alors, avez-vous déjà utilisé la particule **guò** ?

GRAMMAIRE

Quelques verbes chinois ont deux syllabes. Ce n'est pas le cas pour **yào** (*yao* ; 要 ; vouloir). En revanche, c'est le cas de **xǐhuān** (*hsi houann* ; 喜欢 ; aimer ou vouloir). Quand les Chinois parlent rapidement, ils peuvent omettre la seconde syllabe de quelques verbes bisyllabiques et même de certains verbes auxiliaires placés en premier dans la structure verbe-**bù**-verbe (placé entre deux verbes, **bù** rend la phrase interrogative). Ce qui fait que, au lieu de dire « **Tā xǐhuān bù xǐhuān hē jiǔ ?** » (*t'ha hsi h'ouann pou hsi h'ouann h'e tio* ; 他/她喜欢不喜欢喝酒 ; est-ce qu'il/elle aime/n'aime pas boire du vin ?), vous pourriez tout aussi bien entendre dire : « **Tā xǐ bù xǐhuān hē jiǔ** ? » (*t'ha hsi pou hsi h'ouann h'e tio* ; 他/她喜不喜欢喝酒)

Aller au marché

Les restaurants sont sympas, mais vous pouvez avoir envie, de temps en temps, de vous mélanger à la foule des gens qui achètent de la nourriture pour un dîner en famille. La Chine regorge de marchés alimentaires en plein air : ce sont des endroits fabuleux pour voir comment les gens du coin font leurs achats et ce qu'ils achètent. En outre, y a-t-il un meilleur moyen pour vous exercer à parler chinois ? Vous pouvez toujours montrer du doigt ce que vous voulez : le vendeur vous dira comment cela s'appelle.

On peut trouver toutes sortes d'aliments sur les marchés en plein air (mais aussi des vêtements, des livres et des ustensiles de cuisine) :

- **Ròu** (*jô ;* 肉 ; viande) : **niúròu** (*nio jô ;* 牛肉 ; bœuf), **yángròu** (*yaang jô ;* 羊肉 ; agneau) ou **jīròu** (*ti jô ;* 鸡肉 ; poulet)
- **Yú** (*yu ;* 鱼 ; poisson) : **xiā** (*hsia ;* 虾 ; crevette), **pángxiè** (*p'haang hsié ;* 螃蟹 ; crabe), **lóngxiā** (*lonng hsia ;* 龙虾 ; homard) ou **yóuyú** (*yô yu ;* 鱿鱼 ; calamar)
- **Shuǐguǒ** (*choueï kouo ;* 水果 ; fruit) : **píngguǒ** (*p'hinng kouo ;* 苹果 ; pomme) ou **júzi** (*tu dz ;* 桔子 ; orange)

En règle générale, les Chinois ne mangent pas de nourriture crue. L'idée d'un buffet de crudités leur est totalement étrangère. En fait, la traduction littérale de **shēngcài** (*chenng ts'haï ;* 生菜 ; la laitue) est « nourriture crue », et les Chinois ne la considèrent que propre à l'alimentation des animaux de la ferme.

Poids et mesures

Le système métrique est le système standard en République populaire de Chine et à Taïwan. L'unité de poids de base est le **qiānkè** (*tchienn k'he ;* 千克 ; le gramme), ce qui fait que vous achetez en général les fruits et les légumes dans des quantités multiples de cette mesure. L'unité de base pour mesurer les liquides est le **shēng** (*chenng ;* 升 ; litre). Le tableau 9-8 vous donne une liste de poids et mesures.

TABLEAU 9.8 : Poids et mesures

Chinois	Prononciation	Français
jīn 斤	*tinn*	la livre
kè 克	*k'he*	le gramme
gōngjīn 公斤	*konng tinn*	le kilogramme
háokè 毫克	*h'ao k'he*	le milligramme
shēng 升	*chenng*	le litre
límǐ 厘米	*li mi*	le centimètre
gōnglǐ 公里	*konng li*	le kilomètre
mǐ 米	*mi*	le mètre

Comparer

Quand vous voulez comparer des gens ou des choses, il est d'usage de mettre le mot **bǐ** (*pi* ; 比 ; comparé à) entre les deux noms, le tout suivi par un adjectif : A **bǐ** B (adjectif). Ceci signifie que A est plus _____ que B.

Voici quelques exemples :

» **Píngguǒ bǐ júzi hǎochī.** (*p'hinng kouo pi tu dz h'ao tch* ; 苹果比桔子好吃 ; les pommes sont meilleures que les oranges.)

» **Zhèige fànguǎn bǐ nèige fànguǎn guì.** (*djeï ke fann kouann pi neï ke fann kouann koueï* ; 这个饭馆比那个饭馆贵 ; ce restaurant est plus cher que celui-là.)

» **Tā bǐ nǐ niánqīng.** *t'ha pi ni nienn tchinng* ; 她比你年轻 ; elle est plus jeune que toi.)

Demander le prix

Une fois que vous êtes prêt à acheter quelque chose, il est alors facile d'en demander le prix. Vous pouvez le faire de deux façons :

» **Duōshǎo qián** ? (*touo chao tchienn*; 多少钱 ; *mot à mot* : combien d'argent ?)

» **Jǐkuài qián** ? (*ti k'houaï tchienn* ; 几块钱 ; *mot à mot* : combien de yuans ?)

La seule différence entre ces deux questions est le montant implicite. Si vous utilisez le mot interrogatif « **duōshǎo** » (*touo chao* ; 多少), vous vous renseignez sur quelque chose dont le prix sera vraisemblablement supérieur à 10 yuans. Si vous utilisez le terme **jǐ** suivi de **kuài**, vous estimez que le prix sera inférieur à 10 yuans.

Mots clés

chāojí shìchǎng 超级市场	*tch'hao ti ch tch'haang*	le supermarché
shìchǎng 市场	*ch tch'haang*	le marché
shòuhuòtān 售货摊	*chô h'ouo t'hann*	le stand
ròudiàn lǎobǎn 肉店老板	*jô tienn lao pann*	le boucher
záhuòshāng 杂货商	*dza h'ouo chaang*	l'épicier

Chapitre 10

Faire des achats

DANS CE CHAPITRE :

- **Faire le tour des magasins**
- **Chercher des vêtements et des articles divers**
- **Marchander pour obtenir un bon prix**

Avez-vous jamais rêvé de faire vos achats dans un pays étranger où le taux de change était vraiment exceptionnel ? Ou dans des pays lointains où foisonnaient les marchés de nuit en plein air ? Ce chapitre va vous aider à vous y retrouver dans les petites boutiques mais aussi dans les grands magasins de luxe ; vous allez pouvoir maîtriser les prix, les couleurs et les articles ; et négocier la plupart du temps le meilleur prix chaque fois que cela sera possible.

Dans le monde entier, l'un des passe-temps favoris est de **mǎi dōngxi** (*maï tonng hsi* ; 买东西 ; acheter des choses). Il importe peu que vous alliez juste **guàngshāngdiàn** (*kouaang chaang tienn* ; 逛商店 ; faire du lèche-vitrines) ou que vous cherchiez réellement à **mǎi dōngxi**. Vous pouvez toujours vous faire plaisir et regarder tous les **shāngpǐn** (*chaang p'hinn* ; 商品 ; articles), fantasmer sur l'achat de cette **zuànshí jièzhi** (*dzouann ch tié dj* ; 钻石戒指 ; bague en diamant), et en marchander le **jiàgé** (*tia ke* ; 价格 ; prix).

Aller dans les magasins

Si vous ne savez pas comment vous lancer dans vos achats en Chine, et encore moins ce que vous voulez acheter, ce pourrait être une bonne idée de commencer par l'un des nombreux **bǎihuò shāngdiàn** (*paï h'ouo chaang tienn* ; 百货商店 ; grands magasins) qui ont poussé comme des champignons sur le continent chinois ces dix dernières années. Vous pouvez y trouver pratiquement tout ce que vous cherchez, des **zhūbǎo** (*djou pao* ; 珠宝 ; bijoux) et des **huāpíng** (*h'oua p'hinng* ; 花瓶 ; vases) aux **yīfu** (*yi fou* ; 衣服 ; vêtements) en passant par les **yuèqì** (*yué tchi* ; 乐器 ; instruments de musique).

Les grands magasins ne sont pas les seuls endroits où vous pouvez faire vos emplettes. Peut-être aimez-vous vraiment marchander comme on peut le faire dans les foires à ciel ouvert et vous aurez alors une préférence pour un **cài shìchǎng** (*ts'haï ch tch'haang* ; 菜市场 ; marché alimentaire) animé en plein air.

CULTURE

Même si les marchés de rue traditionnels et les devantures de magasins existent encore en Chine, les centres commerciaux à l'occidentale trouvent rapidement leur marque dans des villes comme **Běijīng** (*peï tinng* ; 北京) et **Shànghǎi** (*chaang h'aï* ; 上海). Mais c'est toujours sur les nombreux marchés en plein air et chez les marchands ambulants qui vendent de l'artisanat traditionnel et d'autres spécialités que vous pouvez encore obtenir les meilleurs prix. À Pékin, le meilleur quartier pour faire ses achats se trouve près de la place **Tiān'ānmén** (*t'hienn ann menn kouaang tch'haang* ; 天安门广场), dans les rues de **Wánfǔjǐng** (*ouaang fou* *tinng* ; 王府井) et **Dōngdān** (*tonng tann* ; 东单). Ou bien à **Jiànguóménwài Dàjiē** (*tienn kouo menn ouaï ta tié* ; 建国门外大街).

Voici divers magasins et ce que vous pouvez y trouver :

» **Zài yí ge shūdiàn nǐ kěyǐ mǎi shū, zázhì hé bàozhǐ.** (*dzaï yi ke chou tienn ni k'he yi maï chou, dza dj h'e pao dj ;* 在一个书店你可以买书，杂志和报纸 ; dans une librairie, vous pouvez acheter des livres, des magazines et des journaux.)

» **Zài yí ge wǔjīn diàn nǐ kěyǐ mǎi zhuǎnjiē qì, chātóu hé yānwù bàojǐng qì.** (*dzaï yi ke ou tinn tienn ni k'he yi maï djouann tié tchi, tch'ha t'hô h'e yenn ou pao tinng tchi ;* 在一个五金店你可以买转接器，插头和烟雾报警器 ; dans une quincaillerie, vous pouvez acheter des adaptateurs, des prises et des détecteurs de fumée.)

» **Zài yí ge yāncǎo diàn nǐ kěyǐ mǎi xuějiāyān, xiāngyān, yāndǒu hé gèzhǒng gèyàng de yāncǎo.** (*dzaï yi ke yenn ts'hao tienn ni k'he yi maï hsué tia yenn, hsiaang yenn, yenn tô h'e ke djonng ke yaang te yenn ts'hao ;* 在一个烟草店你可以买雪茄烟，香烟，烟斗和各种各样的烟草 ; chez un buraliste, vous pouvez acheter des cigares, des cigarettes, des pipes et toutes sortes de tabac.)

» **Zài yí ge zhūbǎo diàn nǐ kěyǐ mǎi shǒuzhuó, ěrhuán, xiàngliàn, xiōngzhēn hé jièzhi.** (*dzaï yi ke djou pao tienn ni k'he yi maï chô djouo, er h'ouann, hsiaang lienn, hsionng djenn h'e tié dj ;* 在一个珠宝店你可以买手镯，耳环，项链，胸针和戒指 ; chez un joaillier, vous pouvez acheter des bracelets, des boucles d'oreilles, des colliers, des épinglettes et des bagues.)

Quand vous aurez enfin décidé ce que vous allez acheter, il se peut que vous ayez envie de vérifier les horaires d'ouverture des magasins. Voici quelques questions qui peuvent vous aider :

» **Nín jǐ diǎn zhōng kāi/guān mén ?** (*ninn ti tienn djonng k'haï/kouann menn* ; 您几点钟开/关门 ; à quelle heure ouvrez-vous/fermez-vous ?)

» **Nǐmen wǔdiǎn zhōng yǐhòu hái kāi ma ?** (*ni menn ou tienn djonng yi h'ô h'aï k'haï ma* ; 你们五点钟以后还开吗 ; êtes-vous ouvert après 17 heures ?)

» **Nǐmen xīngqītiān kāi bù kāi ?** (*ni menn hsinng tchi t'hienn k'haï pou k'haï* ; 你们星期天开不开 ; êtes-vous ouvert le dimanche ?)

CULTURE

En Chine, la plupart des magasins ouvrent assez tôt, vers 8 heures du matin et ne ferment pas avant 20 heures ou même plus tard. Si vous ne voulez pas être bousculé en faisant vos achats, essayez d'éviter de faire vos courses le week-end : un quart de l'humanité semble être dans les rues pour en faire autant.

GRAMMAIRE

Chaque fois que vous voyez les mots « **yìdiǎn dōu bu ____** » (*yi tienn tô pou* ___ ; 一点都不___) avant un adjectif, cela signifie « pas du tout » (adjectif). C'est un bon moyen d'insister sur quelque chose. Vous pouvez dire quelque chose comme **Wǒ yìdiǎn dōu búlèi** (*ouo yi tienn tô pou leï* ; 我一点都不累; je ne suis pas du tout fatigué) ou **Tā yìdiǎn dōu bú piàoliang** (*t'ha yi tienn tô pou p'hïao liaang* ; 她一点都不漂亮 ; elle n'est pas jolie du tout) pour faire passer votre message.

Mots clés

bǎihuò shāngdiàn 百货商店	*paï h'ouo chaang tienn*	le grand magasin
cài shìchǎng 菜市场	*ts'haï ch tch'haang*	le marché alimentaire
chàngpiàn diàn 唱片店	*tch'haang p'hienn tienn*	le marchand de disques
chāojí shìchǎng 超级市场	*tch'hao ti ch tch'haang*	le supermarché
fúzhuāng diàn 服装店	*fou djouaang tienn*	le magasin de vêtements
lǐpǐn diàn 礼品店	*li p'hinn tienn*	le magasin de cadeaux
shūdiàn 书店	*chou tienn*	la librairie
wánjù diàn 玩具店	*ouann tu tienn*	le magasin de jouets
wǔjīn diàn 五金店	*ou tinn tienn*	la quincaillerie
xiédiàn 鞋店	*hsié tienn*	le magasin de chaussures
yàodiàn 药店	*yao tienn*	la pharmacie
zhūbǎo diàn 珠宝店	*djou pao tienn*	la joaillerie

Regarder sans acheter

Vous pouvez avoir envie de commencer par téléphoner pour connaître les horaires d'ouverture des principaux grands magasins de la ville avant de décider de vous y balader. Il fait beau, vous êtes détendu, tout est pour le mieux dans le meilleur des mondes, et tout ce que vous voulez faire, c'est aller faire du lèche-vitrines – dans le magasin. Vous commencez par le **yī céng** (*yi ts'henng* ; 一层 ; premier étage), prenez le **gǔntī** (*kounn t'hi* ;滚梯 ; escalator) jusqu'au **sān céng** (*sann ts'henng* ; 三层 ; troisième étage), et faites-vous plaisir en regardant des tonnes de **shāngpîn** (*chaang p'hinn* ; 商品 ; articles) tranquillement, tout seul ; mais soudain, un **shòuhuòyuán** (*chô h'ouo yuenn* ; 售货员 ; vendeur) se faufile derrière vous et vous dit : **Nî xiǎng mǎi shénme ?** (*ni hsiaang maï che me ?* ; 你想买什么 ; que voudriez-vous acheter ?)

À ce moment précis, il se trouve que la seule chose que vous voulez, c'est que l'on vous laisse tranquille, vous répondez donc : **Wǒ zhî shì kànkan. Xièxie.** (*ouo dj ch k'hann k'hann, hsié hsié* ; 我只是看看，谢谢 ; je ne fais que regarder. Merci.)

Demander de l'aide

Mais que faire si vous voulez vraiment que l'on vous aide ? En premier lieu, il vous faut rechercher ce vendeur à qui vous venez de dire de partir. Il se peut que vous n'en trouviez pas tant que cela dans les parages quand vous avez finalement besoin d'eux. Mais, si la chance est avec vous, voici quelques questions que vous pourriez avoir envie de poser :

- **Néng bù néng bāngmáng ?** (*nenng pou nenng paang maang* ; 能不能帮忙 ; pouvez-vous m'aider ?)
- **Wǒ zhǎo yì běn yǒu guān Zhōnguó lìshî de shū.** (*ouo djao yi penn yô kouann djonng kouo li ch te chou* ; 我找一本有关中国历史的书 ; je cherche un livre sur l'histoire de la Chine.)

» **Nĭ yŏu méiyŏu Yīngwén de shū ?** (*ni yô meï yô yinng ouenn te chou* ; 你有没有英文的书 ; avez-vous des livres en anglais ?)

» **Nălĭ yŏu wàitào ?** (*nali yô ouaï t'hao* ; 哪里有外套 ; où sont les vestes ?)

» **Qĭng nĭ gĕi wŏ kànkàn nĭde xīzhuāng ?** (*thinng ni keï ouo k'hann k'hann ni te hsi djouaang* ; 请你给我看看你的西装 ; pouvez-vous me montrer les costumes [occidentaux] ?)

» **Nĭmen mài búmai guāngpán ?** (*ni menn maï pou maï kouaang p'hann ;* 你们卖不卖光盘 ; vendez-vous des CD ?)

» **Nălĭ yŏu ruănjiàn ?** (*nali yô jouann tienn ;* 哪里有软件 ; où se trouvent les logiciels ?)

Mots clés

dă zhé 打折	*ta dje*	Accorder une réduction
duōshăo qián ? 多少钱	*touo chao tchienn*	Combien ça coûte ?
fúwùyuán 服务员	*fou ou yuenn*	Employé(e)
shīfu 师傅	*ch fou*	Monsieur
xiăojie 小姐	*hsïao tié*	Mademoiselle

GRAMMAIRE

Pour les vêtements, vous pouvez utiliser deux classificateurs : **jiàn** (*tienn* ; 件) et **tiáo** (*t'hïao* ; 条). Les classificateurs sont des mots que l'on utilise entre un nombre ou les pronoms démonstratifs *ceci* ou *cela* et le vêtement dont vous parlez. **Jiàn** s'utilise quand vous parlez d'un vêtement qui couvre la partie supérieure du corps, et **tiáo** s'utilise pour les vêtements que l'on porte sur la partie inférieure. Vous direz donc **yíjiàn chènshān** (*yi tienn tch'henn chann* ; 一件衬衫 ; une chemise) ou **sāntiáo kùzi** (*sann t'hïao k'hou dz* ; 一条裤子 ; trois pantalons).

Acheter des vêtements

Acheter des vêtements est tout un art qui demande beaucoup de patience et de courage, sans oublier les nombreux mots à apprendre si vous le faites en chinois. Vous avez besoin de savoir comment demander votre taille, comment savoir si un article est disponible dans une autre couleur ou un autre tissu, et en général, comment comparer les pommes et les oranges (ou en ce qui nous concerne, les jupes et les chemises).

Quelle est votre taille ?

Si vous demandez un vêtement dans la **dàxiăo** (*ta hsïao* ; 大小 ; taille) que vous utilisez en France alors que vous êtes à Taïwan ou en République populaire de Chine, vous allez être surpris. Les nombres que vous utilisez quand vous parlez à des vendeurs en France n'ont rien à voir avec ceux auxquels vous allez devoir vous habituer quand vous avez affaire aux tailles chinoises.

Voici quelques phrases utiles à connaître :

- **Nín chuān duō dà hào ?** (*ninn tch'houann touo ta h'ao* ; 您穿多大号 ; quelle est votre taille ?)
- **Dàxiăo bú duì.** (*ta hsïao pou toueï* ; 大小不对 ; ce n'est pas la bonne taille.)
- **Hĕn héshēn.** (*h'en h'e che* ; 很合身 ; cela me/vous va vraiment très bien.)

» **Zài Făguó wŏde chĭcùn shì sìshí hào.** (*dzaï fa kouo ouo te tch ts'hounn ch s ch h'ao* ; 在法国我的尺寸是四十号 ; je fais du 40 en France.)

Au lieu d'utiliser le mot **dàxiăo** (*ta hsïao* ; 大小 ; taille), vous pouvez dire :

» **Wŏ chuān sìshísì hào.** (*ouo tch'houann s ch s h'ao* ; 我穿四十四号 ; je fais du 44.)

» **Nĭ chuān jĭ hào de chènshān ?** (*ni tch'houann ti h'ao te tch'henn chann* ; 你穿几号的衬衫 ; quelle est votre taille de chemise ?)

» **Wŏ chuān xiăohào.** (*ouo tch'houann hsïao h'ao* ; 我穿小号 ; je fais une petite taille.)

Mots clés

chĭcùn 尺寸	*tch ts'hounn*	la mesure (taille)
dàhào 大号	*ta h'ao*	grand
jiādàhào 加大号	*tia ta h'ao*	très grand
kuān 宽	*k'houann*	large
sōng 松	*sonng*	ample
wŏ bùzhīdào 我不知道	*ouo pou dj tao*	je ne sais pas
xiăohào 小号	*hsïao h'ao*	petit
zhăi 窄	*djaï*	étroit
zhōnghào 中号	*djonng h'ao*	moyen

Vous pouvez toujours essayer de deviner votre taille approximative en indiquant que vous aimeriez voir quelque chose dans l'une des catégories suivantes :

- **xiǎo** (*hsïao* ; 小 ; petit)
- **zhōng** (*djonng* ; 中 ; moyen)
- **dà** (*ta* ; 大 ; grand)

Comparer la qualité

Quand vous voulez exprimer un superlatif pour dire que quelque chose est vraiment ce qu'il y a de mieux – ou ce qu'il y a de pire – gardez toujours en tête ce petit mot : **zuì** (*dzoueï* ; 最) qui signifie « le plus ».

Zuì est toujours suivi d'un autre terme ; il ne veut rien dire en lui-même. Voici quelques superlatifs que vous pourrez avoir besoin d'utiliser de temps en temps :

- **zuì lèi** (*dzouï leï* ; 最累 ; le plus fatigué)
- **zuì màn** (*dzoueï mann* ; 最慢 ; le plus lent)
- **zuì máng** (*dzoueï maang* ; 最忙 ; le plus occupé)
- **zuì qíguài** (*dzoueï tchi kouaï* ; 最奇怪 ; le plus étrange)
- **zuì yǒumíng** (*dzoueï yô minng* ; 最有名 ; le plus connu)
- **zuì yǒuqián** (*dzoueï yô tchienn* ; 最有钱 ; le plus riche)

Si vous voulez simplement dire que quelque chose est mieux qu'autre chose, ou « plus » quelque chose, et non pas forcément le meilleur, vous utiliserez alors le mot **gèng** (*kenng* ; 更) avant un adjectif. On peut le comparer à l'adverbe « plus ». Plus peut aussi s'exprimer par **yìdiǎn** (*yi tienn* ; 一点). Alors que le mot **gèng** précède l'adjectif, le mot **yìdiǎn** le suit. Au lieu de dire **gèng kuài** (*kenng k'houaï* ; 更快 ; plus rapide), par exemple, vous diriez **kuài yìdiǎn** (*k'houaï yi tienn* ; 快一点) qui signifie « plus rapide ».

Voici quelques exemples :

- **gèng cōngmíng** (*kenng ts'honng minng* ; 更聪明 ; plus intelligent)
- **gèng guì** (*kenng koueï* ; 更贵 ; plus cher)
- **piányī yìdiǎn** (*p'hienn yi yi tienn* ; 便宜一点 ; meilleur marché)
- **gèng kuài** (*kenng k'houaï* ;更快 ; plus rapide)
- **gèng màn** (*kenng mann* ;更慢 ; plus lent)
- **hǎo** (*h'ao* ; 好 ; bon, bien)
- **gèng hǎo** (*kenng h'ao* ; 更好 ; meilleur, mieux)
- **zuì hǎo** (*dzoueï h'ao* ; 最好 ; le meilleur, le mieux)
- **duǎn yìdiǎn** (*touann yi tienn* ; 短一点 ; plus court)
- **cháng yìdiǎn** (*tch'haang yi tienn* ; 长一点 ; plus long)
- **xiǎo yìdiǎn** (*hsïao yi tienn* ; 小一点 ; plus petit)
- **dà yìdiǎn** (*ta yi tienn* ; 大一点 ; plus grand)
- **gèng piányì** (*kenng p'hienn yi* ; 更便宜 ; meilleur marché)

Comparer deux articles

La manière la plus facile de comparer deux articles est d'utiliser le co-verbe (partie du discours apparentée à une préposition) **bî** (*pi* ; 比 ; comparé à) entre les deux choses que vous comparez, suivi d'un adjectif. Si vous dites A **bǐ** B **hǎo**, vous dites que A *est mieux que* B.

Voici diverses façons de faire des comparaisons avec **bǐ** :

- **Tā bî wǒ lǎo.** (*t'ha pi ouo lao* ; 他/她比我老 ; il/elle est plus vieux/vieille que moi.)

- » **Zhèige wūzi bǐ nèige dà.** (*djeï ke ou dz pi neï ke ta* ; 这个屋子比那个大 ; cette pièce est plus grande que celle-là.)
- » **Hóngde bǐ huángde hǎo.** (*h'onng te pi h'ouaang te h'ao* ; 红的比黄的好 ; le rouge est mieux que le jaune.)

On peut exprimer la similitude entre deux choses en utilisant les co-verbes **gēn** (*kenn* ; 跟) ou **hé** (*h'e* ; 和) entre deux choses à comparer, suivi par le mot **yíyàng** (*yi yaang* ; 一样 ; le même) puis de l'adjectif. Si vous dites A **gēn** B **yíyàng dà**, vous êtes en train de dire que A et B sont aussi grands. Vous pouvez tout aussi bien dire A **gēn** B **yíyàng**, ce qui signifie que A et B sont identiques. Voici ce que vous pouvez dire d'autre en utilisant cette structure grammaticale.

- » **Gēge hé dìdi yíyàng gāo.** (*ke ke h'e ti ti yi yaang kao* ; 哥哥和弟弟一样高 ; mon frère aîné est aussi grand que mon petit frère.)
- » **Māo gēn gǒu yíyàng tiáopí.** (*mao kenn kô yi yaang t'hïao p'hi* ; 猫跟狗一样调皮 ; les chats sont aussi méchants que les chiens.)
- » **Wǒ gēn nǐ yíyàng dà.** (*ouo kenn ni yi yaang ta* ; 我跟你一样大 ; nous avons le même âge.)

Comment faire si l'on veut faire une comparaison négative, du style *je ne suis pas aussi grand que lui* ? Vous allez devoir utiliser la structure de phrase suivante : A **méiyǒu** (*meï yô* ; 没有) B **nàme** (*na me* ; 那么) adjectif.

Ceci signifie que A n'est pas aussi (adjectif) que B. Cette structure est utilisée dans les phrases suivantes :

- **Shāyú méiyǒu jīnyú nàme kě'ài.** (*cha yu meï yô tinn yu na me k'he aï* ; 鲨鱼没有金鱼那么可爱 ; les requins ne sont pas aussi mignons que les poissons rouges.)
- **Fǎwén méiyǒu zhōngwén nàme nán.** (*fa ouenn meï yô djonng ouenn na me nann* ; 法文没有中文那么难 ; le français n'est pas aussi difficile que le chinois.)
- **Māo de wěiba méiyǒu tùzi de wěiba nàme cū.** (*mao te oueï pa meï yô t'hou dz te oueï pa na me ts'hou* ; 猫的尾巴没有兔子的尾巴那么粗 ; la queue des chats n'est pas aussi épaisse que celle des lapins.)

Que portez-vous ?

Dài (*taï* ; 戴) et **chuān** (*tch'houann* ; 穿) signifient tous deux « porter un vêtement », mais chaque verbe est utilisé en fonction de ce que vous portez. En français, on peut dire que l'on « porte » tout, des chapeaux aux chaussettes en passant par les colliers. Par contre, en chinois, vous **dài** seulement les choses comme les **màozi** (*mao dz* ; 帽子 ; chapeaux), les **yǎnjìng** (*yenn tinng* ; 眼镜 ; lunettes) et les **xiézi** (*hsié dz* ; 鞋子 ; chaussures) – c'est-à-dire plutôt les accessoires que les vêtements, mais vous pouvez **chuān** des choses comme les **qúnzi** (*tchune dz* ; 裙子 ; jupes) et **dàyī** (*ta yi* ; 大衣 ; manteaux).

Voici des choses que vous pouvez **chuān** :

- **bèixīn** (*peï hsinn* ; 背心 ; une veste)
- **chángkù** (*tch'haang k'hou* ; 长裤 ; des pantalons)
- **chángxiù** (*tch'haang hsio* ; 长袖 ; des manches longues)
- **chènshān** (*tch'henn chann* ; 衬衫 ; un chemisier)

- **dàyī** (*ta yi* ; 大衣 ; un manteau)
- **duǎnkù** (*touann k'hou* ; 短裤 ; des shorts)
- **duǎnxiù** (*touann hsio* ; 短袖 ; des manches courtes)
- **jiákè** (*tia k'he* ; 夹克 ; une veste)
- **kùzi** (*k'hou dz* ; 裤子 ; des pantalons)
- **nèiyī** (*neï yi* ; 内衣 ; des sous-vêtements)
- **niúzǎikù** (*nio dzaï k'hou* ; 牛仔裤 ; des blue-jeans)
- **qúnzi** (*tchune dz* ; 裙子 ; une jupe)
- **tuōxié** (*t'houo hsié* ; 拖鞋 ; des chaussons)
- **wàzi** (*oua dz* ; 袜子 ; des chaussettes)
- **yǔyī** (*yu yi* ; 雨衣 ; un imperméable)
- **gāogēnxié** (*kao kenn hsié* ; 高跟鞋 ; des talons hauts)

Voici des choses que vous ne pouvez pas **chuān** mais que vous pouvez **dài** :

- **lǐngdài** (*linng taï* ; 领带 ; une cravate)
- **shǒubiǎo** (*chô pïao* ; 手表 ; un bracelet-montre)
- **shǒutào** (*chô t'hao* ; 手套 ; des gants)
- **zhūbǎo** (*djou pao* ; 珠宝 ; des bijoux)

Demander la couleur

Quand vous allez acheter des **yīfu** (*yi fou* ; 衣服 ; vêtements), vous avez la possibilité de comparer les différentes **yánsè** (*yenn se* ; 颜色 ; couleurs) et de choisir celle qui vous va le mieux. En général, est-ce que vous préférez les chemises **dānsè** (*tann se* ; 单色 ; unies) ou **huā** (*h'oua* ; 花 ; à motifs) ? Que pensez-vous des chapeaux **hēi** (*h'eï* ; 黑 ; noirs) ou des jupes **fěnhóng** (*fenn h'onng* ; 粉红 ;

roses) ? Quelles que soient vos préférences en matière d'habillement, une fois que vous saurez comment exprimer votre plus profond désir avec les mots qu'il faut, vous pourrez alors demander ce que vous voulez.

Vous trouverez ci-dessous une liste de mots bien pratiques qui vous servira la prochaine fois que vous ferez des achats de vêtements ou de tissu pour créer vos propres vêtements. **Shénme** (*che me* ; 什么 ; quelle) est votre **yánsè** (*yenn se* ; 颜色 ; couleur) préférée dans cette liste ? N'hésitez pas à exprimer vos préférences. Si quelqu'un veut que vous portiez du rose à pois mauves pour un mariage, vous pouvez toujours dire poliment : « **Yánsè búdùi** » (*yenn se pou toueï* ; 颜色不对 ; ce n'est pas la bonne couleur) et le laisser en plan.

- **bái** (*paï* ; 白 ; blanc)
- **fěnhóng** (*fenn h'onng* ; 粉红 ; rose)
- **hēi** (*h'eï* ; 黑 ; noir)
- **hóng** (*h'onng* ; 红 ; rouge)
- **huáng** (*h'ouaang* ; 黄 ; jaune)
- **júhóng** (*tu h'onng* ; 桔红 ; orange)
- **lán** (*lann* ; 蓝 ; bleu)
- **zǐ** (*dz* ; 紫 ; violet)
- **dānsè** (*tann se* ; 单色 ; une couleur unie)
- **dàn yìdiǎn** (*tann yi tienn* ; 淡一点 ; plus clair)
- **duànzi** (*touann dz* ; 缎子 ; satin)
- **huā** (*h'oua* ; 花 ; à motifs)
- **liàozi** (*lïao dz* ; 料子 ; un tissu)
- **shēn yìdiǎn** (*che yi tienn* ; 深一点 ; plus foncé)
- **sīchóu** (*s tch'hô* ; 丝绸 ; la soie)

- **yángmáo** (*yaang mao* ; 羊毛 ; la laine)
- **yáng róng** (*yaang jonng* ; 羊绒 ; en cachemire)

GRAMMAIRE

Quand la particule possessive **de** est reliée à un adjectif sans qu'aucun nom ne le suive, on la traduit alors par *celui/celle qui est* (adjectif) comme dans **hóngde** (*h'onng te* ; 红的 ; le rouge), **dàde** (*ta te* ; 大的 ; le grand), **tiánde** (*t'hienn te* ; 甜的 ; le sucré)...

Acheter d'autres choses

Il y a bien sûr bien d'autres objets que des vêtements à acheter dans le monde. Est-ce que cela vous dirait d'acheter des antiquités ou des jouets de haute technologie ? Les possibilités sont infinies dans un monde orienté vers la consommation tel que le nôtre.

À la recherche d'antiquités

L'un des meilleurs endroits au monde pour rechercher des **gŭdŏng** (*kou tonng* ; 古董 ; antiquités) c'est – vous l'aviez deviné – la Chine. Les **gŭdŏng diàn** (*kou tonng tienn* ; 古董店 ; boutiques d'antiquités) abondent dans les grandes villes près des grands magasins et dans les petites ruelles. Vous pouvez acheter de tout, des **diāokè yìshù pîn** (*tïao k'he yi chou p'hinn* ; 雕刻艺术品 ; objets ciselés) datant de deux siècles aux **bí yān hú** (*pi yenn h'ou* ; 鼻烟壶 ; tabatières) centenaires. Vous pouvez trouver toutes sortes d'objets rares.

Mais, une fois que vous avez trouvé l'antiquité idéale, il vous faut alors vous occuper des restrictions éventuelles à l'export, comme c'est le cas pour les porcelaines de plus de 200 ans ou certains objets rares en bois. Un sceau en cire doit être apposé sur l'objet pour vous permettre de le sortir légalement de Chine. C'est le bureau culturel des Antiquités de la ville où vous avez acheté l'objet qui doit apposer le sceau.

CULTURE

Le **Liúlìchăng** (*lio li tch'haang* ; 琉璃厂), considéré comme le quartier le plus intéressant de la ville pour les antiquités et l'artisanat traditionnel, se trouve légèrement au sud-ouest de la place **Tiān'ānmén** (*tienn an menn kouaang tch'haang* ; 天安门广场) à **Běijīng** (*peï tinng* ; 北京). À **Shànghăi** (*chaang h'aï* ; 上海), c'est le marché d'antiquités de **Dōngtái** (*tonng t'haï* ; 东台) qu'il faut rechercher, près de **Huáihăi Lù** (*h'ouaï h'aï lou* ; 淮海路). Il y a même un marché fantôme dans le bazar de la vieille ville où les gens font leur marché d'antiquités le week-end. Le marché fantôme s'appelle ainsi parce que les vendeurs commencent à monter leur stand à une heure indue, avant le lever du soleil, quand seuls les fantômes peuvent voir ce qui est à vendre. Vous pouvez toujours marchander le prix, même quand il s'agit d'antiquités.

Voici quelques mots et phrases qui devraient vous servir quand vous serez à l'affût d'antiquités :

» **Zhèi shì nĕige cháodaì de ?** (*djeï ch neï ke tch'hao taï te* ; 这是哪个朝代的 ; cela date de quelle dynastie ?)

» **Néng dài chūguó ma ?** (*nenng taï tch'hou kouo ma* ; 能带出国吗 ; est-ce que je peux le sortir de Chine ?)

» **Nĭde gŭdŏng dìtăn zài năli ?** (*ni te kou tonng ti tann dzaï nali* ; 你的古董地毯在哪里 ; où se trouvent vos tapis anciens ?)

- **Kĕyî bù kĕyî jiā zhŭnxŭ chūguó de huŏqī yìn ?** (*k'he yi pou k'he yi tia djounn hsu tch'hou kouo te h'ouo tchi yinn* ; 可以不可以加准许出国的火漆印 ; pouvez-vous apposer le sceau pour l'exportation ?)
- **Zhèige duōshăo nián ?** (*djeï ke touo chao nienn* ; 这个多少年 ; cela date de quand ?)
- **Nĕige cháodaì de ?** (*neï ke tch'hao taï te* ; 哪个朝代的 ; cela date de quelle dynastie ?)
- **bí yān hú** (*pi yenn h'ou* ; 鼻烟壶 ; la tabatière)
- **dēnglóng** (*tenng lonng* ; 灯笼 ; la lanterne)
- **diāokè yìshùpîn** (*tïao k'he yi chou p'hinn* ; 雕刻艺术品 ; les objets ciselés)
- **fóxiàng** (*fo hsiaang ;* 佛像 ; les bouddhas)
- **gŭdŏng diàn** (*kou tonng tienn* ; 古董店 ; le magasin d'antiquités)
- **gŭdŏng jiājù** (*kou tonng tia tu* ; 古董家具 ; le mobilier ancien)
- **guìzi** (*koueï dz* ; 柜子 ; la commode)
- **jìbài yòng de zhuōzi** (*ti paï yonng te djouo dz ;* 祭拜用的桌子 ; l'autel)
- **jîngtàilán** (*tinng t'haï lann ;* 景泰蓝 ; le cloisonné)
- **píngfēng** (*p'hinng fenng ;* 屏风 ; le paravent)
- **shénxiàng** (*che hsiannq ;* 神像 ; l'idole)
- **shūfă** (*chou fa ;* 书法 ; la calligraphie)
- **xiōngzhēn** (*hsionng djenn*; 胸针 ; la broche)
- **xiùhuā zhìpîn** (*hsyo h'oua dj p'hinn ;* 绣花制品 ; la broderie)
- **yù** (*yu*; 玉 ; le jade)

Acheter des objets de haute technologie et de l'électronique

CULTURE

À notre époque, de nouveaux gadgets électroniques semblent arriver sur le marché toutes les deux minutes, à peu de chose près. Au moment où vous pensez posséder le dernier modèle, le suivant sort en grande pompe. Vous trouverez ci-dessous une liste des objets les plus souvent utilisés (et achetés) dont vous pourriez avoir besoin – même pendant que vous lisez *Le chinois pour les Nuls en voyage !* Vous allez maintenant savoir demander ce que vous voulez quand vous entrerez dans ce magasin.

- **chuánzhēn jī** (*tch'houann djenn ti* ; 传真机 ; un télécopieur)
- **dǎyìnjī** (*ta yinn ti* ; 打印机 ; une imprimante)
- **diànnǎo shèbèi** (*tienn nao che peï* ; 电脑设备 ; le matériel informatique)
- **diànshì jī** (*tienn ch ti* ; 电视机 ; la télévision)
- **gèrén diànnǎo** (*ke jenn tienn nao* ; 个人电脑 ; l'ordinateur personnel)
- **guāngpán** (*kouaang p'hann* ; 光盘 ; le CD)
- **shǔbiāo** (*chou pïao* ; 鼠标 ; la souris)
- **jiànpán** (*tienn p'hann* ; 键盘 ; le clavier)
- **jìsuàn jī** (*ti souann ti* ; 计算机 ; l'ordinateur)
- **kǎlāōukèi jī** (*k'ha la ô k'heï ti* ; 卡拉OK机 ; le karaoke)
- **ruǎnjiàn** (*jouann tienn* ; 软件 ; le logiciel)
- **sǎomiáoyí** (*sao mïao yi* ; 扫描仪 ; le scanner)
- **shèxiàng jī** (*che hsiaang ti* ; 摄像机 ; le caméscope)

» **shǒutídiànnǎo** (*chô t'hi tienn nao* ; 手提电脑 ; l'ordinateur portable)

» **xiǎnshìqì** (*hsienn ch tchi* ; 显示器 ; le moniteur)

» **yìngjiàn** (*yinnng tienn* ; 硬件 ; le matériel informatique)

» **zǔhé yīnxiǎng** (*dzou h'e yinn hsiaang* ; 组合音响 ; le système stéréo)

Obtenir un bon prix et payer

Dans le monde entier, les gens veulent faire de bonnes affaires. Ou du moins, il devrait en être ainsi. Cette partie va vous permettre de découvrir les joies (et les embûches) du marchandage en langue chinoise.

Négocier les prix au marché de nuit

L'une des choses les plus amusantes à faire à Taïwan et en République populaire de Chine est d'aller voir l'un des nombreux marchés de nuit qui abondent. On y trouve tout, des vêtements aux bijoux en passant par les antiquités et la nourriture. Comme les Chinois adorent **mǎi dōngxi** (*maï tonng hsi* ; 买东西 ; faire des achats) et **tǎojià huánjià** (*t'hao tia h'ouann tia* ; 讨价还价 ; marchander), vous serez entouré de nombreux compagnons à chaque fois que vous vous y rendrez.

Vous devriez toujours partir du principe que les prix sont négociables sur un marché en plein air. Vous pouvez toujours poser l'une des questions suivantes et voir ce qui se passe :

» **Néng bù néng piányi yìdiǎr ?** (*nenng pou nenng p'hienn yi yi tiar* ; 能不能便宜一点儿 ; pouvez-vous offrir un meilleur prix ?)

» **Néng bù néng shăo yìdiăr ?** (*nenng pou nenng chao yi tiar* ; 能不能少一点儿 ; pouvez-vous baisser un peu le prix ?)

Vous pouvez aussi employer la manière forte et dire quelque chose comme **Zĕnme zhème guì ah ?** (*dzenn me dje me koueï a* ; 怎么这么贵啊 ; pourquoi est-ce si cher ?) d'un ton exaspéré, tout en vous éloignant ; vous verrez ensuite ce qui va se passer. (Vous pouvez parier que le vendeur reviendra vers vous avec un meilleur prix.)

Voici quelques phrases qui peuvent vous aider à marchander :

» **Nîmen shōu bù shōu ōuyuán ?** (*ni menn chou pou chou ô yuenn* ; 你们收不收欧元 ; acceptez-vous les euros ?)

» **Zhèige duōshăo qián ?** (*djeï ke touo chao tchienn* ; 这个多少钱 ; combien coûte ceci ?)

» **Dă zhé, hăo bù hăo ?** (*ta dje, h'ao pou h'ao* ; 打折，好不好 ; pouvez-vous m'accorder une réduction ?)

» **Kĕyî jiăng jià ma ?** (*k'he yi tiaang tia ma* ; 可以讲价吗 ; le prix est-il négociable ?)

Régler votre achat (ou demander un remboursement)

Une fois que vous aurez fini de regarder tous les articles, marchandé (ou non), et décidé ce que vous voulez **măi** (*maï* ; 买 ; acheter), vous allez probablement commencer à chercher votre **qiánbāo** (*tchienn pao* ; 钱包 ; portefeuille) pour voir si vous devriez sortir votre **xìnyòng kă** (*hsinn yonng k'ha* ; 信用卡 ; carte de crédit), du **xiàn jīn** (*hsienn tinn* ; 现金 ; argent liquide), ou bien, si vous avez vraiment fait une bonne affaire, un peu de

língqián (*linng tchienn* ; 零钱 ; monnaie). Au moment de **fùqián** (*fou tchienn* ; 付钱 ; payer), il est possible que vous souhaitiez un **shōujù** (*chô tu* ; 收据 ; reçu).

Mais si vous êtes finalement **bùyúkuài** (*pou yu k'houaï* ; 不愉快 ; mécontent) de votre achat, l'une des phrases suivantes pourrait vous être utile quand vous essayerez de **tuì** (*t'houeï* ; 退 ; rendre) la **huò** (*h'ouo* ; 货 ; marchandise) :

» **Wǒ yāoqiú tuìkuǎn.** (*ouo yao tchio t'houeï k'houann* ; 我要求退款 ; je veux être remboursé.)

» **Wǒ yào tuì huò.** (*ouo yao t'houeï h'ouo* ; 我要退货 ; je voudrais vous rendre ceci.)

» **Qǐng nǐ bǎ qián jìrù wǒde xìnyòng kǎ.** (*tchinng ni pa tchienn ti jou ouo te hsinn yonng k'ha* ; 请你把钱记入我的信用卡 ; pouvez-vous me rembourser mon règlement par carte de crédit, s'il vous plaît ?)

» **Wǒ néng bùnéng jiàn zǒngjīnglǐ ?** (*ouo nenng pou nenng tienn dzonng tinng li* ; 我能不能见总经理 ; puis-je voir le directeur ?)

» **Qǐng nǐ bāo qǐlái ?** (*tchinng ni pao tchi laï* ; 请你包起来 ; pouvez-vous emballer ceci, s'il vous plaît ?)

» **Duì wǒ bù héshēn.** (*toueï ouo pou h'e chenn* ; 对我不合适 ; cela ne me va pas.)

Chapitre 11

Faire des visites

DANS CE CHAPITRE :

- **Faire le compte à rebours des jours et du temps**
- **Visiter les musées et les sites historiques**

Ne pensez pas un instant rester au **lüguǎn** (*lu kouann* ; 旅馆 ; hôtel) ou à la maison alors que le soleil brille – surtout si vous êtes sur le point d'aller à la découverte d'une nouvelle **chéngshì** (*tch'henng ch* ; 城市 ; ville) en Chine. Vous avez tant de choses à voir et à faire. Vous pourriez avoir envie d'assister à une représentation de **Jīngjù** (*tinng tu* ; 京剧 ; l'opéra de Pékin) ou de vous diriger vers le **bówùguǎn** (*po ou kouann* ; 博物馆 ; musée) le plus proche pour voir la dernière **yìshù zhǎnlǎn** (*yi chou djann lann* ; 艺术展览 ; exposition artistique). Si vous ne savez pas comment vous y rendre, vous aurez besoin de savoir demander votre **fāngxiàng** (*faang hsiaang* ; 方向 ; chemin, direction), de savoir lire une **dìtú** (*ti t'hou* ; 地图 ; carte) et d'apprendre à vous déplacer d'un point à un autre en **gōnggòngqìchē** (*konng konng tchi tch'he* ; 公共汽车 ; bus), **dìtiě** (*ti tié* ; 地铁 ; métro), ou **chūzūchē** (*tch'hou dzou tch'he* ; 出租车 ; taxi). Si vous voulez regarder les **shíjiānbiǎo** (*ch tienn pïao* ; 时间表 ; horaires) de train ou de bus, vous allez peut-être vous demander quel jour on est **jīntiān** (*tinn t'hienn* ; 今天 ; aujourd'hui) et quelle heure il est **xiànzài** (*hsienn dzaï* ; 现在 ; maintenant).

Connaître le jour et l'heure

Alors, quel jour est-on aujourd'hui ? Est-ce qu'on est **xīngqīliù** (*hsinng tchi lio* ; 星期六 ; samedi) : peut-on faire la grasse matinée et voir un **diànyîng** (*tienn yinng* ; 电影 ; film) avec des amis dans la soirée ? Ou bien est-on **xīngqīyī** (*hsinng tchi yi* ; 星期一 ; lundi) : doit-on être au travail à **jiŭ diăn zhōng** (*tio tienn djonng* ; 九点钟 ; 9 heures) du matin pour préparer une **kāihuì** (*k'haï h'oueï* ; 开会 ; réunion) à 10 heures ? Ou peut-être bien qu'on est **xīngqīwŭ** (*hsinng tchi ou* ; 星期五 ; vendredi) et que vous avez déjà **liăng zhāng piào** (*liaang djaang p'hiao* ; 两张票 ; deux billets) pour le **jiāoxiăng yuè** (*tïao hsiaang yué* ; 交响乐 ; concert) qui commence à **wănshàng bā diăn** (*ouann chaang pa tienn* ; 晚上八点 ; 20 heures).

Parler des jours, des semaines, des mois et plus encore

Vous n'êtes pas forcément très enthousiaste quand il s'agit d'aller travailler de **xīngqīyī** (*hsinng tchi yi* ; 星 一 ; lundi) à **xīngqīwŭ** (*hsinng tchi ou* ; 星期五 ; vendredi), mais quand le **zhōumò** (*djô mo* ; 周末 ; week-end) arrive, vous avez deux jours de liberté et de loisirs. Malheureusement, avant que vous ne puissiez vous en rendre compte, le **xīngqīyī** est de retour.

Les jours de la semaine

Même si la semaine comprend sept jours en Chine tout comme en France, la semaine chinoise commence par un **xīngqīyī** (*hsinng tchi yi* ; 星期一 ; lundi) et se termine par un **xīngqītiān** (*hsinng tchi t'hienn* ; 星期天 ; dimanche). Si vous parlez de **zhège xīngqī** (*dje ke hsinng tchi* ; 这个星期 ; cette semaine) en chinois, vous parlez d'un moment qui se situe entre lundi dernier et le dimanche qui vient. Tout ce qui vient avant appartient à la **shàngge xīngqī** (*chaang ke hsinng tchi*上个星期 ; semaine dernière). Toute journée qui suivra le dimanche qui vient fait automatiquement partie de la **xiàge xīngqī** (*hsia ke hsinng tchi* ; 下个星期 ; semaine prochaine). Le tableau 11-1 fait la liste des jours de la semaine.

TABLEAU 11.1 : Les jours de la semaine

Chinois	Prononciation	Français
xīngqīyī 星期一	*hsinng tchi yi*	lundi
xīngqī'èr 星期二	*hsinng tchi er*	mardi
xīngqīsān 星期三	*hsinng tchi sann*	mercredi
xīngqīsì 星期四	*hesinng tchi s*	jeudi
xīngqīwǔ 星期五	*hsinng tchi ou*	vendredi
xīngqīliù 星期六	*hsinng tchi lio*	samedi
xīngqītiān 星期天	*hsinng tchi tienn*	dimanche

Alors, **jīntiān xīngqījǐ** (*tinn t'hienn hsinng tchi ti* ; 今天星期几 ; quel jour est-on aujourd'hui ?) ? À quoi correspond aujourd'hui dans votre emploi du temps de la semaine ?

- **Jīntiān xīngqī'èr.** (*tinn t'hienn hsinng tchi er* ; 今天星期二 ; on est mardi, aujourd'hui.)
- **Wǒ xīngqīyī dào xīngqīwǔ gongzuò** (*ouo hsinng tchi yi tao hsinng tchi ou konng dzouo* ; 我星期一到星期五工作 ; je travaille du lundi au vendredi.)
- **Wǒmen měige xīngqīyī kāihuì.** (*ouo menn meï ke hsinng tchi yi k'haï h'oueï* ; 我们每个星期一开会 ; nous avons des réunions tous les lundis.)
- **Xiàge xīngqīsān shì wǒde shēngrì.** (*hsia ke hsinng tchi sann ch ouo te chenng j* ; 下个星期三是我的生日 ; c'est mon anniversaire mercredi prochain.)

Mots clés

zhège xīngqī 这个星期	*dje ke hsinng tchi*	cette semaine
shàngge xīngqī 上个星期	*chaang ke hsinng tchi*	la semaine dernière
xiàge xīngqī 下个星期	*hsia ke hsinng tchi*	la semaine prochaine
zuótiān 昨天	*dzouo t'hienn*	hier
jīntiān 今天	*tinn t'hienn*	aujourd'hui
míngtiān 明天	*minng t'hienn*	demain
hòutiān 后天	*h'ô t'hienn*	après-demain
qiántiān 前天	*tchienn t'hienn*	avant-hier

Les mois et les saisons

Les jours n'existent pas dans le vide – ou même seulement dans le cadre d'une semaine – et les semaines font des mois. Il en résulte que, si vous ne voulez pas dire qu'on est lundi aujourd'hui, mais plutôt qu'on est lundi 1er juin, il vous faut indiquer le **yuè** (*yué* ; 月 ; mois) avant le quantième du mois et terminer par le jour de la semaine.

» **liùyuè yī hào xīngqīyī** (*lio yué yi h'ao hsinng tchi yi ;* 六月一号星期一 ; lundi 1er juin)

» **sìyuè èr hào, xīngqītiān** (*s yué er h'ao, hsinng tchi t'hienn ;* 四月二号星期天 ; dimanche 2 avril)

En chinois, le chiffre indiquant le mois précède toujours le quantième du mois.

» **yīyuè èr hào** (*yi yué er h'ao ;* 一月二号 ; le 2 janvier)

» **sānyuè sì hào** (*sann yué s hao ;* 三月四号 ; le 4 mars)

» **shí'èryuè sānshí hào** (*ch er yué sann ch hao ;* 十二月三十号 ; le 30 décembre)

Pour demander quel jour on est aujourd'hui, il vous suffit de dire : **jīntiān jǐyuè jǐhào ?** (*tinn t'hienn ti yué ti h'ao ;* 今天几月几号 ; *mot à mot* : aujourd'hui quel mois, quel chiffre ?)

GRAMMAIRE

Même si vous indiquez chaque mois en ajoutant le numéro du mois devant le mot **yuè** (*yué ;* 月 ; mois), si vous ajoutez le classificateur **ge** (*ke ;* 个) entre le numéro du mois et le mot **yuè** (*yué ;* 月), vous dites alors « un mois », « deux mois » et ainsi de suite. Par exemple, **bāyuè** (*pa yué ;* 八月) signifie « août » (qui est le 8e mois), mais **bā ge yuè** (*pa ke yué ;* 八个月) signifie huit mois.

L'idée de base est la même pour exprimer les jours de la semaine. Il vous suffit d'ajouter le numéro du jour de la semaine (lundi : jour n°1) après le mot **lǐbài** (*li paï ;* 礼拜) ou **xīngqī** (*hsinng tchi ;* 星期) qui signifient « semaine » pour indiquer le jour que vous voulez. La seule exception concerne le dimanche : vous ajoutez alors le mot **tiān** (*t'hienn ;* 天 ; ciel ou jour) à la place du nombre. **Wǒde tiān !** (*ouo te tienn ;* 我的天 ; juste ciel !) N'est-ce pas facile ?

J'ai regroupé les mois de l'année dans le tableau 11-2 et les saisons dans le tableau 11-3.

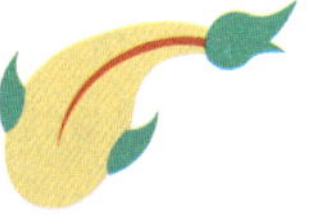

TABLEAU 11.2 : Les mois de l'année et d'autres mots importants

Chinois	Prononciation	Français
Yīyuè 一月	*yi yué*	janvier
Èryuè 二月	*r yué*	février
Sānyuè 三月	*sann yué*	mars
Sìyuè 四月	*s yué*	avril
Wǔyuè 五月	*ou yué*	mai
Liùyuè 六月	*lio yué*	juin
Qīyuè 七月	*tchi yué*	juillet
Bāyuè 八月	*pa yué*	août
Jiǔyu è九月	*tio yué*	septembre
Shíyuè 十月	*ch yué*	octobre
Shíyīyuè 十一月	*ch yi yué*	novembre
Shí'èryuè 十二月	*ch er yué*	décembre
zhège yuè 这个月	*dje ke yué*	ce mois-ci
shàngge yuè 上个月	*chaang ke yué*	le mois dernier
xiàge yuè 下个月	*hsia ke yué*	le mois prochain
shēngrì生日	*chenng j*	l'anniversaire

TABLEAU 11.3 : Les saisons

Chinois	Prononciation	Français
sì jì 四季	*s ti*	les quatre saisons
dōngtiān 冬天	*tonng t'hienn*	l'hiver
chūntiān 春天	*tch'hounn t'hienn*	le printemps
xiàtiān 夏天	*hsia t'hienn*	l'été
qiūtiān 秋天	*tchô t'hienn*	l'automne

Mots clés

zhù nǐ shēngrì kuàile ! 祝你生日快乐	*djou ni chenng j k'houaï le*	Bon anniversaire !
jīnnián 今年	*tinn nienn*	cette année
qùnián 去年	*tchu nienn*	l'année dernière
míngnián 明年	*minng nienn*	l'année prochaine
měinián 每年	*meï nienn*	chaque année
hòunián 后年	*h'ô nienn*	dans deux ans
qiánnián 前年	*tchienn nienn*	il y a deux ans
xiàge xīngqīyī 下个星期	*hsia ke hsinng tchi*	lundi prochain

Dire l'heure en chinois

La seule chose que vous ayez à faire pour savoir la **shíjiān** (*ch tienn* ; 时间 ; heure) qu'il est, c'est de jeter un coup d'œil à votre **shǒubiǎo** (*chô pïao* ; 手表 ; montre) ou de regarder la **zhōng** (*djonng* ; 钟 ; horloge) accrochée au mur. De nos jours, même votre **jìsuànjī** (*ti souann ti* ; 计算机 ; ordinateur) ou votre **shǒujī** (*chô ti* ; 手机 ; téléphone portable) vous donne l'heure. Et vous pouvez toujours avoir recours à cette chère **luòdìshì dà bǎizhōng** (*louo ti ch ta paï djonng* ; 落地式大摆钟 ; pendule) dans le salon de vos parents. Vous n'avez plus d'excuse pour **chídào** (*tch tao* ; 迟到 ; être en retard) et encore moins si vous avez un **nào zhōng** (*nao djonng* ; 闹钟 ; réveil) !

En chinois, vous pouvez dire l'heure, en utilisant les mots **diǎn** (*tienn* ; 点 ; heure) et **fēn** (*fenn* ; 分 ;

minute). **Fēn**, c'est fun, n'est-ce pas ? Vous pouvez même parler de l'heure en **miǎo** (*mïao* ; 秒 secondes) si vous le souhaitez et si vous savez miauler comme un chat. Le tableau 11-4 vous indique comment prononcer toutes les heures de l'horloge.

Vous pouvez donner l'heure en disant **3-diǎn** (*sann tienn* ; 三点) ou **3-diǎn zhōng** (*sann tienn djonng* ; 三点钟). **Diǎn** (*tienn* ; 点) signifie « heure », mais c'est aussi un classificateur, et **zhōng** (*djonng* ; 钟) signifie « horloge ». Utilisez tout simplement l'un ou l'autre pour dire l'heure qu'il est, au gré de vos envies.

TABLEAU 11.4 : Dire l'heure en chinois

Chinois	Prononciation	Français
1-diǎn zhōng 一点钟	*yi tienn djonng*	1 heure
2-diǎn zhōng 二点钟	*er tienn djonng*	2 heures
3-diǎn zhōng 三点钟	*sann tienn djonng*	3 heures
4-diǎn zhōng 四点钟	*s tienn djonng*	4 heures
5-diǎn zhōng 五点钟	*ou tienn djonng*	5 heures
6-diǎn zhōng 六点钟	*lio tienn djonng*	6 heures
7-diǎn zhōng 七点钟	*tchi tienn djonng*	7 heures
8-diǎn zhōng 八点钟	*pa tienn djonng*	8 heures
9-diǎn zhōng 九点钟	*tio tienn djonng*	9 heures
10-diǎn zhōng 十点钟	*ch tienn djonng*	10 heures
11-diǎn zhōng 十一点钟	*ch yi tienn djonng*	11 heures
12-diǎn zhōng 十二点钟	*ch er tienn djonng*	12 heures

Faites attention quand vous mentionnez 12 heures ! Midi se dit tout simplement **zhōngwǔ** (*djonng ou* ; 中午) et minuit **bànyè** (*pann yé* ; 半夜).

Les Chinois sont très précis quand il s'agit d'indiquer l'heure. Vous ne pouvez pas dire tout simplement **3-diǎn zhōng** quand vous voulez dire 3 heures. Voulez-vous dire **qīngzǎo 3-diǎn zhōng** (*tchinng dzao sann tienn djonng* ; 清早三点钟 ; 3 heures du matin) ou **xiàwǔ 3-diǎn zhōng** (*hsia ou sann tienn djonng* ; 下午三点钟 ; 3 heures de l'après-midi) ?

En chinois, le moment de la journée auquel vous faites référence doit précéder l'heure. Voici une liste des principales divisions de la journée :

- **qīngzǎo** (*tchinng dzao ;* 清早 ; de minuit à l'aube)
- **zǎoshàng** (*dzao chaang ;* 早上 ; de 6 heures du matin à midi)
- **xiàwǔ** (*hsia ou ;* 下午 ; de midi à 6 heures du soir)
- **wǎnshàng** (*ouann chaang ;* 晚上 ; de 6 heures du soir à minuit)

Voici plusieurs façons de combiner le moment de la journée et l'heure :

- **wǎnshàng qī diǎn zhōng** (19 h *ouann chaang tchi tienn djonng ;* 晚上七点钟 ; *mot à mot* : 7 heures du soir)
- **xiàwǔ sān diǎn bàn** (15 h 30 *hsia ou sann tienn pann ;* 下午三点半 ; *mot à mot* : 3 heures 30 de l'après-midi)
- **qīngzǎo yì diǎn yí kè** (*tchinng dzao yi tienn yi k'he ;* 清早一点一刻 ; 1 heure 15 du matin)
- **zǎoshàng bā diǎn èrshíwǔ fēn** (*dzao chaang pa tienn er ch ou fenn ;* 早上八点二十五分 ; 8 heures 25 du matin)

Si vous voulez indiquer une demi-heure, il suffit d'ajouter **bàn** (*pann* ; 半 ; demi) après l'heure :

- » **3-diăn bàn** (*sann tienn pann ;* 三点半 ; 3 heures 30)
- » **4-diăn bàn** (*s tienn pann ;* 四点半 ; 4 heures 30)
- » **11-diăn bàn** (*ch yi tienn pann ;* 十一点半; 11 heures 30)

Souhaitez-vous indiquer un quart d'heure ou trois quarts d'heure ? Utilisez tout simplement les phrases **yí kè** et **sān kè** après l'heure :

- » **2-diăn yí kè** (*liaang tienn yi k'he ;* 两点一刻 ; 2 heures 15)
- » **4-diăn yí kè** (*s tienn yi k'he ;* 四点一刻 ; 4 heures 15)
- » **5-diăn sān kè** (*ou tienn sann k'he ;* 五点三刻 ; 5 heures 45)
- » **7-diăn sān kè** (*tchi tienn sann k'he ;* 七点三刻 ; 7 heures 45)

Il y a bien sûr d'autres moyens d'indiquer l'heure en chinois. Après tout, l'heure pile, la demi-heure et le quart d'heure ne sont pas les seules divisions du temps. Par exemple, au lieu de dire **qī diăn wŭshí fēn** (*tchi tienn ou ch fenn* ; 7 heures 50 ; 七点五十分), vous pouvez dire **bā diăn chà shí fēn** (*pa tienn tch'ha ch fenn* ; 八点差十分 ; 8 heures moins 10). **Chà** (*tch'ha* ; 差) signifie « manquer ». Contrairement à **fēn** (*fenn* ; 分 ; minute), **kè** (*k'he* ; 刻 ; quart d'heure) et **bàn** (*pann* ; 半 ; demi), vous pouvez utiliser **chà** avant ou après **diăn** (*tienn* ; 点 ; heure).

Voici d'autres exemples pour indiquer l'heure de plusieurs manières :

- » **chà shí fēn wŭ diăn** (*tch'ha ch fen ou tienn ;* 差十分五点 ; 5 heures moins 10)

» **wǔ diǎn chà shí fēn** (*ou tienn tch'ha ch fenn ;* 五点差十分 ; 5 heures moins 10)

» **sì diǎn wǔshí fēn** (*s tienn ou ch fenn ;* 四点五十分 ; 4 heures 50)

» **chà yí kè qī diǎn** (*tch'ha yi k'he tchi tienn ;* 差一刻七点 ; 7 heures moins le quart)

» **qī diǎn chà yí kè** (*tchi tienn tch'ha yi k'he ;* 七点差一刻 ; 7 heures moins le quart)

» **liù diǎn sān kè** (*lio tienn sann k'he ;* 六点三刻 ; 6 heures trois quarts)

» **liù diǎn sìshíwǔ fēn** (*lio tienn s ch ou fenn ;* 六点四十五分 ; 6 heures 45)

Quand on parle du temps, on peut préférer dire avant ou après une certaine heure. On exprime ceci avec **yǐqián** (*yi tchienn ;* 以前 ; avant) ou **yǐhòu** (*yi h'ô ;* 以后 ; après) et le temps, le jour, le mois ou autre chose. Voici quelques exemples :

» **xiàwǔ sān diǎn zhōng yǐqián** (*hsia ou sann tienn yi tchienn ;* 下午三点钟以前 ; avant 3 heures de l'après-midi)

» **qīngzǎo sì diǎn bàn yǐhòu** (*tchinng dzao s tienn pann yi h'ô ;* 清早四点半以后 ; après 4 heures 30 du matin)

» **sìyuè yǐqián** (*s yué yi tchienn ;* 四月以前 ; avant le mois d'avril)

» **xiàge xīngqī yǐhòu** (*hsia ke hsinng tchi yi hô ;* 下个星期以后 ; après la semaine prochaine)

» **wǔyuè sān hào yǐqián** (*ou yué sann h'ao yi tchienn ;* 五月三号以前 ; avant le 3 mai)

Visiter galeries et musées

Les pièces de théâtre et les spectacles musicaux ne sont pas les seules formes de divertissement disponibles pour faire le plein de **wénhuà** (*ouenn h'oua* ; 文化 ; culture). La visite d'un **bówùguǎn** (*po ouo kouann* ; 博物馆 ; musée) ou d'une **huàláng** (*h'oua laang* ; 画廊 ; galerie) est l'une des activités les plus calmes et agréables que vous pouvez mener à votre propre rythme. Vous pouvez tout voir : des **gǔdài de yìshǔ pîn** (*kou taï te yi chou p'hinn* ; 古代的艺术品 ; antiquités anciennes), des **shānshuî huà** (*chann choueï h'oua* ; 山水画 ; peintures de paysage) ou du **xiàndài yìshù** (*hsienn taï yi chou* ; 现代艺术 ; art moderne). Vous pouvez aussi avoir envie de vous rendre dans un **bówùguǎn** (*po ou kouann* ; 博物馆 ; musée) pour acheter des **lîwù** (*li ou* ; 礼物 ; cadeaux) ou pour vous offrir de superbes **zhāotiē** (*djao tié* ; 招贴 ; affiches).

Voici quelques questions que vous pourriez avoir envie de poser dans un musée ou une galerie :

» **Bówùguǎn jîdiǎn zhōng kāimén ?** (*po ou kouann ti tienn djonng k'haï menn ;* 博物馆几点钟开门 ; à quelle heure ouvre le musée ?)

» **Lîpîn shāngdiàn shénme shíhòu guānmén ?** (*li p'hinn chaang tienn che me ch hô kouann menn ;* 礼品商店什么时候关门 ; à quelle heure ferme la boutique de cadeaux ?)

» **Nîmen mài búmài zhāotiē ?** (*ni menn maï pou maï djao t'hié ;* 你们卖不卖招贴 ; vendez-vous des affiches ?)

DU SEXE À L'ART : DES MUSÉES CHINOIS BIEN INTÉRESSANTS

Le musée de la Culture sexuelle de la Chine ancienne qui a ouvert à Shanghai en 1999 présente la collection privée d'un professeur de l'université de Shanghai. La collection comprend toutes sortes d'antiquités ayant trait au sexe : des peintures tombales antiques, des instruments érotiques, des objets ayant trait à cette coutume ancienne et fétichiste du bandage des pieds et même du mobilier destiné uniquement à faire l'amour.

Le Musée de Shanghai qui a ouvert au People's Plaza en 1996 est un musée de niveau international. Considéré comme le premier musée de Chine, il se compose de 4 étages de 11 salles avec audiophones et indications en anglais et en chinois – ce qui est rare dans un musée chinois. Organisé par thème plutôt que par dynastie, il abrite aussi bien des bronzes anciens, que des céramiques des dynasties Tang et Ming, des peintures et des calligraphies. La salle des jades est impressionnante.

Mots clés

bówùguǎn 博物馆	*po ou kouann*	le musée
huàláng 画廊	*h'oua laang*	la galerie
yìshù 艺术	*yi chou*	l'art
shǒuyìrén 手艺人	*chô yi jenn*	l'artisan
yìshùjiā 艺术家	*yi chou tia*	l'artiste
jiézuò 杰作	*tié dzouo*	le chef-d'œuvre

Visiter les sites historiques

Vous devriez participer au moins à un voyage bien organisé sur un site historique. Choisissez la **Chángchéng** (*tch'haang tch'henng* ; 长城 ; la Grande Muraille de Chine), par exemple. Située au nord de Pékin, c'est l'un des monuments les plus extraordinaires au monde.

Et puisque vous êtes sur la route de la Grande Muraille, vous pourriez avoir envie de vous arrêter aux **Míng shísān líng** (*minng ch sann linng* ; 明十三陵 ; tombeaux Ming) qui abritent les mausolées de treize empereurs de la dynastie Ming (1368-1644). Des animaux de pierre et des statues de guerriers en assurent la garde.

Pour voir la plupart des sites historiques chinois, la solution la plus simple est de faire partie d'un voyage organisé. Voici quelques phrases qui peuvent s'avérer bien pratiques :

- **Lüxíngshè zài nǎli ?** (*lu hsinng che dzaï nali* ; 旅行社在哪里 ; où se trouve l'agence de voyages ?)
- **Yǒu méiyǒu shuō Fǎwén de dǎoyóu ?** (*yô meï yô chouo fa ouen te tao yô* ; 有没有说法文的导游 ; y a-t-il des guides qui parlent français ?)
- **Yǒu méiyǒu shuō Yīngwén de dǎoyóu?** (*yô meï yô chouo yinng ouenn te tao yô* ; 有没有说英文的导游 ; y a-t-il des guides qui parlent anglais ?)
- **Bàn tiān duōshǎo qián ?** (*pann t'hienn touo chao tchienn* ; 半天多少钱 ; combien coûte une demi-journée ?)
- **Nǐ yǒu méiyǒu lüyóu shǒucè ?** (*ni yô meï yô lu yô chô ts'he* ; 你有没有旅游手册 ; avez-vous un guide touristique (livre) ?)

Chapitre 12

Pratiquer des activités physiques

DANS CE CHAPITRE :

- **Parler de ses passe-temps**
- **Savourer les délices de mère Nature**
- **Se faire passer pour Picasso**
- **Composer ses propres mélodies**
- **S'entraîner comme un athlète**

Après une dure journée de travail, la plupart des gens sont prêts à lever le pied et à se détendre. Mais par où commencer ? Êtes-vous tellement dévoré par votre **gōngzuò** (*konng dzouo* ; 工作 ; travail) que vous n'arrivez pas à ralentir le rythme ? Vivez, que diable ! Et mieux encore, trouvez-vous un **yèyú àihào** (*yé yu aï h'ao* ; 业余爱好 ; passe-temps). Jouez de la **yīnyuè** (*yinn yué* ; 音乐 ; musique) , faites du **xiǎotíqín** (*hsïao t'hi tchinn* ; 小提琴 ; violon). Peignez un **huà** (*h'oua* ; 画 ; tableau). Tapez dans un **zúqiú** (*dzou tchyo* ; 足球 ; ballon de football). Faites tout ce qu'il faut pour vous détendre et vous amuser. Vos passe-temps rendront votre compagnie plus intéressante, et vous vous ferez en même temps de nouveaux amis – plus particulièrement si vous rejoignez une **duì** (*toueï* ; 队 ; équipe). Si vous faites du **lánqiú** (*lann tchio* ; 篮球 ; basket) et que vous prononcez le nom de **Yao Ming** (*yao minng* ; 姚明 ; star du basket aux États-Unis), ou bien de « **Qidanei** » (*tchi ta neï* ;齐大内 ; comprenez... Zidane !), vous allez aussitôt faire la connaissance d'une foule de gens avec lesquels vous pourrez faire des échanges linguistiques ; ces derniers font en effet partie des nombreux fans de ces deux joueurs.

Donner un nom à vos hobbies

Êtes-vous quelqu'un qui collectionne les **yóupiào** (*yô p'hïao* ; 邮票 ; timbres) de différents **guójiā** (*kouo tia* ; 国家 ; pays) ? Ou préférez-vous jouer aux **guójì xiàngqí** (*kouo ti hsiaang tchi* ; 国际象棋 ; échecs) pendant vos loisirs ? Et si vous alliez observer les **niǎo** (*nïao* ; 鸟 ; oiseaux) avec une paire de **wàngyuǎnjìng** (*ouaang yuenn tinng* ; 望远镜 ; jumelles) dans **Zhōngyāng Gōngyuán** (*djonng yaang konng yuenn* ; 中央公园 ; le parc du centre-ville) ? Quels que soient vos centres d'intérêt, vos passe-temps feront toujours un bon sujet de conversation. C'est toujours une bonne chose d'avoir au moins un **yèyú àihào** (*yé yu aï h'ao* ; 业余爱好 ; passe-temps). Et si vous pratiquiez l'un des passe-temps suivants ?

- **kàn shū** (*k'hann chou* ; 看书 ; la lecture)
- **diàoyú** (*tïao yu* ; 钓鱼 ; la pêche)
- **yuányì** (*yuenn yi* ; 园艺 ; le jardinage)
- **pēngtiáo** (*p'henng t'hïao* ; 烹调 ; la cuisine)

Il y a des choses que vous pouvez **dǎ** (*ta* ; 打 ; faire ou jouer avec), ce qui signifie littéralement frapper ou taper, comme les **qiú** (*tchyo* ; 球 ; balles ou ballons), le **tàijíquán** (*t'haï ti tchuann* ; 太极拳 ; tai-chi, une forme lente d'art martial), et les **púkè** (*p'hu k'he* ; 扑克 ; cartes). Mais vous pouvez aussi **wán** (*ouann* ; 玩 ; jouer) des jeux de ballon – ce qui inclut des jeux avec une petite **qiú**, comme le **pīngpāngqiú** (*p'hinng p'haang tchio* ; 乒乓球 ; ping-pong). Voici quelques questions succinctes qui utilisent le verbe **dǎ** et qui permettront d'amorcer une conversation :

» **Nǐ huì bú huì dǎ tàijíquán ?** (*ni h'oueï pou h'oueï ta t'haï ti tchuenn* ; 你会不会打太极拳 ; sais-tu faire du tai-chi ?)

» **Nǐ dǎ bù dǎ pīngpāngqiú ?** (*ni ta pou ta p'hinng p'haang tchyo* ; 你打不打乒乓球 ; joues-tu au ping-pong ?)

» **Nǐ dǎ májiàng ma ?** (*ni ta ma tiaang ma* ; 你打麻将吗 ; joues-tu au mah-jong ?)

Le **tàijíquán** (*t'haï ti tchuann* ; 太极拳) et le **májiàng** (*ma tiaang* ; 麻将) sont tous deux les divertissements par excellence en Chine. En plus du **tàijíquán**, tout le monde connaît d'autres formes de **wǔshù** (*ou chou* ; 武术 ; arts martiaux), comme le kung-fu (*konng fou* ; 功夫) – un art martial qui se pratique depuis la dynastie des Tang, au VIIIe siècle. En fait, vous pouvez encore voir des maîtres de kung-fu pratiquer dans le temple de Shaolin à Zhengzhou, dans la province du Henan – voilà une bonne raison de faire un voyage en dehors des sentiers battus si vous allez jamais en Chine.

CULTURE

On considère le **tàijíquán** comme un art martial interne et c'est celui qui est le plus pratiqué dans le monde entier. Le terme **tài jí** (« le Faîte suprême ») se base sur l'interaction entre les forces opposées mais complémentaires de l'univers – le ying et le yang – qui sont à la base de la création. **Quán** signifie « poing » et « boxe », insistant ainsi sur le fait que cet art est une sorte de combat sans armes. En Chine, tous les jours, à une heure matinale, de très nombreuses personnes se regroupent dans les parcs pour pratiquer ensemble cette forme d'exercice lent.

Mots clés

tàijíquán 太极拳	*t'haï ti tchuenn*	le tai-chi
shǒuxíng 手形	*chô hsinng*	la forme de la main
quán 拳	*tchuenn*	le poing, la boxe
zhǎng 掌	*djaang*	la paume
dòngzuò 动作	*tonng dzouo*	le mouvement
yùndòng 运动	*yune tonng*	l'exercice
hòutuì 后退	*h'ô t'houeï*	reculer
shíbù 实步	*ch pou*	un pas appuyé
xūbù 虚步	*hsu pou*	un pas mesuré
hūxī 呼吸	*h'ou hsi*	respirer
yídòng 移动	*yi tonng*	bouger, remuer, déplacer
liúxíng 流行	*lio hsinng*	populaire, à la mode

À la découverte de la nature

Si vous êtes expatrié en Chine et que vous voulez vraiment vous éloigner des foules en délire, ou juste prendre un peu de distance par rapport à votre **bàngōngshì** (*pann konng ch* ; 办公室 ; bureau) et vous ressourcer, essayez d'aller à l'une des sept **shān** (*chann* ; 山 ; montagnes) sacrées ou sur une belle **hǎitān** (*h'aï t'hann* ; 海滩 ; plage) pour admirer le **shānshuî** (*chann choueï* ; 山水 ; paysage) : vous y verrez des **niăo** (*nïao* ; 鸟 ; oiseaux), des **shù** (*chou* ; 树 ; arbres), des **yún** (*yune* ; 云 ; nuages) et la **hăi** (*h'aï* ; 海 ; mer). Vous pourriez avoir envie de **qù lùyíng** (*tchu lou yinng* ; 去露营 ; aller faire du camping) ou de vous installer sur la plage pour faire un **yĕcān** (*yé ts'hann* ; 野餐 ; pique-nique) avant de **páshān** (*p'ha chann* ; 爬山 ; gravir la montagne).

Voici ce que vous pourriez rencontrer sur votre route si vous voyagez à travers la campagne chinoise :

- **băotă** (*pao t'ha* ; 宝塔 ; la pagode)
- **miào** (*mïao* ; 庙 ; le temple)
- **fómiào** (*fo mïao* ; 佛庙 ; le temple bouddhiste)
- **dàoguàn** (*tao kouann* ; 道观 ; le temple taoïste)
- **kŏngmiào** (*k'honng mïao* ; 孔庙 ; le temple de Confucius)
- **dàotián** (*tao t'hienn* ; 稻田 ; les rizières)
- **nóngmín** (*nonng minn* ; 农民 ; les paysans)

Si vous allez à la découverte de la **dàzìrán** (*ta dz jann* ; 大自然 ; nature) avec un ami qui parle chinois, certains de ces mots pourraient vous servir :

- **hé** (*h'e* ; 河 ; la rivière)
- **hú** (*h'ou* ; 湖 ; le lac)
- **chítáng** (*tch t'haang* ; 池塘 ; l'étang, la mare)
- **shāndòng** (*chann tonng* ; 山洞 ; la grotte)
- **hăitān** (*h'aï t'hann* ; 海滩 ; la plage)
- **àn** (*ann* ; 岸 ; le rivage)
- **shāmò** (*cha mo* ; 沙漠 ; le désert)

» **shān** (*chann* ; 山 ; les montagnes)

» **xiǎoshān** (*hsïao chann* ; 小山 ; les collines)

» **hǎi** (*h'aï* ; 海 ; la mer)

Mots clés

Piàoliàng 漂亮	*p'hïao liaang*	beau, magnifique, splendide
Fēngjǐng 风景	*fenng tinng*	le paysage
Tiāntáng 天堂	*t'hienn t'haang*	le paradis

CULTURE

Pour indiquer une similitude entre deux idées ou deux choses, on utilise la phrase **xiàng … yíyàng** (*hsiaang… yi yaang* ; 像……一样). Voici quelques exemples :

» **xiàng nǐ dìdì yíyàng** (*hsiaang ni ti ti yi yaang* ; 像你弟弟一样 ; comme ton petit frère)

» **xiàng qīngwā yíyàng** (*hsiaang tchinng oua yi yaang* ; 像青蛙一样 ; comme une grenouille)

» **xiàng fēngzi yíyàng** (*hsiaang fenng dz yi yaang* ; 像疯子一样 ; comme un fou)

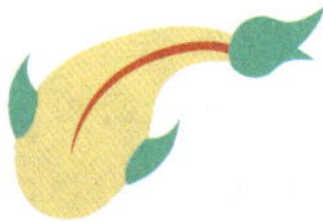

CULTURE

LES MONTAGNES SACRÉES

Par tradition, bouddhistes et taoïstes ont construit des monastères au sommet de montagnes paisibles ou tout au fond de forêts luxuriantes propices à la méditation. Aujourd'hui, neuf montagnes – cinq taoïstes et quatre bouddhistes – sont encore considérées comme sacrées et sont toujours des lieux de pèlerinage. **Huáng Shān** (*h'ouaang chann ;* 黄山 ; la montagne Jaune), qui ne fait pas partie des montagnes sacrées, est peut-être la montagne sacrée la plus connue de Chine. Paradis des peintres, elle se distingue par sa pinède unique, ses formations rocheuses très particulières, ses sources d'eau chaude, et les lacs et cascades qui l'entourent.

CULTURE

LE PALAIS DES ENFANTS DE SHANGHAI

Si vous allez à Shanghai, prenez le temps d'aller au **Shàoniángōng** (*chao nienn konng ;* 少年宫 ; le palais des Enfants) où les enfants surdoués participent à diverses activités parascolaires comme la musique, les beaux-arts, la danse et les sciences. Créé en 1953 par Song Qingling, la femme du fondateur de la République populaire de Chine, le Dr. Sun Yat-sen, le palais des Enfants se trouve dans un grand bâtiment ancien que l'on appelait, à l'origine, la salle de Marbre. Il a été construit par le grand homme d'affaires juif de Bagdad, Elly Kadoorie, en 1924. On peut y admirer de grands couloirs en marbre, des escaliers en colimaçon, des cheminées très ouvragées, des lustres…

Exploiter vos talents artistiques

Peut-être êtes-vous fier d'avoir été l'un des meilleurs sportifs qui ait jamais joué au football dans des équipes de première catégorie, dans le cadre universitaire, mais je parie que vous avez toujours la larme à l'œil quand vous regardez un beau tableau ou que vous écoutez Beethoven. Allez, admettez-le tout simplement. Vous êtes un homme de la Renaissance et c'est plus fort que vous. Cessez de vous excuser.

Vous êtes maintenant prêt à faire appel, en chinois, à votre côté artistique le plus délicat. N'ayez pas peur d'exprimer vos **gǎnqíng** (*kann tchinng* ; 感情 ; émotions). Les Chinois apprécieront la sensibilité dont vous ferez preuve à la vue des **shānshuǐ huà** (*chann choueï h'oua* ; 山水画 ; tableaux de paysage) de leur dynastie Song ou de la beauté de la **cíqì** (*ts tchi* ; 瓷器 ; porcelaine) de la dynastie Ming.

Je parie que vous avez beaucoup de **chuàngzàoxìng** (*tch'houaang dzao hsinng* ; 创造性 ; créativité). Si c'est le cas, essayez l'un de ces arts plastiques :

- **huà** (*h'oua* ; 画 ; la peinture)
- **sùmiáohuà** (*sou mïao h'oua* ; 素描画 ; le dessin)
- **diāokè** (*tïao k'he* ; 雕刻 ; la sculpture)
- **shuǐcǎihuà** (*choueï ts'haï h'oua* ; 水彩画 ; l'aquarelle)
- **táoqì** (*t'hao tchi* ; 陶器 ; la poterie)
- **shūfǎ** (*chou fa* ; 书法 ; la calligraphie)

Que l'orchestre commence !

Comme tant d'enfants dans le monde, de nombreux Chinois prennent des cours de **xiǎotíqín** (*hsïao t'hi tchinn* ; 小提琴 ; violon) et de **gāngqín** (*kaang tchinn* ; 钢琴 ; piano) – souvent contraints et forcés. Mais, quand ils sont devenus plus grands et qu'ils ont eux-mêmes des enfants, ils apprécient alors les leçons obligatoires.

CULTURE

LES INSTRUMENTS CHINOIS TRADITIONNELS

Si vous avez déjà écouté un disque de musique traditionnelle chinoise ou si vous avez assisté à un concert, vous avez probablement entendu un de ces **yuèqì** (*yué tchi* ; 乐器 ; instruments de musique) chinois :

- **pípa** (*p'hi p'ha* ; 琵琶 ; luth à quatre cordes pincées qui se pose sur les genoux)
- **gǔ zhēng** (*kou djenng* ; 古筝 ; cithare, au nombre de cordes variant entre 12 et 16 ; c'est un instrument à cordes pincées qui se pose sur un support devant soi)
- **èrhú** (*er h'ou* ; 二胡 ; violon à deux cordes ; c'est un instrument soliste ; l'archet est fixé à l'intérieur des deux cordes)

Jouez-vous d'un **yuèqì** (*yué tchi* ; 乐器 ; instrument de musique) ? Il n'est jamais trop tard pour apprendre, vous savez. Vous n'avez pas besoin de devenir un **yīnyuèjiā** (*yinn yué tia* ; 音乐家 ; musicien) professionnel pour connaître le bonheur de jouer d'un instrument. Et si vous essayiez ceux-ci ?

- » **xiǎotíqín** (*hsïao t'hi tchinn* ; 小提琴 ; le violon)
- » **zhōngtíqín** (*djonng t'hi tchinn* ; 中提琴 ; l'alto)
- » **dàtíqín** (*ta t'hi tchinn* ; 大提琴 ; le violoncelle)
- » **gāngqín** (*kaang tchinn* ; 钢琴 ; le piano)
- » **sākèsīguǎn** (*sa k'he s kouann* ; 萨克斯管 ; le saxophone)
- » **chángdí** (*tch'haang ti* ; 长笛 ; la flûte)
- » **nándīyīn** (*nann ti yinn* ; 男低音 ; la contrebasse)
- » **xiǎohào** (*hsïao h'ao* ; 小号 ; la trompette)
- » **chánghào** (*tch'haang h'ao* ; 长号 ; le trombone)
- » **dàhào** (*ta h'ao* ; 大号 ; le tuba)
- » **dānhuángguǎn** (*tann h'ouaang kouann* ; 单簧管 ; la clarinette)
- » **shuānghuángguǎn** (*chouaang h'ouaang kouann* ; 双簧管 ; le hautbois)
- » **gǔ** (*kou* ; 鼓 ; les tambours)
- » **shùqín** (*chou tchinn* ; 竖琴 ; la harpe)
- » **jítā** (*ti t'ha* ; 吉他 ; la guitare)

CULTURE

La langue chinoise possède plusieurs verbes qui servent à définir la pratique d'un instrument. Ceux qui jouent d'un instrument à cordes devraient utiliser le verbe **lā** (*la* ; 拉 ; tirer [comme dans tirer l'archet]) avant le nom de l'instrument. Par exemple, vous pouvez dire que vous **lā zhōngtíqín** (*la djonng t'hi tchinn* ; 拉中提琴 ; jouer de l'alto), mais vous ne pouvez que **tán** (*t'hann* ; 弹 ; jouer) du **gāngqín** (*kaang tchinn* ; 钢琴 ; piano). Pour les instruments à vent, vous devez **chuī** (*ch'houeï* ; 吹 ; souffler) dedans.

Jouer en équipe

Où que vous alliez dans le monde, vous trouverez toujours un passe-temps national. En France, c'est le **zúqiú** (*dzou tchio* ; 足球 ; football). Aux États-Unis et au Canada, c'est le **bàngqiú** (*paang tchio* ; 棒球 ; baseball). Et en Chine, c'est le **pīngpāngqiú** (*p'hinng p'haang tchio* ; 乒乓球 ; ping-pong), bien que, maintenant que Yao Ming est au premier plan, le **lánqiú** (*lann tchio* ; 篮球 ; basketball) est aussi assez prisé. Voici une liste de ces sports ainsi que d'autres sports populaires :

- **yǔmáoqiú** (*yu mao tchio ;* 羽毛球 ; le badminton)
- **bàngqiú** (*pang tchio ;* 棒球 ; le baseball)
- **lánqiú** (*lann tchio* ; 篮球 ; le basketball)
- **shǒuqiú** (*chô tchio ;* 手球 ; le handball)
- **bīngqiú** (*pinng tchio ;* 冰球 ; le hockey)
- **pīngpāngqiú** (*p'hinng p'haang tchio ;* 乒乓球 ; le ping-pong)
- **zúqiú** (*dzou tchio* ; 足球 ; le football)
- **yīngshì zúqiú** (*yinng ch dzou tchio ;* 英式足球 ; le football américain (*mot à mot* : football anglais)
- **yóuyǒng** (*yô yonng ;* 游泳 ; la natation)
- **wǎngqiú** (*ouaang tchio ;* 网球 ; le tennis)
- **páiqiú** (*p'haï tchio ;* 排球 ; le volley-ball)

Les Jeux Olympiques représentent la manifestation la plus connue qui regroupe des sports très différents. La **tǐcāo** (*t'hi ts'hao* ; 体操 ; gymnastique), comme les **zìyóu tǐcāo** (*dz yô t'hi ts'hao* ; 自由体操 ; exercices au sol), les **dān gàng** (*tann kaang* ; 单杠 ; exercices à la barre), les **shuānggàng** (*chouaang kaang* ; 双杠 ; barres parallèles),

les **gāodīgàng** (*kao ti kaang* ; 高低杠 ; barres asymétriques) et le **ānmǎ** (*ann ma* ; 鞍马 ; cheval d'arçons), sont bien connus de tous les spectateurs dans le monde.

La **yóuyǒng** (*yô yonng* ; 游泳 ; natation) jouit aussi d'une certaine popularité. Que vous pratiquiez la **diéyǒng** (*tié yonng* ; 蝶泳 ; nage papillon), la **yǎngyǒng** (*yaang yonng* ; 仰泳 ; nage sur le dos), la **cèyǒng** (*ts 'he yonng* ; 侧泳 ; nage indienne), ou que vous préfériez la **wā yǒng** (*oua yonng* ; 蛙泳 ; brasse) ou la **zìyóuyǒng** (*dz yô yonng* ; 自由泳 ; nage libre), n'oubliez pas de continuer à respirer. Et n'oubliez pas de porter votre **yóuyǒngmào** (*yô yonng mao* ; 游泳帽 ; bonnet de bain). Si vous êtes un **tiàoshuî yùndòngyúan** (*t'ïao choueï yune tonng yuenn* ; 跳水运动员 ; plongeur), ce serait mieux de ne pas avoir le **kǒng gāo** (*k'honng kao* ; 恐高 ; *mot à mot* : avoir peur des hauteurs ; le vertige).

Pour pratiquer certains jeux, vous aurez besoin de **pīngpāngqiú pāi** (*p'hinng p'haang tchio p'haï* ; 乒乓球拍 ; raquettes de ping-pong), de **wǎngqiú pāi** (*ouaang tchio p'haï* ; 网球拍 ; raquettes de tennis) ou d'un **lánqiú** (*lann tchio* ; 篮球 ; ballon de basket). De plus, pour tous ces jeux, vous aurez toujours besoin d'un certain **gōngpíng jìngzhēng** (*konng p'hinng tinng djenng* ; 公平竞争 ; fair-play).

Voici quelques phrases qui vous seront utiles, que vous soyez un athlète amateur ou professionnel. Vous avez sûrement déjà entendu (ou dit) chacune d'entre elles.

» **Wǒ xiǎng qù kàn qiúsài.** (*ouo hsiaang tchu k'hann tchio saï* ; 我想去看球赛 ; je veux voir un jeu de ballon.)

» **Bǐfēn duōshǎo ?** (*pi fenn touo chao* ; 比分多少 ; quel est le score ?)

» **Něixie duì cānjiā bǐsài ?** (*neï hsié toueï ts'hann tia pi saï ;* 哪些队参加比赛 ; quelles sont les équipes qui sont en train de jouer ?)

» **Wǒ yíngle.** (*ouo yinng le ;* 我赢了 ; j'ai gagné.)

» **Nǐ shūle.** (*ni chou le ;* 你输了 ; tu as perdu.)

» **Wǒ zhēn xūyào liànxí.** (*ouo djenn hsu yao lienn hsi ;* 我真需要练习 ; j'ai vraiment besoin de pratiquer.)

» **Wǒ dǎ de bútài hǎo.** (*ouo ta te pou t'haï h'ao ;* 我打得不太好 ; je ne joue pas très bien.)

Voici une liste d'actions qui se déroulent lors d'évènements sportifs. Vous aurez besoin de les connaître si vous voulez suivre le jeu :

» **chuī shàozi** (*tch'houeï chao dz ;* 吹哨子 ; donner un coup de sifflet)

» **dǎngzhù qiú** (*taang djou tchio ;* 挡住球 ; bloquer la balle)

» **dé yì fēn** (*te yi fenn ;* 得一分 ; marquer un point)

» **tījìn yì qiú** (*t'hi tinn yi tchio ;* 踢进一球 ; marquer un but)

» **fā qiú** (*fa tchio ;* 发球 ; servir [au tennis])

» **méi tóuzhòng** (*meï t'hô djonng ;* 没投中 ; rater son tir)

CULTURE

Vous pouvez maintenant trouver des sports comme la montgolfière ou le vol à voile à Anyang. Vous pouvez même faire un circuit en montgolfière au-dessus de la Grande Muraille de Chine et de la route de la soie. Ces sports ont l'avantage de vous permettre de couvrir facilement ces grandes distances sans que vous ayez besoin de vous transformer en Hun à cheval. À ce propos, si vous aimez les randonnées en chameau ou à cheval, les agences de tourisme chinoises peuvent même vous organiser une randonnée avec les Mongols, ces cavaliers qui ont perfectionné l'art équestre au fil des siècles.

Mots clés

tǐyùchǎng 体育场	*t'hi yu tch'haang*	le stade
cáipànyuán 裁判员	*ts'haï p'hann yuenn*	l'arbitre
duìfāng 对方	*toueï faang*	l'équipe adverse
zúqiúchǎng 足球场	*dzou tchio chaang*	le terrain de football
píngjú 平局	*p'hinng tu*	le match nul
fēnshù 分数	*fenn chou*	le score
jìfēnbǎn 记分板	*ti fenn pann*	le tableau d'affichage (des scores)
fànguī 犯规	*fann koueî*	la faute, le penalty
shàngbànchǎng 上半场	*chaang pan tch'haang*	la première mi-temps
xiàbànchǎng 下半场	*hsia paan tch'haang*	la deuxième mi-temps

Chapitre 13
Sortir

DANS CE CHAPITRE :

- **Aller voir un spectacle**
- **Aller au cinéma ou au concert**
- **Traîner dans les bars et les clubs**

Assister à un spectacle

Avez-vous l'intention de voir quelques **yǎnchū** (*yenn tch'hou* ; 演出 ; spectacles) dans un avenir proche ? Il y a actuellement tant de possibilités de choix. Vous pouvez aller voir des **gējù** (*ke tu* ; 歌剧 ; opéras) ou, si vous préférez, un **bāléiwǔ** (*pa leï ou* ; 芭蕾舞 ; ballet) ; vous pouvez aussi assister à un **yīnyuèhuì** (*yinn yué h'oueï* ; 音乐会 ; concert).

CULTURE

La ville de Shanghai est particulièrement connue pour ses **zájì tuán** (*dza ti t'houann* ; 杂技团 ; troupes acrobatiques).

Mais, avant de pouvoir assister à un spectacle quelconque, ou même d'essayer de voir un **diànyǐng** (*tienn yinng* ; 电影 ; film), vous devez acheter un **piào** (*p'hïao* ; 票 ; billet) ou deux. Les phrases suivantes devraient vous aider à obtenir ce que vous voulez ou à comprendre au moins ce que l'on vous dit :

- **Zài nǎlǐ kěyǐ mǎidào piào ?** (*dzaï nali k'he yi maï tao p'hïao* ; 在哪里可以买到票 ; où puis-je acheter des billets ?)

» **Yǒu méiyǒu jīntiān wǎnshang yǎnchū de piào ?** (*yô meï yô tinn t'hienn ouann chaang yenn tch'hou te p'hïao* ; 有没有今天晚上演出的票 ; y a-t-il des billets pour le spectacle de ce soir ?)

» **Duìbùqǐ, jīntiān wǎnshàng de piào dōu màiwán le.** (*toueï pou tchi t'hienn ouann chaang te p'hïao tô maï ouann le* ; 对不起，今天晚上的票都卖完了 ; désolé, il n'y a plus de billets pour ce soir.)

» **Wǒ yào mǎi yì zhāng dàrén piào, liǎng zhāng értóng piào.** (*ouo yao maï yi djaang ta jenn p'hïao, liaang djaang er t'honng p'hïao* ; 我要买一张大人票，两张儿童票 ; je voudrais acheter un billet pour adulte et 2 billets pour enfants.)

CULTURE

ALLEZ VOIR L'OPÉRA DE PÉKIN

Êtes-vous déjà allé voir une représentation de **Jīngjù** (*tinng tu* ; 京剧 ; Opéra de Pékin) ? Cet opéra chinois est l'une des formes d'art les plus appréciées en Chine et son histoire remonte à plus de 200 ans. L'opéra est un grand spectacle de musique, de chant et d'acrobaties, qui reprend sans cesse les grandes épopées de l'histoire et de la littérature chinoise. Les représentations sont très nombreuses, plus particulièrement au moment des festivals traditionnels où tout le monde est en vacances.

Même si on l'appelle « Opéra de Pékin », il est en fait originaire des provinces d'Anhui et d'Hubei. À l'origine, les représentations étaient réservées à la famille royale ; l'opéra est arrivé à Pékin en 1790 avant d'atteindre plus tard le grand public. Il existe des milliers de courants locaux d'opéras chinois, chacun ayant son propre dialecte. L'opéra est la forme d'art qui touche chaque strate de la société dans un pays de plus d'un milliard d'habitants.

GRAMMAIRE

Si vous voulez demander à quelqu'un s'il a déjà fait quelque chose, il suffit d'ajouter la particule **-guo** au verbe et de mettre la particule interrogative **ma** (*ma* ; 吗) ou **méiyǒu** (*meï yô* ; 没有) à la fin de la phrase. Voici quelques exemples :

» **Nǐ kànguo Jīngjù ma ?** (*ni k'hann kouo tinng tu ma* ; 你看过京剧吗 ; as-tu déjà vu l'Opéra de Pékin ?)

» **Nǐ chīguo xiā méiyǒu ?** (*ni tch kouo hsia meï yô* ; 你吃过虾没有 ; as-tu déjà mangé des crevettes ?)

» **Nǐ qùguo Fǎguó ma ?** (*ni tchu kouo fa kouo ma* ; 你去过法国吗 ; es-tu déjà allé en France ?)

Pour répondre à l'une de ces questions, vous pouvez répéter le verbe plus **guo** (*kouo* ; 过) si la réponse est affirmative, ou dire simplement **méiyǒu** (*meï yô* ; 没有) qui signifie : « Non, je n'ai/ne suis pas... ». Vous pouvez aussi dire **méiyǒu** – *verbe* – **guo**, si vous voulez.

S'il vous arrive de faire quelque chose **chángcháng** (*tch'haang tch'haang* ; 常常 ; souvent) ou juste **yǒude shíhòu** (*yô te ch hô* ; 有的时候 ; parfois), n'hésitez pas à le dire. Vous pouvez utiliser ces adverbes aussi bien dans les questions que dans les réponses.

Mots clés

Shénme shíhòu kāiyǎn ? 什么时候开演	*che me ch h'ô k'haï yenn*	À quelle heure commence le spectacle ?
Shénme shíhòu yǎn wán ? 什么时候演完	*che me ch h'ô yenn ouann*	À quelle heure se termine le spectacle ?
lóuxià de wèizi 楼下的位子	*lô hsia te oueï dz*	des fauteuils d'orchestre

Mots clés

lóushàng de wèizi 楼上的位子	*lô chaang te oueï dz*	des fauteuils au balcon
piào 票	*p'hïao*	des billets
yīnyuè tīng 音乐厅	*yinn yué t'hinng*	la salle de concert
jùchăng 剧场	*tu tch'haang*	le théâtre
lĭtáng 礼堂	*li t'haang*	l'auditorium
mùjiān xiūxi 幕间休息	*mou tienn hsio hsi*	l'entracte
zájì biăoyăn 杂技表演	*dza ti pïao yenn*	le spectacle d'acrobaties
wŭshù biăoyăn 武术表演	*ou chou pïao yenn*	le spectacle d'arts martiaux
bāléi wŭ 芭蕾舞	*pa leï ou*	le ballet
gēwŭ 歌舞	*ke ou*	le chant et la danse
Yuèjù 粤剧	*yué tu*	l'Opéra de Canton
Jīngjù 京剧	*tinng tu*	l'Opéra de Pékin
dìfāng xì 地方戏	*ti faang hsi*	l'opéra populaire local

Assister à un concert

On entend souvent dire que la musique est une langue qui traverse les frontières. Si vous vous sentez un peu fatigué après avoir pratiqué le chinois, vous pouvez vous rendre à un concert dans la soirée afin de vous détendre. Laissez la musique vous transporter dans une autre dimension.

En Chine, à la fin d'un concert, vous n'entendrez personne crier : « Encore ! » En revanche, vous entendrez : **Zài lái yíge zài lái yíge !** (*dzaï laï yi ke dzaï laï yi ke* ; 再来一个再来一个 ; bis, bis ! *mot à mot* : amenez-en encore un !)

Mots clés

yīnyuè huì 音乐会	*yinn yué h'oueï*	le concert
dàiwèiyuán 带位员	*taï oueï yuann*	l'ouvreuse
jiémùdān 节目单	*tié mou tann*	le programme
Zhōngguó gǔdiǎn yīnyuè 古典音乐	*djonng kouo kou tienn yinn yué*	la musique classique 中国 chinoise
Gēchànghuì 歌唱会	*ke tch'haang h'oueï*	le récital de chorale
Shìnèiyuè 室内乐	*ch neï yué*	la musique de chambre
gǔdiǎn yīnyuè 古典音乐	*kou tienn yinn yué*	la musique classique
míngē 民歌	*minn ke*	la chanson populaire
qìyuè 器乐	*tchi yué*	la musique instrumentale
juéshì yīnyuè 爵士音乐	*tué ch yinn yué*	la musique de jazz
yáogǔnyuè 摇滚乐	*yao kounn yué*	le rock 'n roll
jiāoxiǎngyuè 交响乐	*tïao hsiaang yué*	la musique symphonique

Faire la tournée des bars et des clubs

Êtes-vous un oiseau de nuit qui, après avoir fait, toute la journée, des visites touristiques et avoir enchaîné avec un concert le soir, a encore suffisamment d'énergie pour faire le tour des bars et la fête dans les clubs ? Si c'est le cas, vous avez besoin de connaître le jargon des bars, surtout si vous êtes en vacances dans une ville qui bouge comme Shanghai – ou Paris, d'ailleurs. Après tout, il n'est pas certain que chaque personne que vous allez rencontrer ou avec qui vous allez sortir parle couramment le français.

Avant que les communistes prennent le pouvoir en Chine continentale en 1949, Shanghai était connue comme le Paris de l'Orient. Elle a toujours été la ville la plus délicieusement décadente de Chine et continue à être à la hauteur de sa réputation. On y trouve à profusion bars, clubs et tout ce qui a trait à la vie nocturne.

Les phrases suivantes pourront vous servir au cours de votre exploration des pubs et des boîtes :

- **Qǐng lái yìpíng píjiǔ.** (*tchinng laï yi p'hinng p'hi tio ;* 请来一瓶啤酒 ; apportez-moi une bière, s'il vous plaît.)
- **Nǐ xiǎng gēn wǒ tiàowǔ ma ?** (*ni hsiaang kenn ouo t'hïao ou ma ;* 你想跟我跳舞吗 ; voulez-vous danser avec moi ?)
- **Wǒ néng bù néng qǐng nǐ hē jiǔ ?** (*ouo nenng pou nenng tchinng ni h'e tio ;* 我能不能请你喝酒 ; puis-je vous offrir quelque chose à boire ?)

» **Wǒmen dào nǎlǐ qù tiàowǔ ?** (*ouo menn tao nali tchu t'hïao ou ;* 我们到哪里去跳舞 ; où pouvons-nous allez danser ?)

» **Yǒu méiyǒu rùchǎng fèi ?** (*yô meï yô jou tch'haang feï ;* 有没有入场费 ; y a-t-il des frais d'entrée ?)

Quand vous irez au bar avec des amis, vous demanderez peut-être de la **bīngzhèn píjiǔ** (*pinng djenn p'hi tio ;* 冰镇啤酒 ; bière fraîche), ou bien du **pútáo jiǔ** (*p'hou tao tio ;* 葡萄酒 ; vin) **hóng** (*h'onng* ; 红; rouge) ou **bái** (*paï ;* 白; blanc). Et n'oubliez pas de demander des **huāshēngmî** (*h'oua chenng mi ;* 花生米 ; cacahuètes) ou des **tǔdòupiàn** (*t'hou tô p'hienn ;* 土豆片 ; chips) pour éviter d'être trop éméché après tout ça !

Chapitre 14
Communiquer

DANS CE CHAPITRE :

- **Décrocher le téléphone**
- **Comprendre le jargon des téléphones portables**
- **Parler loisirs et affaires**
- **Répondeurs et boîtes vocales**
- **Internet**
- **Lire les mails**

Si les e-mails sont peut-être actuellement la méthode de communication privilégiée, ils ne remplacent pas la **shēngyīn** (*chenng yinn* ; 声音 ; voix) de votre bien-aimé(e) ni la mise en relation avec la personne adéquate quand vous avez besoin de discuter. Il est donc important d'apprendre à utiliser le téléphone en plus de savoir surfer sur le net.

Nous aborderons l'art de donner un coup de fil dans une autre langue, et même dans un autre pays ; et c'est vraiment cela : un art. Sa maîtrise exige tout d'abord de se sentir à l'aise avec des choses simples comme l'utilisation d'un **diànhuà** (*tienn h'oua* ; 电话 ; téléphone), pour commencer. Veillez à vérifier au préalable plusieurs données, comme le **dìqū hàomǎ** (*ti tchu h'ao ma* ; 地区号码 ; indicatif) à **bō** (*po* ; 拨 ; composer). Qu'allez-vous dire quand quelqu'un décrochera le téléphone, à l'autre bout du fil ? Ce chapitre vous aide à surfer sur les ondes de la communication, que vous soyez à Paris ou en Chine.

Utiliser un téléphone

Avant même de vous approcher d'un **diànhuà** (*tienn h'oua* ; 电话 ; téléphone), vous pourriez avoir envie de vous familiariser avec le vocabulaire spécifique à son utilisation. Il existe, en fait, tant de sortes de téléphones différents, que vous ne devriez pas avoir de problème pour trouver celui qui vous convient le mieux :

- **shǒujī** (*chô ti ;* 手机 ; le téléphone portable)
- **wúxiàn diànhuà** (*ou hsienn tienn h'oua ;* 无线电话 ; le téléphone sans fil)
- **gōngyòng diànhuà** (*konng yonng tienn h'oua ;* 公用电话 ; le téléphone public)

Vous pouvez parfois avoir besoin de l'aide d'un **jiēxiànyuán** (*tié hsienn yuenn* ; 接线员 ; opérateur) pour des **guójì diànhuà** (*kouo ti tienn h'oua* ; 国际电话 ; appels internationaux) ou pour vous aider à trouver un **diànhuà hàomǎ** (*tienn h'oua h'ao ma* ; 电话号码 ; numéro de téléphone). Vous n'avez bien sûr pas besoin de l'aide d'un **jiēxiànyuán** pour un **běnshì diànhuà** (*penn ch tienn h'oua* ; 本市电话 ; appel local) ou même pour un **chángtú diànhuà** (*tch'haang t'hou tienn h'oua* ; 长途电话 ; appel à longue distance). Globalement, vous pouvez pratiquement faire tout le reste vous-même. Sauf, peut-être, un **duìfāng fùfèi diànhuà** (*toueï faang fou feï tienn h'oua* ; 对方付费电话 ; appel en PCV).

Voici d'autres outils de communication que vous pourriez avoir envie d'utiliser :

- **dǎ diànhuà** (*ta tienn h'oua ;* 打电话 ; téléphoner)
- **chá diànhuà hàomǎbù** (*tch'ha tienn h'oua h'ao ma pou ;* 查电话号码簿 ; rechercher un numéro dans un annuaire téléphonique)

» **diànhuà hàomă** (*tienn h'oua h'ao ma ;* 电话号码 ; un numéro de téléphone)

» **diànhuàkă** (*tienn h'oua k'ha ;* 电话卡 ; une carte de téléphone)

Si vous êtes comme moi, vous aurez besoin de poser nombre de questions simples pour comprendre comment téléphoner quand vous êtes à l'étranger. Voici quelques questions qui peuvent vous aider :

» **Zěnme dă diànhuà ?** (*dze me ta tienn h'oua ;* 怎么打电话 ; comment fait-on pour téléphoner ?)

» **Zài nălǐ kěyǐ dă diànhuà ?** (*dzaï nali k'he yi ta tienn h'oua ;* 在哪里可以打电话 ; où puis-je donner un coup de fil ?)

» **Běnshì diànhuà shōufèi duōshăo qián ?** (*penn ch tienn h'oua chô feï touo chao tchienn ;* 本市电话收费多少钱 ; combien coûte un appel local ?)

La mobilité grâce au téléphone portable

La plupart des gens dans le monde n'ont pas de téléphone chez eux. Pouvez-vous le concevoir ? Il en est ainsi en République populaire de Chine où réside un quart de l'humanité. Mais à Taïwan, Singapour et Hong Kong, vous en trouverez partout. Dans les grandes villes autour du globe, vous pouvez vous attendre à voir un million de personnes (à prendre parfois au pied de la lettre dans des endroits comme Shanghai) papoter dans la rue accompagnés de leur **shŏujī** (*chô ti ;* 手机 ; téléphone portable)... ou plutôt... ils l'ont dans la main, tout près de leur **zuìbā** (*dzoueï pa* ; 嘴巴 ; bouche). C'est actuellement le mode de communication privilégié.

Voici quelques mots qui pourraient vous servir maintenant que tout le monde utilise un téléphone portable :

- **shǒujī** (*chô ti* ; 手机 ; le téléphone portable)
- **shǒujī hàomǎ** (*chô ti h'ao ma* ; 手机号码 ; le numéro de téléphone portable)

Maintenant que vous êtes au courant de l'importance capitale des téléphones portables dans la Chine contemporaine, vous devez probablement mourir d'envie de donner un coup de fil. Revenons à la case départ...

Téléphoner

Wéi ? (*oueï* ; 喂 ; allô). Vous entendrez beaucoup ce mot au deuxième ton (le ton ascendant) à l'autre bout du fil quand vous téléphonerez. C'est comme si on faisait un test pour voir s'il y avait quelqu'un. Vous pouvez répondre en utilisant le même mot au quatrième ton (le ton descendant), ce qui donne l'impression que vous affirmez quelque chose, ou vous pouvez demander directement si la personne à qui vous voulez parler est actuellement présente. (Pour en savoir plus sur les quatre tons, reportez-vous au Chapitre 1).

En République populaire de Chine, on peut aussi vous répondre : **Nǐ nǎlǐ ?** (*ni nali* ; 你哪里 ; où es-tu ?). On vous demande ainsi à quelle **dānwèi** (*tann oueï* ; 单位 ; unité de travail) vous êtes rattaché. Après ces quelques questions préliminaires, vous êtes peut-être enfin prêt à demander à parler à la personne que vous comptiez appeler.

CULTURE

Pendant des décennies, après la prise de pouvoir de la Chine continentale par les communistes en 1949, chaque Chinois était affectée à une **dānwèi** (*tann oueï* ; 单位), qui réglementait pratiquement toute sa vie – de l'endroit où il vivait au moment où il se mariait, et même au moment d'avoir des enfants. Il est encore courant de poser cette question sur le **dānwèi** quand on répond au téléphone.

Voici ce que vous pouvez faire avant, pendant ou après votre appel :

- **náqǐ diànhuà** (*na tchi tienn h'oua* ; 拿起电话 ; décrocher le téléphone)
- **dǎ diànhuà** (*ta tienn h'oua* ; 打电话 ; téléphoner)
- **shōudào diànhuà** (*chô tao tienn h'oua* ; 收到电话 ; recevoir un appel téléphonique)
- **jiē diànhuà** (*tié tienn h'oua* ; 接电话 ; répondre au téléphone)
- **huí diànhuà** (*h'oueï tienn h'oua* ; 回电话 ; retourner un appel téléphonique)
- **liú yí ge huà** (*lio yi ke h'oua* ; 留一个话 ; laisser un message)
- **guà diànhuà** (*koua tienn h'oua* ; 挂电话 ; raccrocher)

Appeler vos amis

Vous avez envie de contacter un **péngyou** (*p'henng yô* ; 朋友 ; ami) ou **tóngshì** (*t'honng ch* ; 同事 ; collègue) pour **liáotiān** (*lïao t'hienn* ; 聊天 ; bavarder) après les cours ou le travail ? Vous avez envie de vous entretenir avec votre **tóngxué** (*t'honng hsué* ; 同学 ; camarade de classe) à propos des **kǎoshì** (*k'hao ch* ;

考试 ; examens) de demain ? Peut-être allez-vous organiser tous les deux une **wănhuì** (*ouann h'oueï* ; 晚会 ; soirée) ce **zhōumò** (*djô mo* ; 周末 ; week-end) et avez-vous besoin de vous mettre d'accord sur les détails. Afin de commencer à organiser la soirée, il vous faut décrocher ce téléphone et commencer à parler.

Mots clés

Wéi ? 喂	*oueï*	Allô ?
Wèi. 喂	*oueï*	Allô.
Qĭngwèn, nín shì nă yí wèi ? 请问，您是哪一位	*tchinng ouenn, ninn ch na yi oueï*	Qui est à l'appareil ?
Shāoděng 稍等	*chao tenng*	Un instant

Appeler les hôtels, les bureaux et les commerces

Ce n'est pas tout à fait la même chose d'appeler un bureau et d'appeler des amis ou des collègues de façon informelle. Quand vous appelez un **lüguăn** (*lu kouann*; 旅馆 ; hôtel), un **shāngdiàn** (*chaang tienn* ; 商店 ; magasin) ou une **gōngsī** (*konng s* ; 公司 ; société) en particulier, il est possible que l'on vous demande quel **fēnjī hàomă** (*fenn ti h'ao ma* ; 分机号码 ; poste) vous voulez. Si vous ne le savez pas, vous pouvez retourner la question :

» **Qĭngwèn, fēnjī hàomă shì duōshăo ?** (*tchinng ouenn, fenn ti h'ao ma ch touo chao* ; 请问，分机号码是多少 ; puis-je vous demander le numéro de poste ?)

Une fois que vous avez le numéro de poste, on peut espérer que le **jiēxiànshēng** (*tié hsienn chenng* ; 接线生 ; opérateur) vous dira :

» **Wǒ xiànzài jiù gěi nín zhuǎn guoqu.** (*ouo hsienn dzaï tio keï ninn djouann kouo tchu* ; 我现在就给您转过去 ; je vous transfère, maintenant.)

Malgré tous les efforts accomplis jusqu'ici, il se peut que vous **jiē bù tōng** (*tié pou t'honng* ; 接不通 ; ne puissiez pas obtenir votre communication) ou que **méiyǒu rén jiē** (*meï yô jenn tié* ; 没有人接 ; personne ne réponde). Peut-être que la **diànhuàxiàn duànle** (*tienn h'oua tsienn touann le* ; 电话线断了 ; la ligne a été interrompue). C'est vraiment **máfan** (*ma fann* ; 麻烦 ; ennuyeux), n'est-ce pas ? Voici quelques autres problèmes **máfan** (*ma fann* ; 麻烦 ; ennuyeux) que vous pourriez rencontrer en téléphonant :

» **méiyǒu bōhàoyīn** (*meï yô po h'ao yinn* ; 没有拨号音 ; pas de tonalité)

» **nǐ bōcuò hàomǎle** (*ni po ts'houo h'ao ma le* ; 你拨错号码了 ; vous avez composé le mauvais numéro.)

» **záyīn** (*dza yinn* ; 杂音 ; les parasites)

» **méi rén jiē diànhuà** (*meï jenn tié tienn h'oua* ; 没人接电话 ; personne ne répond.)

» **diànhuà huàile** (*tienn h'oua h'ouaï le* ; 电话坏了 ; le téléphone est en dysfonctionnement)

» **zhànxiàn** (*djann hsienn* ; 占线 ; la ligne est occupée)

» **děnghòu** (*tenng h'ô* ; 等候 ; être en attente)

Si vous finissez par aboutir à un poste pour découvrir que la personne n'est pas là, vous pouvez toujours laisser un **yǒu shēng** (*yô chenng lio yenn* ; 有声留言 ; message vocal). Avec les messageries vocales, il est possible que vous deviez suivre des instructions préenregistrées de ce type :

» **Nín rúguǒ shǐyòng ànjiàn shì diànhuàjī, qǐng àn 3.** (*nin jou kouo ch yonng ann tienn ch tienn h'oua ti , tchinng ann 3*; 您如果使用按键式电话机，请按3 ; si vous avez un téléphone à touches, appuyez sur la touche 3.)

» **Nín rúguǒ shǐyòng xuánzhuǎn bōhào jī, qǐng bié guà.** (*nin jou kouo ch yonng hsuenn djouann po h'ao ti ,tchinng pié koua ;* 您如果使用旋转拨号机，请别挂 ; si vous avez un téléphone à cadran, veuillez rester en ligne.)

» **Yào huí dào zhǔ mùlù, qǐng àn jǐnghào.** (*yao h'oueï tao djou mou lou, tchinng ann tinng h'ao ;* 要回到主目录，请按井号 ; pour revenir au menu principal, appuyez sur la touche #.)

Appeler un client

Aujourd'hui, dans le monde des affaires, il vous suffit de décrocher ce fameux téléphone pour joindre votre **kèhù** (*k'he h'ou* ; 客户 ; client) ou votre **shēngyì huǒbàn** (*chenng yi h'ouo pann* ; 生意伙伴 ; associé). Rester en contact téléphonique permet de maintenir de bonnes **guānxi** (*kouann hsi* ; 关系 ; relations). C'est la meilleure chose après la rencontre physique.

Vous demanderez parfois l'aide de la **mìshū** (*mi chou* ; 秘书 ; secrétaire) pour joindre la personne à qui vous voulez parler.

Mots clés

Wàixiàn 外线	*ouaï hsienn*	la ligne extérieure
jīnglǐ 经理	*tinng li*	le directeur, le gérant, l'administrateur
zǒngcái 总裁	*dzonng ts'haï*	le président
fù zǒngcái 副总裁	*fou dzonng ts'aï*	le vice-président
zhǔrèn 主任	*djou jenn*	le directeur, le chef

Utiliser une carte téléphonique

Si vous vous trouvez sur la route sans téléphone portable ou **yìngbì** (*yinng pi* ; 硬币 ; pièces) pour téléphoner de la **gōngyòng diànhuàtíng** (*konng yonng tienn h'oua t'hinng* ; 公用电话亭 ; cabine téléphonique) la plus proche mais que vous avez une **diànhuàkǎ** (*tienn h'oua k'ha* ; 电话卡 ; carte téléphonique) dans votre poche, vous pouvez décider de l'utiliser.

Désolé, je ne suis pas à la maison pour le moment…

Comme la plupart des gens mènent une vie active, la plupart du temps, quand vous essayez de **gěi tāmen dǎ diànhuà** (*keï t'ha menn ta tienn h'oua* ; 给他们打电话 ; les appeler), vous ne les trouvez pas chez eux. Il ne vous reste plus qu'à **liúyán** (*lio yenn* ; 留言 ; laisser un message) sur le **lùyīn diànhuà** (*lou yinn tienn h'oua* ; 录音电话 ; répondeur). Vous pouvez aussi toujours essayer de **liúhuà** (*lio h'oua* ; 留话 ; laisser un message) à une **rén** (*jenn* ; 人 ; personne) en chair et en os. Vous devez parfois appuyer sur la **jǐngzìjiàn** (*tinng dz tienn* ; 井字键 ; touche #) avant de laisser un **xìnxi** (*hsinn hsi* ; 信息 ; message). Dans ce cas, vous avez besoin de savoir reconnaître le **jǐnghào** (*tinng h'ao* ; 井号 ; signe #).

Écouter vos messages

Si vous rentrez chez vous après une dure et longue journée de travail et que vous découvrez que de nombreuses personnes vous ont **liú huà** (*lio h'oua* ; 留话 ; laissé un message), vous pourriez être tenté de les **tīng** (*t'hinng* ; 听 ; écouter) tout de suite au lieu de les **bù lǐ** (*pou li* ; 不理 ; ignorer). Détendez-vous. Prenez un bain chaud. Savourez un verre de vin en préparant le dîner. Après cette pause, vous serez prêt à vous attaquer à tous les messages de ce bon vieux répondeur.

Voilà à quoi ressemble un message type :

» **Wéi ? Rodolphe, zhè shì Alexandre. Zhèige zhōumò wǒmen yìqǐ qù nèige wǎnhuì, hǎo bùhǎo ? Yīnggāi hěn bàng. Yǒu kòng gěi wǒ dǎ diànhuà. Wǒde shǒujī hàomǎ shì (212) 939-9991.**

» **Xièxie** *Oueï ? Rodolphe, dje ch Alexandre. Dje ke djô mo ouo menn yi tchi tchu neï ke ouann h'oueï, h'ao pou h'ao ? Yinng kaï h'enn paang. Yô k'honng keï ouo ta tienn h'oua. Ouo te chô ti h'ao ma ch (212) 939-9991. Hsié hsié.* 喂？Rodolphe，这是Alexandre。这个周末我们一起去那个晚会，好不好，应该很棒。有空给我打电话。我的手机号码是(212) 939-9991。谢谢。Allô ? Rodolphe, c'est Alexandre. Est-ce que tu veux que l'on aille ensemble à cette soirée, ce week-end ? Ça devrait être super. Appelle-moi quand tu auras une minute. Mon numéro de portable est le (212) 939-9991. Merci.

Comprendre les messages d'accueil

Voici quelques messages d'accueil courants que vous pouvez entendre quand vous tombez sur un répondeur :

- **Zhè shì Harry Potter.** (*dje ch Harry Potter ;* 这是Harry Potter ; vous êtes bien chez Harry Potter ; *mot à mot* : c'est Harry Potter.)
- **Wǒ xiànzài bú zài.** (*ouo hsienn dzaï pou dzaï ;* 我现在不在 ; je ne suis pas là pour le moment / je ne suis pas à mon bureau pour l'instant.)
- **Sānyuè sì hào zhīqián wǒ zài dùjià.** (*sann yué s h'ao dj tchienn ouo dzaï tou tia ;* 三月四号之前我在度假 ; je suis en vacances jusqu'au 4 mars.)
- **Nín rúguǒ xiǎng gēn wǒde zhùshǒu tōnghuà, qǐng bō fēnjī 108.** (*ninn jou kouo hsiaang kenn ouo te djou chô t'honng h'oua, tchinng po fenn ti108 ;* 您如果想跟我的助手通话，请拨分机108 ; Si vous voulez parlez à mon assistant, vous pouvez composer le numéro de poste 108)
- **Qǐng liú xià nínde míngzi, diànhuà hàomǎ hé jiǎnduǎn de liúyán. Wǒ huì gěi nín huí diànhuà.** (*tchinng lio hsia ninn te minng dz, tienn h'oua h'ao ma h'e tienn touann te lio yenn, ouo h'oueï keï ninn h'oueï tienn h'oua ;* 请留下您的名字，电话号码和简短的留言，我会给您回电话 ; veuillez laisser votre nom, votre nom de téléphone et un message bref. Je vous rappellerai.)

Laisser un message

Quand vous laissez un message sur un répondeur, indiquez clairement ce que vous voulez que l'autre personne fasse.

- **Wŏ zài gĕi nĭ dă diànhuà.** (*ouo dzaï keï ni ta tienn h'oua* ; 我再给你打电话; je te rappellerai.)
- **Nĭ huí jiā zhīhòu qĭng gĕi wŏ dă diànhuà.** (*ni h'oueï tia dj h'ô tching keï ouo ta tienn h'oua*; 你回家之后请给我打电话 ; rappelle-moi quand tu seras rentré chez toi.)
- **Bié wàngle huí wŏde diànhuà.** (*pié ouaang le h'oueï ouo te tienn h'oua*; 别忘了回我的电话 ; n'oublie pas de me rappeler.)

Si une personne répond et que vous devez lui laisser un message, il est important d'être poli. Ces quelques phrases peuvent vous y aider :

- **Qĭng gàosù tā wŏ gĕi tā dă diànhuà le.** (*tchinng kao sou t'ha ouo keï t'ha ta tienn h'oua le* ; 请告诉他我给他打电话了 ; pouvez-vous lui dire que je l'ai appelé ?)
- **Máfan nĭ qĭng tā huí wŏde diànhuà.** (*ma fann ni tchinng t'ha h'oueï ouo te tienn h'oua* ; 麻烦你请他回我的电话 ; excusez-moi. Pouvez-vous lui demander de me rappeler ?)
- **Qĭng gàosù tā wŏ huì wăn yìdiăn lái.** (*tchinng kao sou t'ha ouo h'oueï ouann yi tienn laï* ; 请告诉他我会晚一点儿来 ; pouvez-vous lui dire que je serai un peu en retard ?)
- **Qĭng gĕi wŏ zhuăn tāde liúyánjī ?** (*tchinng keï ouo djouann t'ha te lio yenn ti* ; 请给我转他的留言机 ; pourriez-vous me transférer sur sa boîte vocale ?)

Mots clés

Máfan nǐ 麻烦你	*ma fann ni*	Puis-vous demander de ... ?
Yídìng huì 一定会	*yi tinng h'oueî*	Bien sûr (que je le ferai).
Qǐngwèn, nín shì nǎ yí wèi ? 请问，您是哪一位	*tchinng ouenn, ninn ch na yi oueï*	Puis-je vous demander qui vous êtes ?

Internet

Aujourd'hui, vous pouvez entrer en contact avec une personne vivant à Pékin en quelques secondes grâce au **diànzî kōngjiān** (*tienn dz k'honng tienn* ; 电子空间 ; cyberespace). Les ordinateurs **shǒutí shì** (*chô t'hi ch* ; 手提式 ; portables) et les **jiǎnsuǒ yînqíng** (*tienn souo yinn tchinng* ; 检索引擎 ; moteurs de recherche) multiples permettent de **jiǎnsuǒ guójì wǎngluò** (*tienn souo kouo ti ouaang louo* ; 检索国际网络 ; faire des recherches sur le net) et de trouver absolument tout ce que vous cherchez. Vous n'êtes pas à l'aise avec les ordinateurs ? Vous avez oublié votre **mìmǎ** (*mi ma* ; 密码 ; mot de passe) ? Il suffit d'appeler le **jìshù fúwù** (*ti chou fou ou* ; 技术服务 ; support technique). Voici ce que l'on fait aujourd'hui avec les ordinateurs et grâce à Internet :

» **dǎkāi diànnǎo** (*ta k'haï tienn nao* ; 打开电脑 ; allumer l'ordinateur)

» **guāndiào diànnǎo** (*kouann tiao tienn nao* ; 关掉电脑 ; éteindre l'ordinateur)

» **jìnrù** (*tinn jou* ; 进入 ; se connecter)

» **tuìchū** (*t'houeï tch'hou* ; 退出 ; se déconnecter)

- **jiànlì yíge zhànghù** (*tienn li yi ke djaang h'ou ;* 建立一个帐户 ; créer un compte)
- **xiàzǎi wénjiàn** (*hsia dzaï ouenn tienn ;* 下载文件 ; télécharger un fichier)
- **chóngxīn kāijī** (*tch'honng hsinn k'haï ti ;* 重新开机 ; réinitialiser)

Lire vos mails

Aujourd'hui, votre **diànzî yóuxiāng dìzhî** (*tienn dz yô hsiaang ti dj* ; 电子邮箱地址 ; adresse e-mail) est tout aussi importante que votre **míngzi** (*minng dz* ; 名字 ; nom) et votre **diànhuà hàomǎ** (*tienn h'oua h'ao ma* ; 电话号码 ; numéro de téléphone) quand il s'agit de garder le contact. Allez voir votre **shōujiànxiāng** (*chô tienn hsiaang* ; 收件箱 ; boîte de réception) : vous avez probablement reçu de nouveaux **diànzî yóujiàn** (*tienn dz yô tienn* ; 电子邮件 ; e-mails) pendant la lecture de cette partie.

Voici ce que vous pouvez faire avec un e-mail :

- **fā diànzî yóujiàn** (*fa tienn dz yô tienn ;* 发电子邮件 ; envoyer un e-mail)
- **fā wénjiàn** (*fa ouenn tienn ;* 发文件 ; envoyer un fichier)
- **zhuǎnfā xìnxī** (*djouann fa hsinn hsi ;* 转发信息 ; faire suivre un message)
- **bǎ wénjiàn fùjiā zài diànzî yóujiàn shàng** (*pa ouenn tienn fou tia dzaï tienn dz yô tienn chaang ;* 把文件附加在电子邮件上 ; insérer un fichier à un e-mail)

Chapitre 15

Gérer les urgences

DANS CE CHAPITRE :

» **Crier à l'aide**

» **Rendre visite à votre médecin**

» **Contacter les autorités**

» **Chercher des conseils juridiques**

Il est facile d'organiser tout ce que vous voulez vivre d'amusant et de passionnant au cours de vos voyages ou de vos sorties avec vos amis ; il est par contre impossible de prévoir que vous allez avoir besoin d'appeler la police pour les informer d'un vol ou de foncer aux urgences pour une appendicite alors que vous êtes en route pour la Grande Muraille de Chine. Mais ce sont des choses qui peuvent arriver et elles arrivent effectivement : ce chapitre vous donne les outils linguistiques nécessaires pour expliquer vos problèmes, si besoin est.

Demander de l'aide en cas de besoin

Quand vous vous trouvez face à une urgence, passer du temps à chercher un énorme dictionnaire pour savoir comment appeler rapidement à l'aide est certainement la dernière chose à faire. Essayez de mémoriser ces phrases avant qu'une situation de ce type ne se présente :

- **Jiù mìng !** (*tio minng* ; 救命; au secours ! Sauvez-moi !)
- **Zhuā zéi !** (*djoua dzeï* ; 抓贼 ; au voleur, arrêtez-le !)
- **Zháohuǒ lā !** (*djao h'ouo la* ; 着火啦 ; au feu !)
- **Jiào jiùhùchē !** (*tiao tio h'ou tch'he* ; 叫救护车 ; appelez une ambulance !)
- **Jiào jǐngchá !** (*tiao tinng tch'ha* ; 叫警察 ; appelez la police !)

ATTENTION !

Faites attention en disant les mots **jiào** (*tiao* ; 叫 ; appeler) et **jiù** (*tio* ; 救 ; sauver) dans les phrases ci-dessus. Vous ne voulez certainement pas demander par erreur à quelqu'un de sauver la police quand vous voulez qu'il appelle la police.

Vous aurez parfois besoin de demander quelqu'un qui parle français ou anglais. Voici quelques phrases pour les cas d'urgence :

- **Nǐ shuō fǎwén ma ?** (*ni chouo fa ouenn ma* ; 你说法文吗 ; parlez-vous français ?)
- **Wǒ xūyào yíge jiǎng fǎwén de lüshī.** (*ouo hsu yao yi ke tiaang fa ouenn te lu ch* ; 我需要一个讲法文的律师 ; j'ai besoin d'un avocat qui parle français.)
- **Yǒu méi yǒu jiǎng fǎwén de dàifu ?** (*yô meï yô tiaang fa ouenn te taï fou* ; 有没有讲法文的大夫 ; y a-t-il un médecin qui parle français ?)
- **Nǐ shuō yīngwén ma ?** (*ni chouo yinng ouenn ma ?* 你说英文吗 ; parlez-vous anglais ?)
- **Wǒ xūyào yíge jiǎng yīngwén de lüshī.** (*ouo hsu yao yi ke tiaang yinng ouenn te lu ch* ; 我需要一个讲英文的律师 ; j'ai besoin d'un avocat qui parle anglais.)

» **Yǒu méi yǒu jiǎng yīngwén de dàifu ?** (*yô meï yô tiaang yinng ouenn te taï fou* ; 有没有讲英文的大夫 ; y a-t-il un médecin qui parle anglais ?)

Quand vous avez enfin en ligne quelqu'un qui peut vous aider, vous avez besoin de savoir ce qu'il faut dire pour obtenir immédiatement de l'aide :

» **Wǒ bèi rén qiǎng le ?** (*ouo peï jenn tchiaang le* ; 我被人抢了 ; on m'a volé.)

» **Yǒu rén shòu shāng le.** (*yô jenn chô chaang le* ; 有人受伤了 ; il y a des blessés.)

» **Wǒ yào bào yí ge chēhuò.** (*ouo yao pao yi ke tch'he h'ouo* ; 我要报一个车祸 ; je voudrais vous signaler un accident de voiture.)

ATTENTION !

Un petit mot pour les gens avisés : comme les Chinois n'ont pas de rhésus O négatif, les hôpitaux chinois n'en n'ont pas en réserve. Si vous vous trouvez face à une urgence médicale en Chine et que vous avez besoin de rhésus O négatif, vous devrez demander de l'aide directement à votre ambassade ou à votre consulat le plus proche. Il est possible que vous deviez être transporté en avion avant de pouvoir recevoir des soins appropriés. Il serait également bon de prendre vos aiguilles hypodermiques au cas où vous auriez besoin d'une piqûre, car il n'est pas certain que les aiguilles que vous trouverez soient stérilisées. La méfiance est mère de sûreté quand on est loin de chez soi.

Recevoir des soins médicaux

La pire hantise de chacun d'entre nous, c'est d'être malade et ne pas savoir pourquoi, ni ce qu'il faut faire pour aller mieux. Si vous vous retrouvez soudain au **yīyuàn** (*yi yuenn* ; 医院 ; hôpital) ou que vous rendez visite à un **yīshēng** (*yi chenng* ; 医生 ; médecin), vous avez besoin d'expliquer ce qui ne va pas – et souvent sans avoir beaucoup de temps devant vous. Ceci est sûrement plus facile à dire qu'à faire, surtout si vous devez vous expliquer en chinois (ou aider une victime qui parle chinois et qui a des difficultés de communication). Il se pourrait que vous n'ayez pas toute l'énergie nécessaire pour vous rappeler à la fois la prononciation *et* les tons du mot que vous voulez utiliser. Vous pouvez avoir envie de dire que vous **tóuyūn** (*t'hô yune* ; 头晕 ; avez la tête qui tourne), mais si le mot qui sort est **tuōyùn**, vous êtes alors en train de prévenir celui qui vous soigne que vous envoyez vos bagages à l'avance. Vous ne voulez certainement pas que votre médecin passe au patient suivant. Utilisez le tableau 15-1 pour savoir comment nommer les principales parties du corps.

TABLEAU 15.1 : Les principales parties du corps.

Chinois	Prononciation	Français
shēntǐ 身体	*chenn t'hi*	le corps
gēbo 胳膊	*ke po*	le bras
jiānbǎng 肩膀	*tienn paang*	l'épaule
shǒu 手	*chô*	la main
shǒuzhǐ 手指	*chô dj*	le doigt
tuǐ 腿	*t'houeï*	la jambe
jiǎo 脚	*tïao*	le pied
tóu 头	*t'hô*	la tête

Chinois	Prononciation	Français
bózi 脖子	*po dz*	le cou
xiōng 胸	*hsyonng*	la poitrine
bèi 背	*peï*	le dos
liǎn 脸	*lienn*	le visage
yǎnjīng 眼睛	*yann tinng*	l'œil
ěrduo 耳朵	*er touo*	l'oreille
bízi 鼻子	*pi dz*	le nez
hóulóng 喉咙	*h'ô lonng*	la gorge
gǔtou 骨头	kou t'hô	l'os
jīròu 肌肉	ti jô	le muscle
shénjīng 神经	chenn tinng	les nerfs
fèi 肺	feï	les poumons
gān 肝	kann	le foie
shèn 肾	chenn	le rein
xīn 心	hsinn	le cœur
wèi 胃	oueï	l'estomac

Quand vous voyagez, n'oubliez pas d'emporter vos ordonnances. Gardez-les dans un bagage à main à part ou dans votre porte-monnaie. Ce ne serait pas astucieux de les mettre dans une des valises enregistrées que vous risquez de ne jamais revoir si les bagages se perdent.

À moins que vous ne soyez dans une grande ville comme Pékin ou Shanghai, si vous tombez sérieusement malade pendant votre séjour en Chine continentale, il vaut mieux prendre l'avion jusqu'à Hong Kong ou retourner chez vous pour être bien soigné. N'oubliez pas de vérifier vos assurances rapatriement avant de partir.

Trouver un médecin

Si la **yùnqi** (yune tchi ; 运气 ; chance) est avec vous, vous n'aurez jamais besoin d'utiliser l'une des phrases de ce chapitre. Mais, si la chance tourne et que vous devenez **dǎoméi** (*tao meï* ; 倒霉 ; malchanceux), continuez votre lecture. Même si vous n'avez jamais **chōuyān** (*tch'hô yenn* ; 抽烟 ; fumé) de toute votre vie, vous pouvez toujours avoir une **késòu** (*k'he sô* ; 咳嗽 ; toux) ou la **qìguǎnyán** (*tchi kouann yenn* ; 气管炎 ; bronchite). Il est temps de voir un **yīshēng** (*yi chenng* ; 医生 ; médecin).

Mots clés

kànbìng 看病	*k'hann pinng*	voir un médecin
yīshēng 医生	*yi chenng*	le médecin
yáyī 牙医	*ia yi*	le dentiste
hùshi 护士	*h'ou ch*	l'infirmière
bìngrén 病人	*pinng jenn*	le patient

Même si les verbes n'expriment pas le temps en chinois, on les relie souvent à des éléments que l'on appelle « marqueurs d'aspects » : ils suivent le verbe et indiquent le degré d'achèvement de l'action. Les marqueurs **xiàlai** (*hsia laï* ; 下来) et **xiàqu** (*hsia tchu* ; 下去) en sont deux exemples. **Xiàlai** se réfère à une action qui passe peu à peu à l'inaction ou à un état plus calme, comme dans le « **zuò xiàlai** » (*dzouo hsia laï* ; 坐下来 ; s'asseoir et se reposer) de la conversation précédente. **Xiàqu** se réfère à une action en cours.

Décrire ce qui ne va pas

Votre médecin vous a-t-il dit ces mots magiques : **Méi shénme** (*meï che me* ; 没什么 ; ce n'est rien) ? Eh bien, le mien, non. Pas de chance. Vous êtes peut-être en train de jeter maintenant un coup d'œil à votre vieux **wēndùjì** (*ouenn tou ti* ; 温度计 ; thermomètre) et de découvrir que : **Wǒ fāshāo le !** (*ouo fa chao le* ; 我发烧了 ; j'ai de la fièvre !) **Āiya !** (*aï ia* ; 哎呀 ; oh, mon Dieu !) Il est temps de faire en sorte de trouver le problème. Que vous vous rendiez soudain aux **jízhěnshì** (*ti djenn ch* ; 急诊室 ; urgences) ou que vous alliez simplement au cabinet d'un médecin privé, vous répondrez probablement aux mêmes questions élémentaires sur l'assurance et sur vos symptômes. Le tableau 15-2 liste quelques symptômes.

TABLEAU 15.2 : Symptômes médicaux courants

Chinois	Prononciation	Français
pàngle 胖了	*p'haang le*	prendre du poids
shòule 瘦了	*chô le*	perdre du poids
fāshāo 发烧	*fa chao*	avoir de la fièvre
lā dùzi 拉肚子	*la tou dz*	la diarrhée
biànmì 便秘	*pienn mi*	la constipation
ěxīn 恶心	*e hsinn*	la nausée
hóulóng téng 喉咙疼	*h'ô lonng t'hnng*	avoir mal à la gorge
tóuténg 头疼	*t'hô t'henng*	avoir mal de tête
yāo téng 腰疼	*oueï t'henng*	le mal d'estomac
bèi téng 背疼	*peï t'henng*	le mal de dos
ěrduo téng 耳朵疼	*er touo t'henng*	le mal d'oreille
yá téng 牙疼	*ia t'henng*	le mal de dent
xiàntǐ zhǒngle 腺体肿了	*hsienn t'hi djonng le*	des glandes enflées

Votre médecin doit vérifier un certain nombre de choses quand vous montez sur la table d'examen :

- **Qīng juǎnqǐ nǐde xiùzi.** (*tchinng tuann tchi ni te hsyo dz* ; 请卷起你的袖子 ; relevez votre manche, s'il vous plaît.)
- **Wǒ yòng tīngzhěnqì tīng yíxià nǐde xīnzàng.** (*ouo yonng t'hinng djenn tchi t'hinng yi hsia ni te hsinn dzaang* ; 我用听诊器听一下你的心脏 ; je vais utiliser un stéthoscope pour écouter votre cœur.)
- **Shēn hūxī.** (*che h'ou hsi* ; 深呼吸 ; respirez profondément.)
- **Bǎ zuǐ zhāngkāi.** (*pa dzoueï djaang k'haï* ; 把嘴张开 ; ouvrez la bouche.)
- **Bǎ shétou shēn chūlai.** (*pa che t'hô che tch'hou laï* ; 把舌头伸出来 ; tirez la langue.)
- **Wǒmen huàyàn yíxià xiǎobiàn.** (*ouo menn h'oua yenn yi hsia hsiao pienn* ; 我们化验一下小便 ; nous allons faire une analyse de vos urines.)

CULTURE

LUTTER CONTRE LA POLLUTION ATMOSPHÉRIQUE EN CHINE

La pollution de l'air est un problème sérieux en Chine continentale : si vous avez des difficultés respiratoires comme de l'asthme ou des bronchites chroniques, vous devriez porter un masque dans les grandes villes tout comme sur les routes reculées et poussiéreuses. Même si aucun vaccin n'est exigé pour voyager en Chine, vérifiez que vos rappels contre le tétanos sont à jour, et voyez avec votre médecin s'il est nécessaire de vous faire vacciner contre l'hépatite B si vous prévoyez de prolonger votre séjour.

Mots clés

jiănchá 检查	*tienn tch'ha*	examiner
wŏ bù shūfu 我不舒服	*ouo pou chou fou*	je ne me sens pas bien
bìngle 病了	*pinng le*	être malade
bìngrén 病人	*pinng jenn*	le patient, le malade
zháoliáng 着凉	*djao liaang*	attraper un rhume
gănmào 感冒	*kann mao*	avoir un rhume
shòushāng 受伤	*chô chaang*	être blessé
liúgăn 流感	*lio kann*	la grippe
fāyán le 发炎了	*fa yenn le*	il/elle est enflammé(e)
gāo xuèyā 高血压	*kao hsué ia*	l'hypertension
bìng lì 病历	*pinng li*	le dossier médical

Discuter de votre dossier médical

Quand vous voyez un médecin pour la première fois, il ou elle voudra s'informer au sujet de votre **bìng lì** (*pinng li* ; 病历 ; dossier médical). Vous entendrez la question suivante :

» **Nĭ jiā yŏu méiyŏu ______ de jiā zú- bìngshĭ ?** (*ni tia yô meï yô__te tia dzou bing ch* ; 你家有没有____的家族病史 ; y a-t-il des antécédents de ______ dans votre famille ?)

J'espère que ni vous, ni aucun membre de votre famille n'ont jamais eu les quelques maladies plus graves que vous trouverez dans le tableau 15-3.

TABLEAU 15.3 : Maladies graves

Chinois	Prononciation	Français
áizhèng 癌症	*aï djnng*	le cancer
fèi'ái 肺癌	*feï aï*	le cancer du poumon
qìchuǎnbìng 气喘病	*tchi tch'houann pinng*	l'asthme
xīnzàngbìng 心脏病	*hsinn dzaang pinng*	la maladie cardiaque
tángniàobìng 糖尿病	*t'haang nïao pinng*	le diabète
àizībìng 艾滋病	*aï dz pinng*	le sida
lìjí 痢疾	*li ti*	la dysenterie
shuǐdòu 水痘	*choueï tô*	la varicelle
huòluàn 霍乱	*h'ouo louann*	le choléra
jiǎxíng gānyán 甲型肝炎	*tia hsinng kann yenn*	l'hépatite A
yǐxíng gānyán 乙型肝炎	*yi hsinng kann yenn*	l'hépatite B
bǐngxíng gānyán 丙型肝炎	*pinng hsinng kann yenn*	l'hépatite C
fèi jiéhé 肺结核	*feï tyé h'e*	la tuberculose

Faire un diagnostic

Je parie que vous avez déjà entendu des histoires de médecins qui utilisent des techniques médicales traditionnelles provenant de cultures anciennes et qui savent tout de suite ce qui ne va pas après avoir jeté un simple coup d'œil à une personne. La vérité est la suivante : sauf en ce qui concerne de simples refroidissements ou la grippe, la plupart des médecins ont encore besoin de faire faire toutes sortes d'examens pour avoir un bon diagnostic. Il se peut même qu'ils aient besoin de recourir aux examens suivants :

» **huà yàn** (*h'oua yenn* ; 化验 ; les examens de laboratoire)

» **xīndiàntú** (*hsinn tienn t'hou* ; 心电图 ; l'électroencéphalogramme)

» **huàyàn yíxià xiǎobiàn** (*h'oua yenn yi hsia hsïao pienn* ; 化验一下小便 ; l'analyse d'urine)

GRAMMAIRE

En chinois, vous mettez généralement un préfixe négatif, comme **bù**, devant un verbe que vous voulez rendre négatif. Cela paraît superflu en français de devoir traduire littéralement une réponse comme « pas grave » quand quelqu'un vous interroge à propos de la gravité d'une situation. Il est plus courant et approprié de le traduire par « non ».

GRAMMAIRE

Quand vous indiquez des nombres ou des montants approximatifs, vous n'avez pas besoin d'utiliser le mot « ou » (**huòzhě** ; *h'ouo dje* ; 或者) comme nous le disons dans « deux ou trois jours ». Dites simplement les nombres l'un après l'autre, ce qui impliquera automatiquement le « ou ». Par exemple, **wǔ liù ge rén** (*ou lio ke jenn* ; 五六个人) signifie « cinq ou six personnes », et **sì wǔ tiān** (*s ou t'hienn* ; 四五天), « quatre ou cinq jours ».

Mots clés

xuè 血	*hsué*	le sang
chōu xuè 抽血	*tch'hô hsué*	faire une prise de sang
xuèyā 血压	*hsué ia*	la tension artérielle
xiǎobiàn 小便	*hsiao pienn*	uriner
dàbiàn 大便	*ta pienn*	faire ses gros besoins
wēndù jì 温度计	*ouenn tou ti*	le thermomètre
liáng tǐwēn 量体温	*liaang t'hi ouenn*	prendre la température de quelqu'un
màibó 脉搏	*maï po*	le pouls

Se soigner pour être en meilleure santé

On ne peut pas soigner tout le monde avec un bol de **jītāng** (*ti t'haang* ; 鸡汤 ; soupe au poulet), malgré ce que me disait ma grand-mère. Mais, si votre grand-mère cuisine aussi bien que la mienne, la soupe ne pourra pas vous faire de mal...

Votre médecin pourra vous prescrire quelques **yào** (*yao* ; 药 ; médicaments) pour que vous vous sentiez mieux. Après avoir **kāi yàofāng** (*k'haï yao faang* ; 开药方 ; exécuté votre ordonnance), il se peut que vous lisiez les modes d'emploi suivants sur les boîtes :

- **Měi sìge xiǎoshí chī yícì.** (*meï s ke hsïao ch tch yi ts'h* ; 每四个小时吃一次 ; prendre un comprimé toutes les quatre heures.)
- **Měi tiān chī liǎng cì, měi cì sān piàn.** (*meï t'hienn tch liaang ts'h, meï ts'h sann p'hienn* ; 每天吃两次，每次三片 ; prenez trois comprimés deux fois par jour.)

» **Fàn hòu chī.** (*faan h'ô tch* ; 饭后吃 ; prenez-les après le repas.)

CULTURE

LA PRATIQUE DE L'ACUPUNCTURE ET L'UTILISATION DES HERBES MÉDICINALES

L'acupuncture chinoise et les herbes médicinales sont de plus en plus utilisées en dehors de la Chine. Ce qui n'est pas surprenant car ces remèdes ont prouvé leur efficacité en Chine depuis plus d'un millénaire. Les remèdes à base d'herbes médicinales qui proviennent des forêts vierges équatoriales et des forêts tropicales humides de la Chine rurale ont aidé à guérir de nombreuses maladies, des rhumatismes au cancer, et les guérisseurs les utilisent aujourd'hui souvent en association avec des médicaments occidentaux. En ce qui concerne l'acupuncture, le placement précis des aiguilles dans certains endroits clés du corps s'est avéré si efficace dans le soulagement de la douleur et l'insensibilisation des patients qu'il permet de subir des opérations chirurgicales importantes sans l'anesthésie occidentale.

Mots clés

nà méi yòng 那没用	*na meï yonng*	cela ne sert à rien
bùhǎoyìsi 不好意思	*pou h'ao yi s*	comme c'est gênant
jiùhùchē 救护车	*tio h'ou tch'he*	l'ambulance

Mots clés

zhēnjiǔ 针灸	*djenn tio*	l'acupuncture
yào 药	*yao*	le médicament
zhōngyào 中药	*djonng yao*	la médecine chinoise
xīyào 西药	*hsi yao*	la médecine occidentale
chī yào 吃药	*tch yao*	prendre des médicaments
yàodiàn 药店	*yao tienn*	la pharmacie
yàowán 药丸	*yao ouann*	le comprimé, la pilule
kàngshēngsù 抗生素	*k'haang chenng sou*	les antibiotiques
dǎ zhēn 打针	*ta djenn*	la piqûre
wàikē 外科	*ouaï k'he*	la chirurgie
dòng shǒushù 动手术	*tonng chô chou*	subir une opération
sǐ 死	*s*	mourir
zhěnsuǒ 诊所	*djenn souo*	la clinique
yīyuàn 医院	*yi yuenn*	l'hôpital
dānjià 担架	*tann tia*	la civière, le brancard
jízhěnshì 急诊室	*ti djenn ch*	les urgences
kàngsuānyào 抗酸药	*k'haang souann yao*	l'anti-acide
āsīpǐlín 阿司匹林	*a s p'hi linn*	l'aspirine
wéitāmìng 维他命	*oueï t'ha minng*	la vitamine
wǒ duì qīngméisù guòmǐn 我对青霉素过敏	*ouo toueï tchinng meï sou kouo minn*	je suis allergique à la pénicilline

CULTURE

NE VOUS PRENEZ PAS LA TÊTE AVEC LA JUSTICE CHINOISE

La justice est rendue rapidement en République populaire de Chine, même si vous avez recours aux procédures d'appel. Très souvent, le crime se conclut par une sentence de mort prononcée rapidement qu'il s'agisse d'un meurtre ou d'un viol ou encore de criminalité en col blanc ou de corruption. Il en résulte, en ce qui concerne le tourisme, que les étrangers sont rarement victimes. On considère la Chine comme un pays très sûr pour les touristes aussi bien que pour les hommes et les femmes d'affaires. Les policiers font toujours preuve de bonne volonté quand il s'agit d'aider un étranger perdu, quelle que soit la ville où il se trouve.

Appeler la police

Vous a-t-on déjà **tōu le** (*t'hô le* ; 偷的 ; volé) votre portefeuille ? Être une victime est un sentiment très désagréable, et je vous parle d'expérience. Vous êtes **shēngqì** (*chenng tchi* ; 生气 ; en colère) devant une épreuve aussi **kěpà** (*k'he p'ha* ; 可怕 ; épouvantable), surtout si cela se passe dans un autre pays et que le **zéi** (*dzeï* 贼 ; voleur) **táopǎo** (*t'hao p'hao* ; 逃跑 ; se sauve) rapidement.

J'espère que vous ne serez jamais la victime d'un crime comme le vol. Mais il serait quand même bon de vous y préparer grâce à quelques mots clés que vous pourrez utiliser quand la **jǐngchá** (*tinng tch'ha* ; 警察 ; police) finira par arrêter sa **jǐngchē** (*tinng tch'he* ; 警车 ; voiture de police) et vous emmènera au **jǐngchájú** (*tinng tch'ha tu* ; 警察局 ; poste de police) pour identifier l'éventuel

zéi. Espérons que le coupable sera **zhuā zhùle** (*djoua djou le* ; 抓住了 ; arrêté).

Il se peut aussi que vous vous trouviez face à une urgence qui ne vous concerne pas. Si vous êtes le témoin d'un accident, voici quelques phrases pour informer la police, les sauveteurs ou les victimes :

» **Tā bèi qìchē yàzháo le.** (*t'ha peï tchi tch'he ia djao le* ; 他被汽车压着了 ; il a été renversé par une voiture.)

» **Tā zài liúxiě.** (*t'ha dzaï lio hsié* ; 他在流血 ; il saigne.)

» **Bié kū. Jǐngchá hé jiùhùchē láile.** (*pié k'hou. Tinng tch'ha h'e tio h'ou tch'he laï le* ; 别哭。警察和救护车来了 ; ne pleurez pas. La police et l'ambulance sont arrivées.)

Demander l'aide d'un avocat

CULTURE

Si vous avez besoin d'un **lüshī** (*lu ch* ; 律师 ; avocat), il vaut mieux vous informer auprès de votre **dàshǐguǎn** (*ta ch kouann* ; 大使馆 ; ambassade) ou de votre **lǐngshìguǎn** (*linng ch kouann* ; 领事馆 ; consulat).

Cela peut être très **máfan** (*ma fann* ; 麻烦 ; ennuyeux) et stressant d'avoir affaire à un **lǜshī**, quel que soit le pays où vous vous trouviez, mais vous devez admettre qu'ils connaissent le **fǎlǜ** (*fa lu* ; 法律 ; droit). Et si vous devez passer devant le **fǎyuàn** (*fa yuenn* ; 法院 ; tribunal) pour un **shìjiàn** (*ch tienn* ; 事件 ; incident) sérieux, vous voudrez certainement que le juge **pànjué** (*p'hann tué* ; 判决 ; tranche) en votre faveur. Voilà la morale de l'histoire : les bons **lǜshī** valent leur pesant de **jīn** (*tinn* ; 金 ; or), même si vous les considérez quand même, en fin de compte, comme des **shāyú** (*cha yu* ; 鲨鱼 ; requins).

Dictionnaire français/chinois

A

à droite : yòu *yô*右
à gauche : zuǒ *dzouo*左
à l'heure : zhèngdiǎn *djnng tienn*正点
à l'intérieur de ; cinq cents mètres : lǐ *li* 里
à tout à l'heure : yìhuǎr jiàn *yi houar tienn*一会儿见
accès à Internet : wǎngluò liánjiē *ouaang louo lienn tié*网络连接
acheter : mǎi *maï*买
adaptateur : zhuǎnjiēqì *djouann tié tchi*转接器
addition : zhàngdān *djaang tann*帐单
adresse : dìzhǐ *ti dj*地址
adresse e-mail : diànzǐ yóuxiāng dìzhǐ *tienn dz yô hsiaang ti dj*电子邮箱 地址
aéroport : fēijīchǎng *feï ti tch'haang*飞机场
affection : gǎnqíng *kann tchinng* 感情
âge : niánjì *nienn ti*年纪
année d'âge : suì *soueï*岁
agence de voyages : lǚxíngshè *lu hsinng che*旅行社 旅行社
agent de voyages : lǚxíng dàilǐrén *lu hsinng taï li jenn*旅行代理人
aider : bāngmáng *paang maang* 帮忙
aimer : xǐhuān *hsi h'ouann*喜欢
air conditionné : kōngtiáo *k'honng t'hiao*空调
ajouter : bǔchōng *pou tch'honng* 补充
alcool : jiǔ *tio*酒
aller : qù *tchu*去
aller simple : dānchéngpiào *tann tch'henng p'hiao*单程票
allô : wéi *oueï*喂
ambassade : dàshǐguǎn *ta ch kouann*大使馆
ambulance : jiùhùchē *tio h'ou tch'he*救护车
Américain : Měiguórén *meï kouo jenn*美国人
Amérique : Měiguó *meï kouo* 美国
ami : péngyǒu *p'henng yô*朋友
ancien ; l'antiquité : gǔdài *kou taï*古代
anglais (la langue) : yīngyǔ *yinng yu* 英语
année dernière : qùnián *tchu nienn*去年
année prochaine : míngnián *minng nienn*明年
anniversaire : shēngrì *chenng j* 生日
annuaire du téléphone : diànhuà hàomǎbù *tienn h'oua h'ao ma pou*电话号码簿
annuler : qǔxiāo *tchu hsiao*取消
appareil photo : zhàoxiàng jī *djao hsiaang ti*照相机
appel en PCV : duìfāng fùfèi diànhuà *toueï faang fou feï tienn h'oua* 对方付费电话
appel longue distance : chángtú diànhuà *tch'haang t'hou tienn h'oua*长途电话
appel téléphonique international : guójì diànhuà *kouo ti tienn h'oua* 国际电话
après : yǐhòu *yi h'ô*以后
après-midi : zhōngwǔ *djonng ou*中午
après-midi (de 12 h à 18 h) : xiàwǔ *hsia ou*下午
argent : qián *tchienn*钱

arrêt de bus : gōnggòngqìchē zhàn *konng konng tchi tch'he djann*公共汽车站
article, numéro (d'un programme), poste (de compte) : xiàngmù *hsiaang mou* 项目
ascenseur : diàntī *tienn t'hi*电梯
Asie : Yàzhōu *ya djô*亚洲
attendre : děng *tenng*等
atterrir : zhuólù *djouo lou*着陆
au revoir : zàijiàn *dzaï tienn*再见
auditorium : lǐtáng *li t'haang* 礼堂
aujourd'hui : jīntiān *tinn t'hienn* 今天
aussi : yě *yé*也
automate bancaire : zìdòng tíkuǎnjī *dz tonng t'hi k'houann ti* 自动提款机
autoroute : gàosùgōnglù *kao sou konng lou*高速公路
autour de : sìzhōu *s djô*四周
autre : biéde *pié te*别的
autre : qítā *tchi t'ha*其他
avion : fēijī *feï ti*飞机
avocat : lùshī *lu ch*律师
avoir : yǒu *yô*有
avoir besoin de : xūyào *hsu yao* 需要
avoir faim : è *e*饿
avoir peur : kěpà *k'he p'ha*可怕
avoir soif : kě *k'he*渴
avoir une réunion : kāihuì *k'haï h'oueï*开会

B

bagage à main : shǒutí xíngli *chô t'hi hsinng li*手提行李
bagages : xíngli *hsinng li*行李
baguettes : kuàizi *k'houaï dz* 筷子
banque : yínháng *yinn h'aang* 银行
bavarder : liáotiān *liao t'hienn* 聊天
bavarder : xiántán *hsienn t'hann* 闲谈

beaucoup : duō *touo*多
Belgique : Bǐlìshí *pi li ch*比利时
bien sûr : dāngrán *taang jann* 当然
bien, bon : hǎo *h'ao*好
bienvenue : huānyíng *h'ouann yinng*欢迎
bijoux : zhūbǎo *djou pao*珠宝
billet aller et retour : láihuí piào *laï h'oueï p'hiao*来回票
billet, le ticket : piào *piao*票
blanchisserie : xǐyī fúwù *hsi yi fou ou*洗衣服务
boire : hē *h'e*喝
boissons : yǐnliào *yinn liao*饮料
boîte vocale : líu yán xìnxiāng *lio yenn hsinn hsiaang*留言信箱
bon marché : piányì *p'hienn yi* 便宜
box : xiǎogéjiān *hsiao ke tienn* 小隔间
brosse à dents : yáshuā *ya choua*牙刷
budget : yùsuàn *yu souann*预算
bureau (lieu) : bàngōngshì *pann konng ch*办公室
bureau (meuble) : bàngōngzhuō *pann konng djouo* 办公桌
bureau de change : duìhuànchù *toueï h'ouann tch'hou*兑换处
bus : gōnggòng qìchē *konng konng tchi tch'he*公共汽车

C

cadeau : lǐwù *li ou*礼物
café (bar) : kāfēitīng *k'ha feï ti* 咖啡厅
café (boisson) : kāfēi *k'ha feï* 咖啡
calendrier : rìlì *j li*日历
calme : ānjìng *ann tinng*安静
Canada : Jiānádà *tia na ta*加拿大
carte d'embarquement : dēngjīpái *tenng ti p'haï*登机牌
carte de crédit : xìnyòngkǎ *hsinn yonng k'ha*信用卡

carte de retrait : zìdòng tíkuǎn kǎ *dz tonng t'hi k'houann k'ha*自动提款卡
carte de visite professionnelle : míngpiàn *minng p'hienn*名片
carte, le plan : dìtú *ti t'hou*地图
cassé, mal : huài *h'ouaï*坏
CD-Rom : guāngpán *kouaang p'hann*光盘
ceinture de sécurité : ānquándài *ann tchuenn taï*安全带
cela : nà *na*那
célébrer : qìngzhù *tchinng djou*庆祝
centre d'affaires : shāngwù zhōngxīn *chaang ou djonng hsinn*商务中心
chaise : yǐzi *yi dz*椅子
chambre à coucher : wòshì *ouo ch*卧室
chambre double : shuāngrén fángjiān *chouaang jenn faang tienn*双人房间
chance : yùnqi *yune tchi*运气
changer (d'attitude, de comportement) : gǎibiàn *kaï pienn*改变
changer (de train, de l'argent...) : huàn *h'ouann*换
chaque : měi *meï*每
chaud : nuǎnhuo *nouann houo*暖和
chaud : rè *je*热
chaussures : xiézi *hsié dz*鞋子
chef de la réception :qiántái jīnglǐ *tchienn t'haï tinng li*前台经理
chèque : zhīpiào *dj p'hiao*支票
chèque de voyage : lǚxíng zhīpiào *lu hsinng dj p'hiao*旅行支票
chèquier : zhīpiào bù *dj p'hiao pou*支票簿
cher (prix) : guì *koueï*贵
chercher : zhǎo *djao*找
Chine : Zhōngguó *djonng kouo*中国
chinois (la langue) : hànyǔ *h'ann yu*汉语
chinois (la langue) : zhōngwén *djonng ouenn*中文
Chinois (la personne) : Zhōngguórén *djonng kouo jenn*中国人
choisir : xuǎnzé *hsuann dze*选择
chose, objet : dōngxi *tonng hsi*东西
circuit touristique : lǚyóu *lu yô*旅游
clair, pur, limpide : qīng *tchinng*清
classe (le cours) : kè *k'he*课
classe économique : jīngjìcāng *tinng ti ts'haang*经济舱
(classificateur) : jiàn *tienn*件
clé : yàoshi *yao ch*钥匙
client : kèhu *k'he h'ou*客户
collègue : tóngshì *t'honng ch*同事
colocataire : tóngwū *t'honng ou*同屋
combien ? : duōshǎo ? *touo chao*多少
combien de temps ? : duō jiǔ ?*touo tio*多久
commander (un plat) : diǎn *tienn*点
commencer : kāishǐ *k'haï ch*开始
comment ? : zěnme ? *dze me*怎么
commerce, affaires : shāngyè *chaang yé*商业
composer un numéro : bō *po*拨
comprimé : yàopiàn *yao p'hienn*药片
comptable : kuàijì *k'houaï ti*会计
compte en banque : hùtou *h'ou t'hô*户头
conducteur : sījī *s ti*司机
conduire une voiture : kāi chē *k'haï tch'he*开车
confortable : shūfu *chou fou*舒服
connaître (quelqu'un) : rènshi *jenn ch*认识

considérer : yǐwéi *yi oueï*以为
consulat : lǐngshìguǎn *linng ch kouann*领事馆
continent (chinois) : dàlù *ta lou*大陆
contrat : hétóng *h'e t'honng*合同
contrôler, examiner ; étudier ; consulter (le dictionnaire) : chá *tch'ha* 查
corps : shēntǐ *chenn t'hi*身体
coupon des bagages : lǐngqǔdān *linng tchu tann*领取单
courtier : jīngjìrén *tinng ti jenn* 经纪人
couverture : máotǎn *mao t'hann*毛毯
couverture : tǎnzi *tann dz*毯子
crayon : qiānbǐ *tchienn pi*铅笔
cuisine art culinaire: pēngtiáo yìshù *pnng t'hiao yi chou*烹调艺术

D

dans un moment : yìhuǎr *yi houar*一会儿
danser : tiàowǔ *t'hiao ou*跳舞
date : rìqī *j tchi*日期
de ... à : cóng ... dào *ts'honng... tao*从......到
de l'autre côté : duìmiàn *toueï mienn*对面
de, à partir de : cóng *ts'honng*从
décoller (avion) : qǐfēi *tchi feï* 起飞
définitivement : kěndìng *kenn tinng*肯定
déjeuner : wǔfàn *ou fann*午饭
demain : míngtiān *minng t'hienn* 明天
demander son chemin : wènlù *ouenn lou*问路
dentiste : yáyī *ya yi*牙医
devise (monnaie) : huòbì *h'ouo pi*货币
devise étrangère : wàibì *ouaï pi*外币
devoir (au conditionnel) : yīnggāi *yinng kaï*应该
dimanche : xīngqītiān *hsinng tchi t'hienn*星期天
dîner : wǎnfàn *ouann fann*晚饭
diplomate : wàijiāoguān *ouaï tiao kouann*外交官
dire : gàosu *kao sou*告诉
directeur : jīnglǐ *tinng li*经理
discuter : tǎolùn *t'hao lounn* 讨论
dollar : kuài *k'houaï*块
dollar américain : Měiyuán *meï yuenn*美元
dollar de Hong Kong : Gǎng bì *kaang pi*港币
dollar de la République populaire de Chine : rénmínbì *jenn minn pi*人民币
dollar de Singapour : Xīnbì *hsinn pi*新币
donner : gěi *keï*给
dormir : shuìjiào *choueï tiao*睡觉
dortoir : sùshè *sou che*宿舍
douane : hǎiguān *h'aï kouann* 海关
droit : fǎlù *fa lu*法律

E

école : xuéxiào *hsué hsiao*学校
écouter : tīng *t'hinng*听
elle, lui : tā *t'ha*她，他
elles, leur : tāmen *t'ha menn*她们，他们
e-mail : diànzǐ yóujiàn *tienn dz yô tienn*电子邮件
emploi du temps : shíjiānbiǎo *ch tienn pïao*时间表
en colère : shēnqì *chenng tchi* 生气
en entier : quánbù *tchuann pou* 全部
en haut des escaliers : lóushàng *lô chaang* 楼上
endroit, lieu : dìfāng *ti faang* 地方
endroit, lieu : dìqū *ti tchu*地区
enfant : háizi *h'aï dz*孩子
enlever, effacer : qùdiào *tchu tiao*去掉

ennuyeux : máfan *ma fann*麻烦
enregistrer des bagages : tuōyùn *t'houo yune*托运
enseigner : jiāo *tiao* 教
ensemble : yìqǐ *yi tchi*一起
entrée : ménkǒu *menn k'hô*门口
envoyer : sòng *sonng*送
époux ; épouse (utilisé uniquement en République populaire de Chine) : àirén *aï jenn*爱人
escalier mécanique ; escalator : gǔn tī *kounn t'hi*滚梯
espèces (argent) : xiànjīn *hsienn tinn*现金
essuyer, nettoyer : cā *ts'ha*擦
étrange : qíguài *tchi kouaï*奇怪
être appelé : jiào *tiao*叫
être blessé : shòushāng *chô chaang*受伤
être d'accord : tóngyì *t'honng yi*同意
être en vacances : dùjià *tou tia*度假
être heureux : gāoxìng *kao hsinng*高兴
être honoré : róngxìng *jonng hsinng*荣幸
être malade : bìng *pinng*病
être pressé : jí *ti*急
être ; exact : shì *ch*是
étudiant : xuéshēng *hsué chenng*学生
étudier : xuéxí *hsué hsi*学习
euro : Ōuyuán *ô yuenn*欧元
Europe : Ōuzhōu *ô djô*欧洲
examiner : jiǎnchá *tienn tch'ha* 检查
excusez-moi, je suis désolé(e) : duìbùqǐ *toueï pou tchi*对不起
extérieur : wài *ouaï*外

F

face : miàn *mienn*面
facile : róngyì *jonng yi*容易
faire attention : xiǎoxīn *hsiao hsinn*小心
faire de l'exercice : yùndòng *yune tonng*运动
faire de la musculation : jiànshēn yùndòng *tienn chenn yune tonng*健身运动
faire une excursion, visiter en touriste : yóulǎn *yô lann*游览
faire une réservation d'une place : dìng wèi *tinng oueï*订位
faire une réservation : yùdìng *yu tinng*预订
faire, jouer, frapper : dǎ *ta*打
famille, domicile : jiā *tia*家
fatigué : lèi *leï*累
fax, télécopie : chuánzhēn *tch'houann djenn* 传真
fax, télécopieur : chuánzhēn jī *tch'houann djenn ti* 传真机
félicitations : gōngxǐ *konng hsi* 恭喜
femme (épouse ; utilisé principalement à Taïwan) : tàitai *t'haï t'haï*太太
femme (épouse) : qīzi *tchi dz* 妻子
fermer à clé : suǒ *souo*锁
fichier : wénjiàn *ouenn tienn* 文件
film : diànyǐng *tienn yinng*电影
film : piānzi *p'hienn dz*片子
fils : érzi *er dz*儿子
finalement : zhōngyú *djonng yu*终于
finalement : zǒngsuàn *dzonng souann*总算
foncé, profond : shēn *chenn*深
fourchette : chāzi *tch'ha dz*叉子
fournisseur d'accès à Internet (FAI) : wǎngshàng fúwù tígōng shāng *ouaang chaang fou ou t'hi konng chaang*网上服务提供商
français (la langue) : fǎwén, fǎyǔ *fa ouenn, fa yu*法文，法语
Français(e) : Fǎguórén *fa kouo jenn*法国人
France : Fǎguó *fa kouo*法国
froid : lěng *lenng*冷
fruit : shuǐguǒ *choueï kouo*水果

G

gagner : yíng *yinng*赢
gare : huǒchē zhàn *h'ouo tch'he djann*火车站
gilet de sauvetage : jiùshēngyī *tio chenng yi*救生衣
grand : dà *ta*大
grand-père : zǔfù *dzou fou*祖父
gratuit : miǎnfèi *mienn feï*免费
guide (livre) : lǚyóu shǒucè *lu yô chô ts'he*旅游手册

H

habiter : zhù *djou*住
habituellement, souvent : píngcháng *p'hinng tch'haang*平常
hall d'entrée, lobby : dàtīng *ta t'hinng*大厅
heure de pointe : gāofēngqī *kao fenng tchi*高峰期
hier : zuótiān *dzouo t'hienn*昨天
Hong Kong : Xiānggǎng *hsiaang kaang*香港
hôpital : yīyuàn *yi yuenn*医院
hôtel : bīnguǎn *pinng kouann*宾馆
hôtel : fàndiàn *fann tienn*饭店
hôtel : lǚguǎn *lu kouann*旅馆

I

identifiant, code : mìmǎ *mi ma*密码
il, lui : tā *t'ha*他
ils, leur : tāmen *t'ha menn*他们
imperméable : yǔyī *yu yi*雨衣
incorrect ; erreur : cuò *ts'houo*错
infirmière : hùshi *h'ou ch*护士
inondation : shuǐzāi *choueï dzaï*水灾
intelligent : cōngmíng *ts'honng minng* 聪明
Internet : guójì wǎngluò *kouo ti ouaang louo*国际网络
invité : kèrén *k'he jenn*客人

J

Japon : Rìběn *j penn*日本
je suis désolé(e) : bàoqiàn *pao tchienn*抱歉
je vous en prie, ce n'est rien : bú kèqì *pou k'he tchi*不客气
je, moi : wǒ *ouo*我
jeudi : xīngqīsì *hsinng tchi s*星期四
jeune : niánqīng *nienn tchinng*年轻
joli : hǎokàn *h'ao k'hann*好看
joli : piàoliang *p'hiao liaang*漂亮
jour de vacances : jiàrì *tia j*假日
journal : bàozhǐ *pao dj*报纸
juger, prononcer un verdict : pànjué *p'hann tué*判决
jupe : qúnzi *tchune dz*裙子

L

lâche, détendu : sōng *sonng*松
laisser un message : liúhuà *lio h'oua*留话
laisser, permettre : ràng *jaang*让
laver : xǐ *hsi*洗
lent : màn *mann*慢
lequel ? : nǎ ? *na*哪
une place libre : kòngwèi *k'honng oueï*空位
lire, voir : kàn *k'hann*看
lit : chuáng *tch'houaang*床
livre : shū *chou*书
logiciel : ruǎnjiàn *jouann tienn*软件
loin : yuǎn *yuenn*远
louer : chūzū *tchou dzou*出租
frais de location : zūfèi *dzou feï*租费
lundi : xīngqīyī *hsinng tchi yi*星期一
lunettes : yǎnjìng *yenn tinng*眼镜
lunettes de soleil : tàiyáng jìng *t'haï yaang tinng*太阳镜

M

magasin : shāngdiàn *chaang tienn*商店
magazine : zázhì *dza dj*杂志
magnétoscope : lùxiàngjī *lou hsyaang ti*录像机
mai (le mois) : wǔyuè *ou yué* 五月
maintenant : xiànzài *hsienn dzaï*现在
mais, cependant : dànshì *tann ch*但是
maison : fángzi *faang dz*房子
maître : shīfu *ch fou*师傅
mal de tête : tóuténg *t'hô tenng* 头疼
malheureusement : kěxi *k'he hsi*可惜
maman, mère : māma *ma ma* 妈妈
mandarin (mot utilisé en République populaire de Chine) : pǔtōnghuà *pou t'honng h'oua*普通话
mandarin (terme utilisé à Taïwan) : guóyǔ *kouo yu*国语
manger : chīfàn *tch fann*吃饭
marcher : zǒu *dzô*走
mardi : xīngqī'èr *hsinng tchi er* 星期二
mari : zhàngfu *djaang fou*丈夫
matin (de 6 h à midi) : zǎoshàng *dzao chaang*早上
médecin : yīsheng *yi chnng*医生
médicament : yào *yao*药
même : yíyàng *yi yaang*一样
menu : càidān *ts'haï tann*菜单
merci : xièxie *hsié hsié*谢谢
mercredi : xīngqīsān *hsinng tchi sann*星期三
mère : mǔqīn *mou tchinn*母亲
message : xìnxi *hsinn hsi*信息
métro : dìtiě *ti t'hié*地铁
mien, la mienne, les miens, les miennes : wǒde *ouo te*我的
ministre, chef d'un département : bùzhǎng *pou djaang*部长
minuit : bànyè *pann yé*半夜
minute : fēn *fenn*分
moi-même, toi-même ... : zìjǐ *dz ti*自己
mois dernier : shàngge yuè *chaang ke yué*上个月
mois prochain : xiàge yuè *hsia ke yué*下个月
moitié : bàn *pann*半
monter : shàng *chaang*上
musée : bówùguǎn *po ou kouann*博物馆
musique : yīnyuè *yinn yué*音乐

N

ne ... pas : bù *pou*不
ne pas avoir : méiyǒu *meï yô* 没有
négocier : tánpàn *t'hann p'hann* 谈判
nom de l'utilisateur : yònghù xìngmíng *yonng h'ou hsinng minng*用户姓名
nombre : hàomǎ *h'ao ma*号码
nouilles : miàntiáo *mienn t'hiao* 面条
nourriture : shíwù *ch ou*食物
nourriture occidentale : xīcān *hsi ts'hann*西餐
nous : wǒmen *ouo menn*我们
nous (inclusif) : zánmen *dza menn*咱们
nouveau : xīn *hsinn*新
numéro de téléphone : diànhuà hàomǎ *tienn h'oua h'ao ma*电话号码
numéro de téléphone portable : shǒujī hàomǎ *chô ti h'ao ma*手机号码

O

occupé : máng *maang*忙
œil : yǎnjīng *yenn tinng*眼睛
oh mon dieu ! : āiyà *aï ya*哎呀
opinion : yìjiàn *yi tienn*意见
ordinateur : diànnǎo *tienn nao* 电脑
ordinateur de bureau :

táishì diànnǎo*t'haï ch tienn nao* 台式电脑
ordinateur individuel : **gèrén diànnǎo** *ke jenn tienn nao*个人电脑
ordinateur portable : **shǒutí diànnǎo** *chô t'hi tienn nao*手提电脑
ordre du jour : **yìchéng** *yi tch'henng*议程
organiser, programmer : **ānpái** *ann p'haï*安排
ou : **huò zhe** *h'ouo dje*或者
où ? : **nǎli ?** *na li*哪里 **, nǎr ?** *nar* 哪儿
ouvrir : **kāi** *k'haï*开
ouvrir la porte : **kāimén** *k'haï menn*开门

P

paire : **shuāng** *chouaang*双
papa, père : **bàba** *pa pa*爸爸
papier toilettes : **wèishēngzhǐ** *oueï chenng dj*卫生纸
papiers, certificat : **zhèngjiàn** *djenng tienn*证件
parapluie : **yǔsǎn** *yu sann*雨伞
parce que : **yīnwéi** *yinn oueï* 因为
parcourir, jeter un coup d'œil : **liúlǎn** *lio lann*浏览
parents : **fùmǔ** *fou mou*父母
parler : **jiǎng** *tiaang*讲
parler : **shuō** *chouo*说
parler de la pluie et du beau temps : **xiánliáo** *hsienn liao*闲聊
partenaire en affaires : *chenng yi h'ouo pann* **shēngyì huǒ bàn** 生意伙伴
pas mal, vraiment bien : **búcuò** *pou ts'houo*不错
passeport : **hùzhào** *h'ou dzao* 护照
patron : **lǎobǎn** *lao pann*老板
payer : **fùqián** *fou tchienn*付钱
pays : **guójiā** *kouo tia*国家
penser : **xiǎng** *hsiaang*想
père : **fùqin** *fou tchinn*父亲
personne : **rén** *jenn*人
petit : **ǎi** *aï*矮
petit : **xiǎo** *hsiao*小
petit ami : **nán péngyou** *nann penng yô*男朋友
petit déjeuner : **zǎofàn** *dzao fann*早饭
petite amie : **nǚpéngyou** *nu p'henng yô*女朋友
peut-être : **kěnéng** *k'he nenng* 可能
pharmacie : **yàodiàn** *yao tienn* 药店
phonétique chinoise : **pīnyīn** *p'hinn yinn*拼音
photo : **zhàopiàn** *djao p'hienn* 照片
pièce : **fángjiān** *faang tienn*房间
pièces (de monnaie) : **yìngbì** *yinng pi*硬币
plats végétariens : **sùcài** *sou ts'haï*素菜
pleuvoir : **xiàyǔ** *hsia yu*下雨
plus, davantage : **gèng** *knng*更
plus : **zuì** *dzoueï*最
plusieurs, combien ? : **jǐ** *ti*几
police : **jǐngchá** *tinng tch'ha*警察
pont : **qiáo** *tchiao*桥
populaire : **liúxíng** *lio hsinng* 流行
porte : **mén** *menn*门
portefeuille : **qiánbāo** *tchienn pao*钱包
porter (un vêtement) : **chuān** *tch'houann*穿
poste : **yóujú** *yô tu*邮局
poste de police : **jǐngchájú** *tinng tch'ha tu*警察局
pourboire : **xiǎofèi** *hsiao feï*小费
pourcentage : **bǎifēnbǐ** *paï fenn pi*百分比
pourquoi ? : **wèishénme ?** *oueï che me*为什么
pouvoir, être capable de : **kěyǐ** *k'he yi*可以
première classe : **tóuděngcāng** *t'hô tnng ts'haang*头等舱

prendre des photos : zhàoxiàng *djao hsiaang*照相
prendre des vacances : fàng jià *faang tia*放假
prendre un médicament : chī yào *tch yao*吃药 ??
prendre, tenir, saisir : ná *na*拿
près de : kàojìn *k'hao tinn*靠近
présentation : yǎnshì *yenn ch* 演示
présenter : jièshào *tié chao*介绍
président (d'une société) : zǒngcái *dzonng ts 'haï*总裁
Président-Directeur général : zǒngcái, zǒng jīng lǐ *dzonng ts 'haï, dzonng tinng li*总裁，总经理
prêter, emprunter : jiè *tié*借
prix : jiàgé *tia ke*价格
problème : wèntí *ouenn t'hi*问题
prochain : xiàge *hsia ke*下个
proche : jìn *tinn* 近
proche, tout près de : fùjìn *fou tinn*附近
professeur d'université : jiàoshòu *tiao chô*教授
professeur : lǎoshī *lao ch*老师
propre : gānjìng *kann tinng*干净
provisions : shípǐn záhuò *ch p'hinn dza h'ouo*食品杂货

Q

quai : zhàntái *djann t'haï*站台
qualité : zhìliàng *dj liaang*质量
quel dommage !; zut ! : zāogāo *dzao kao*糟糕
quel ? : shénme ? *che me*什么
quelques, plusieurs : yìxiē *yi hsié*一些
qui ? : shéi ? *cheï*谁
quitter : líkāi *li k'haï*离开
quitter la maison, partir : chūfā *tch'hou fa*出发

R

raccrocher (le téléphone) : guà *koua*挂
réception (de l'hôtel) : fàndiàn qiántái *fann tienn tchienn t'haï* 饭店前台
réception (du restaurant) : cānguǎn qiántái *ts'hann kouann tchienn t'haï*餐馆前台
réceptionniste : qiántái fúwùyuán *thienn t'haï fou ou yuenn*前台服务员
recevoir : shōudào *chô tao*收到
rechercher : jiǎnsuǒ *tienn souo* 检索
reçu : shōujù *chô tu*收据
régler une note d'hôtel : tuìfáng *t'houeï faang*退房
rembourser : tuìkuǎn *t'houeï k'ouann*退款
remercier : gǎnxiè *kann hsié* 感谢
remplir (un formulaire) : tián *t'hienn*填
rendre un culte à ; la semaine : lǐbài *li paï*礼拜
renvoyer, retourner (une marchandise) : tuìhuí *t'houeï h'oueï*退回
répondeur : lùyīn diànhuà *lou yinn tienn h'oua*录音电话
répondre au téléphone : jiē *tié* 接
répondre, retourner : huí *h'oueï*回
résoudre : jiějué *tié tué*解决
restaurant : cānguǎn *ts'hann kouann*餐馆
restaurant : fàndiàn *fann tienn* 饭店
retardé : tuīchí *t'houeï tch'h*推迟
retirer de l'argent : qǔ qián *tchu tchienn*取钱
rétroprojecteur : huándēngjī *h'ouann tenng ti*幻灯机
réunion : huìyì *h'oueï yi*会议
réveil : nào zhōng *nao djonng* 闹钟
revenir : huí lái *h'oueï laï*回来
riz : mǐfàn *mi fann*米饭
route : lù *lou*路

route, grande route : gōnglù *konng lou*公路

S

s'il vous plaît : qǐng *tchinng*请
salle à manger : fàntīng *fann t'hinng*饭厅
salle de bains : xǐshǒujiān *hsi chô tienn*洗手间
salle des urgences : jízhěnshì *ti dzenn ch*急诊室
salon commercial : màoyì zhǎn *mao yi djann*贸易展
saluer : dǎ zhāohu *ta djao h'ou* 打招呼
samedi : xīngqīliù *tchinng tchi lio*星期六
savoir (faire quelque chose) : huì *h'oueï*会
savoir (une information) : zhīdao *dj tao*知道
savon : féizào *feï dzao*肥皂
se connecter : qiān rù *tchienn jou*迁入
se connecter à Internet : shàngwǎng *chaang ouaang*上网
se déconnecter : qiānchū *tchienn tch'hou*迁出
se marier : jiéhūn *tié h'ounn*结婚
se perdre : mílù *mi lou*迷路
se reposer : xiūxi *hsio hsi*休息
se soucier de : guānxīn *kouann hsinn*关心
secrétaire : mìshū *mi chou*秘书
semaine dernière : shàngge xīngqī *chaang ke hsinng tchi*上个星期
semaine prochaine : xiàge xīngqī *hsia ke hsinng tchi*下个星期
serveur (informatique) : fúwùqì *fou ou tchi*服务器
serviette : cānjīnzhǐ *ts'hann tinn dj*餐巾纸
serviette : máojīn *mao tinn*毛巾
serviette (porte-documents) : gōngwénbāo *konng ouenn pao* 公文包
seulement : zhǐ *dj*只
site web : wǎngzhàn *ouaang djann*网站
société : gōngsī *konng s*公司
soirée : wǎnhuì *ouann h'oueï* 晚会
soirée (de 18 h à minuit) : wǎnshàng *ouann chaang*晚上
solde du compte : jiéyú *tié yu* 结余
son, sa, le sien, la sienne : tāde *t'ha te* 她的，他的
sortie de secours : jǐnjí chūkǒu *tinn ti tch'hou k'hô*紧急出口
soupe : tāng *t'haang*汤
sous, au-dessous ; descendre ; suivant : xià *hsia*下
souvent : chángcháng *tch'haang tch'haang*常常
spécificité : tèsè *t'he se*特色
stylo : gāngbǐ *kaang pi*钢笔
suggérer ; suggestion : jiànyì *tienn yi*建议
Suisse : Ruìshì *joueï ch*瑞士
suite (dans un hôtel) : tàojiān *t'hao tienn*套间
supermarché : chāojí shìchǎng *tch'hao ti ch tch'haang*超级市场
sur, au-dessus de : shàng *chaang*上

T

table : zhuōzi *djouo dz*桌子
Taïwan : Táiwān *t'haï ouann*台湾
taux de change : duìhuàn lǜ *toueï h'ouann lu*兑换率
taxi : chūzū chē *tch'hou dzou tch'he*出租车
télécharger : xiàzǎi *hsia dzaï* 下载
télécommande : yáokòngqì *yao k'honng tchi*遥控器
téléphone portable : shǒujī *chô ti*手机
téléphone public : gōngyòng diànhuà *konng yonng tienn h'oua* 公用电话

téléphoner : diànhuà *tienn h'oua*电话
télévision : diànshì *tienn ch*电视
temps : shíhòu *ch h'ô*时候
temps (climat) : tiānqi *t'hienn tchi*天气
temps (de minuit à l'aube) : qīngzǎo *tchinng dzao*清早
temps (durée) : shíjiān, *ch t'hienn* 时间
taille moyenne : zhōng *djonng* 中
thé : chá *tch'ha*茶
toilettes : cèsuǒ *ts'he souo*厕所
toujours : zǒngshì *dzonng ch* 总是
tous : dōu *tô*都
tout droit : zhí *dj*直
train local : mànchē *mann tch'he*慢车
transférer, tourner : zhuǎn *djouann*转
transparent (pour une présentation) : huándēngpiàn *h'ouann tenng p'hienn*幻灯片
transport : jiāotōng *tiao t'honng* 交通
travailler ; travail : gōngzuò *konng dzouo*工作
trop : tài *t'haï*太
tu : nǐ *ni*你

U

un : yī *yi*一
utiliser : yòng *yonng*用

V

vacances : jiérì *tié j*节日
valise : xiāngzi *hsiaang dz*箱子
vendre : mài *maï*买
vendredi : xīngqīwǔ *hsinng tchi ou*星期五
venir : lái *laï*来
vêtement : yīfu *yi fou*衣服
viande : ròu *jô*肉
Vietnam : Yuènán *yué nann*越南
vieux ; trop cuit : lǎo *lao*老
ville : chéngshì *tch'henng ch*城市
visa : qiānzhèng *tchienn djenng* 签证
voir : jiàn *tienn*见
voir un médecin : kànbìng *k'hann pinng*看病
voiture : qìchē *tchi tch'he*汽车
voix : shēngyīn *chenng yinn*声音
voleur : zéi *dzeï*贼
vous (pluriel) : nǐmen *ni menn* 你们
vous (politesse) : nín *ninn*您
voyage organisé : guānguāng tuán *kouann kouaang t'houann* 观光团
voyager : lǚxíng *lu hsinng*旅行
vraiment : zhēn *djenn*真

W

week-end : zhōumò *djô mo*周末

Y

yen : rì yuán *j yuenn*日元

Dictionnaire Chinois/Français

A

ăi *aï*爱: **petit**
àirén *aï jenn*爱人: **l'époux, l'épouse (utilisé uniquement en république populaire de Chine)**
āiyà *aï ya*哎呀: **oh mon dieu !**
ānjìng *ann tinng*安静: **calme**
ānpái *ann p'haï*安排: **organiser, programmer**
ānquándài *ann tchuenn taï*安全带: **la ceinture de sécurité**

B

bàba *pa pa* 爸爸: **papa, le père**
băifēnbĭ *paï fenn pi*百分比: **le pourcentage**
bàn *pann*半: **la moitié**
bāngmáng *paang maang*帮忙: **aider**
bàngōngshĭ *pann konng ch*办公室:**le bureau (lieu)**
bàngōngzhuō *pann konng djouo* 办公桌: **le bureau (meuble)**
bànyè *pann yé*半夜: **minuit**
bàoqiàn *pao tchienn*抱歉: **je suis désolé(e)**
bàozhĭ *pao dj*报纸: **le journal**
biéde *pié te*别的: **autre**
Bĭlìshí *pi li ch*比利时: **la Belgique**
bìng *pinng*病: **être malade**
bīnguăn *pinn kouann*宾馆: **l'hôtel**
bō *po*拨: **composer un numéro**
bówùguăn *po ou kouann*博物馆: **le musée**
bù *pou*不: **ne ... pas**
bú kèqì *pou k'he tchi*不客气: **je vous en prie, ce n'est rien**
bŭchōng *pou tch'honng*补充: **ajouter**
búcùo *pou ts'houo*不错: **pas mal, vraiment bien**
bùzhăng *pou djaang*部长: **le ministre, le chef d'un département**

C

cā *ts'ha*擦: **essuyer, nettoyer**
cài *ts'haï*菜: **la nourriture, le plat**
càidān *ts'haï tann*菜单: **le menu**
cānguăn *ts'hann kouann*餐馆: **le restaurant**
cānjīnzhĭ *ts'hann tinn dj*餐巾纸: **la serviette**
cèsuŏ *ts'he souo* 厕所: **les toilettes**
chá *tch'ha* 茶: **le thé**
chá *tch'ha*查: **contrôler, examiner ; étudier ; consulter (le dictionnaire)**
chángcháng *tch'haang tch'haang* 常常: **souvent**
chángtú diànhuà *tch'haang t'hou tienn h'oua* 长途电话: **l'appel longue distance**
chāojí shìchăng *tch'hao ti ch tch'haang*超级市场: **le supermarché**
*djouann tié tchi*转接器: **l'adaptateur**
chāzi *tch'ha dz*叉子: **la fourchette**
chéngshì *tch'henng ch*城市: **la ville**
chī yào *tch yao*吃药: **prendre un médicament**
chīfàn *tch fann*吃饭: **manger**
chuān *tch'houann*穿: **porter (un vêtement)**
chuáng *tch'houaang*床: **le lit**
chuánzhēn jī *tch'houann djenn*传

真 : **le fax**
chūfā *tch'hou fa* 出发 : **quitter la maison, partir**
chūzū *tch'hou dzou* 出租 : **louer**
chūzū chē *tch'hu dzou tch'he* 出租车 : **le taxi**
cóng *ts'honng* 从 : **de, à partir**
de cóng ... dào *ts'honng... tao* 从......到 : **de ... à**
cōngmíng *ts'honng minng* 聪明 : **intelligent**
cuò *ts'houo* 错 : **incorrect ; l'erreur**

D

dà *ta* 大 : **grand**
dǎ *ta* 打 : **faire, jouer, frapper**
dàlù *ta lou* 大陆 : **le continent (chinois)**
dānchéngpiào *tann tch'henng p'hiao* 单程票 : **l'aller simple**
dāngrán *taang jann* 当然 : **bien sûr**
dànshì *tann ch* 但是 : **mais, cependant**
dàshǐguǎn *ta ch kouann* 大使馆 : **l'ambassade**
dàtīng *ta t'hinng* 大厅 : **le hall d'entrée, le lobby**
děng *tenng* 等 : **attendre**
dēngjīpái *tenng ti p'haï* 登机牌 : **la carte d'embarquement**
diǎn *tienn* 点 : **commander (de la nourriture)**
diànhuà *tienn h'oua* 电话 : **téléphoner**
diànhuà hàomǎ *tienn h'oua h'ao ma* 电话号码 : **le numéro de téléphone**
diànhuà hàomǎbù *tienn h'oua h'ao ma pou* 电话号码簿 : **l'annuaire du téléphone**
diànnǎo *tienn nao* 电脑 : **l'ordinateur**
diànshì *tienn ch* 电视 : **la télévision**
diàntī *tienn t'hi* 电梯 : **l'ascenseur**
diànyǐng *tienn yinng* 电影 : **le film**
diànzǐ yóujiàn *tienn dz yô tienn* 电子邮件 : **l'e-mail**
diànzǐ yóuxiāng dìzhǐ *tienn dz yô hsiaang ti dj* 电子邮箱地址 : **l'adresse e-mail**
dìfāng *ti faang* 地方 : **l'endroit, le lieu**
dìng wèi *tinng oueï* 订位 : **faire une réservation**
dìqū *ti tchu* 地区 : **l'endroit, le lieu**
dìtiě *ti t'hié* 地铁 : **le métro**
dìtú *ti t'hou* 地图 : **la carte, le plan**
dìzhǐ *ti dj* 地址 : **l'adresse**
dōngxi *tonng hsi* 东西 : **la chose, l'objet**
dōu *tô* 都 : **tous**
duìbùqǐ *toueï pou tchi* 对不起 : **excusez-moi, je suis désolé(e)**
duìfāng fùfèi diànhuà *toueï faang fou feï tienn h'oua* 对方付费电话 : **un appel en P.C.V.**
duìhuàn lǜ *toueï h'ouann lu* 兑换率 : **le taux de change**
duìhuànchù*toueï h'ouann tch'hou* 兑换处 : **le bureau de change**
duìmiàn *toueï mienn* 对面 : **en face**
dùjià *tou tia* 度假 : **être en vacances**
duō *touo* 多 : **beaucoup**
duō jiǔ *touo tio* 多久? : **combien de temps ?**
duōshǎo *touo chao* 多少? : **combien?**

E

è *e* 饿 : **avoir faim**
érzi *er dz* 儿子 : **le fils**

F

Fǎguó *fa kouo* 法国 : **la France**
Fǎguórén *fa kouo jenn* 法国人 : **le/la Français(e)**
fǎlǜ *fa lu* 法律 : **le droit**

fàn *fann*饭: **la nourriture**
fàn diàn *fann tienn* 饭店: **l'hotel**
fàndiàn qiántái *fann tienn tchienn t'haï*饭店前台 : **la réception (de l'hotel)**
fàng jià *faang tia*放假: **prendre des vacances**
fángjiān *faang tienn*房间: **la pièce**
fànguǎn *fann kouann*饭馆: **le restaurant**
fángzi *faang dz*房子: **la maison**
fàntīng *fann t'hinng*饭厅: **la salle à manger**
fǎwén, fǎyǔ *fa ouenn, fa yu*法文，法语: **le français (la langue)**
fēijī *feï ti*飞机: **l'avion**
fēijīchǎng *feï ti tch'haang*飞机场: **l'aéroport**
féizào *feï dzao*肥皂: **le savon**
fēn *fenn*分: **la minute**
fùjìn *fou tinn*附近: **proche, tout près de** **fùmǔ** *fou mou*父母: **les parents**
fùqián *fou tchienn*付钱: **payer**
fùqīn *fou tchinn*父亲: **le père**
fúwùqì *fou ou tchi*服务器: **le serveur (informatique)**
fúwùtái jīnglǐ *fou ou t'haï tinng li* 服务台经理 **: le concierge**
fúwùyuán *fou ou yuenn*服务员: **la réception (de l'hôtel)**

G

gǎibiàn *kaï pienn*改变: **changer (d'attitude, de comportement)**
Gǎngbì *kaang pi*港币: **le dollar de Hong Kong**
gāngbǐ *kaang pi*钢笔: **le stylo**
gānjìng *kann tinng*干净: **propre**
gǎnxiè *kann hsié*感谢: **remercier, montrer de la reconnaissance**
gāofēngqī *kao fenng tchi*高峰期: **l'heure de pointe**
gàosù *kao sou*告诉: **dire**
gàosùgōnglù *kao sou konng lou* 高速公路: **l'autoroute**
gāoxìng *kao hsinng*高兴: **être heureux**
gěi *keï*给: **donner**
gèng *kenng*更: **plus**
gèrén diànnǎo *ke jenn tienn nao*个人电脑: **l'ordinateur individuel**
gōnggòng qìchē *konng konng tchi tch'he*公共汽车: **le bus**
gōnggòng qìchē zhàn *konng konng tchi tch'he djann*公共汽车站: **l'arrêt de bus**
gōnglù *konng lou* 公路: **la route, la grande route**
gōngsī *konng s*公司: **la société**
gōngwénbāo *konng ouenn pao* 公文包: **la serviette (porte-documents)**
gōngxǐ *konng hsi*恭喜: **félicitations**
gōngyòng diànhuà *konng yonng tienn h'oua*公用电话: **le téléphone public**
gōngzuò *konng dzouo*工作: **travailler ; le travail**
guà *koua*挂: **raccrocher (le téléphone)**
guān xīn *kouann hsinn*关心: **se soucier de**
guānguāng tuán *kouann kouaang t'houann*观光团: **le voyage organisé**
guāngpán *kouaang p'hann*光盘: **le CD audio**
gǔdài *kou taï*古代: **ancien ; l'antiquité**
guì *koueï*贵: **cher (prix)**
guójì diànhuà *kouo ti tienn h'oua* 国际电话: **l'appel téléphonique international**
guójì wǎngluò *kouo ti ouaang louo*国际网络: **internet**
guójiā *kouo tia*国家: **le pays**
guóyǔ *kouo yu*国语: **le mandarin**

H

hǎiguān *h'aï kouann*海关: **la douane**
háizi *h'aï dz*孩子: **l'enfant**
Hànyǔ *h'ann yu*汉语: **le chinois (la langue)**
hǎo *h'ao*好: **bien, bon**
hǎokàn *h'ao k'hann*好看: **joli**
hàomǎ*h'ao ma*号码 : **le nombre**
hē *h'e*喝: **boire**
hétong *h'e t'honng*合同: **le contrat**
huài *h'ouaï*坏: **cassé, mal**
huàn *h'ouann*换: **changer (de train, de l'argent ...)**
huàndēngjī *h'ouann tenng ti*幻灯机: **le rétro-projecteur**
huàndēngpiàn *h'ouann tenng p'hienn*幻灯片: **le transparent**
huānyíng *h'ouann yinng*欢迎: **bienvenue**
huí *h'oueï*回: **répondre, retourner**
huì *h'oueï*会: **savoir (faire quelque chose)**
huí lái *h'oueï laï*回来: **revenir**
huìyì *h'oueï yi*会议: **la réunion**
huò zhe *h'ouo dje*或者: **ou**
huòbì *h'ouo pi*货币: **la devise (monnaie)**
huǒchē zhàn *h'ouo tch'he djann* 火车站: **la gare**
hùshi *h'ou ch*护士: **l'infirmière**
hùtou *h'ou t'hô*户头: **le compte en banque**
hùzhào *h'ou djao*护照: **le passeport**

J

jǐ *ti*几: **plusieurs, combien ?**
jiā *tia*家: **famille, domicile**
jiàgé *tia ke*价格: **le prix**
Jiānádà *tia na ta*加拿大: **le Canada**
jiàn *tienn*见: **voir**
jiàn *tienn*件: **... (classificateur)**
jiǎnchá *tienn tch'ha*检查: **examiner**
jiǎng *tiaang*讲: **parler**
jiànshēn yùndòng *tienn chenn yune tonng*健身运动: **faire de la musculation**
jiǎnsuǒ *tienn souo*检索: **rechercher**
jiànyì *tienn yi*建议: **suggérer ; la suggestion**
jiào *tiao*叫: **être appelé**
jiāo *tiao*教: **enseigner**
jiàoshòu *tiao chô*教授: **le professeur**
jiāotōng *tiao t'honng*交通: **le transport**
jiàrì *tia j*假日: **le jour de vacances**
jí *ti*急: **être pressé**
jiè *tié*借: **prêter, emprunter**
jiē *tié*接: **répondre au téléphone ; la rue**
jiéhūn *tié h'ounn*结婚: **se marier**
jiějué *tié tué*解决: **résoudre**
jiérì *tié j*节日: **les jours de fête**
jièshào *tié chao*介绍: **présenter**
jiéyú *tié yu*结余: **le solde du compte**
jìn *tinn*近: **proche**
jǐngchá *tinng tch'ha* 警察: **la police**
jǐngchájú *tinng tch'ha tu*警察局: **le poste de police**
jīngjìcāng *tinng ti ts'haang*经济舱: **la classe économique**
jīngjìrén *tinng ti jenn*经济人: **le courtier**
jīnglǐ *tinng li*经理: **le directeur**
jǐnjí chūkǒu *tinn ti tch'hou k'hô*紧急出口: **la sortie de secours**
jīntiān *tinn t'hienn*今天: **aujourd'hui**
jiǔ *tio*酒: **l'alcool**
jiùhùchē *tio h'ou tch'he*救护车: **l'ambulance**
jiùshēngyī *tio chenng yi*救生衣: **le gilet de sauvetage**
jízhěnshì *ti djenn ch*急诊室: **la salle des urgences**

K

kāfēi *k'ha feï*咖啡: **le café (boisson)**
kāfēitīng *k'ha feï ti*咖啡机: **le café (bar)**
kāi *k'haï*开: **ouvrir**
kāi chē *k'haï tch'he*开车: **conduire une voiture**
kāihuì *k'haï h'oueï*开会: **avoir une réunion**
kāimén *k'haï menn*开门: **ouvrir la porte**
kāishǐ *k'haï ch* 开始: **commencer**
kàn *k'hann*看: **lire, voir**
kànbìng *k'hann pinng*看病: **voir un médecin**
kàojìn *k'hao tinn*靠近: **près de**
kè *k'he*课: **la classe (le cours)**
kě *k'he*渴: **avoir soif**
kè hu *k'he h'ou*客户: **le client**
kěndìng *k'henn tinng*肯定: **définitivement**
kěnéng *k'he nenng*可能: **peut-être**
kěpà *k'he p'ha*可怕: **avoir peur**
kèrén *k'he jenn*客人: **l'invité**
kěxi *k'he hsi*可惜: **malheureusement**
kěyǐ *k'he yi*可以: **pouvoir, être capable de**
kōngtiáo *k'honng t'hiao*空调: **l'air conditionné**
kòngwèi *k'honng oueï*空位: **libre**
kuài *k'houaï*块: **le dollar**
kuàiji *k'houaï ti*会计: **le comptable**
kuàizi *k'houaï dz*筷子: **les baguettes**

L

lái *laï*来: **venir**
lái huí piào *laï h'oueï p'hiao*来回票: **le billet aller et retour**
lǎo *lao*老: **vieux ; trop cuit**
lǎobǎn *lao pann*老板: **le patron**
lǎoshī *lao ch*老师: **le professeur**
lèi *leï*累: **fatigué**
guāngdié *kouaang tié*光碟: **le CD-Rom**
lěng *lenng*冷: **froid**
lǐ *li*里: **à l'intérieur de ; 1/2 km**
liáotiān *liao t'hienn*聊天: **bavarder**
lǐbài *li paï*礼拜: **rendre un culte à, révérer, rendre hommage à un dieu ; la semaine**
líkāi *li k'haï*离开: **quitter**
lǐngqǔdān *linng tchu tann*领取单: **le coupon des bagages**
língshìguǎn *linng ch kouann*领事馆: **le consulat**
lǐtáng *li t'haang*礼堂: **l'auditorium**
liúlio *yenn*留言: **laisser un message**
liúlǎn*lio lann*浏览 : **parcourir, jeter un coup d'oeil**
liúxíng *lio hsinng*流行: **populaire**
lǐwù *li ou*礼物: **le cadeau**
lóushàng *lô chaang*楼上: **en haut des escaliers**
lù *lou*路: **la route**
lǐguǎn *lu kouann*旅馆: **l'hôtel**
lùshī *lu ch*律师: **l'avocat**
lùxiàngjī *lou hsiaang ti*录像机: **le magnétoscope**
lǐxíng *lu hsinng*旅行: **voyager**
lǐxíng dàilǐrén *lu hsinng taï li jenn* 旅行代理人: **l'agent de voyage**
lǐxíng zhīpiào *lu hsinng dj p'hiao* 旅行支票: **le chèque de voyage**
lǐxíngshè *lu hsinng che*旅行社: **l'agence de voyage**
lùyīn diànhuà *lou yinn tienn h'oua*录音电话: **le répondeur**
lǐyóu *lu yô*旅游: **faire du tourisme**
lǐyóu shǒucè *lu yô chô ts'he* 旅游手册: **le guide (livre) touristique**

M

máfan *ma fann*麻烦: **ennuyeux**
mài *maï*卖: **vendre**
mǎi *maï*买: **acheter**

māma *ma ma*妈妈: **maman, la mère**
màn *mann*慢: **lent**
mànchē *mann tch'he*慢车: **le train local**
máng *maang* 忙: **occupé**
máojīn *mao tinn*毛巾: **la serviette**
máotǎn *mao t'hann*毛毯: **la couverture**
màoyì zhǎnxiāohuì *mao yi djann hsiao h'oueï*贸易展销会: **le salon commercial**
měige *meï ke*每个: **chaque**
Měiguó *meï kouo*美国: **l'Amérique**
Měiguórén *meï kouo jenn*美国人: **l'Américain**
méiyǒu *meï yô*没有: **ne pas avoir**
Měiyuán *meï yuenn*美元: **le dollar américain**
mén *menn*门: **la porte**
ménkǒu *menn kô*门口: **l'entrée**
miàn *mienn*面: **la face**
miǎnfèi *mienn feï*免费: **gratuit**
miàntiáo *mienn t'hiao*面条: **les nouilles**
mǐfàn *mi fann*米饭: **le riz**
mílù *mi lou*迷路: **se perdre**
mìmǎ *mi ma*密码: **l'identifiant, le code**
míngnián *minng nienn*明年: **l'année prochaine**
míngpiàn *minng p'hienn*名片: **la carte de visite**
míngtiān *minng t'hienn*明天: **demain**
mìshū *mi chou*秘书: **la secrétaire**
mǔqīn *mou tchinn*母亲: **la mère**

N

ná *na*拿: **prendre, tenir, saisir**
nà *na*那: **cela**
nǎ ? *na*哪: **lequel ?**
nán péngyǒu *nann p'henng yô*男朋友: **le petit ami**
nào zhōng *nao djonng*闹钟: **le réveil**
nǎli ? *na li*哪里: **où ?**
nǎr ? *nar* 哪儿: **où ?**
nǐ *ni*你: **tu**
niánjì *nienn ti*年纪: **l'âge**
niánqīng *nienn tchinng*年轻: **jeune**
nǐmen *ni menn*你们: **vous (pluriel)**
nín *ninn*您: **vous (politesse)**
nuǎnhuo *nouann houo*暖和: **chaud**
nǚpéngyǒu *nu p'henng yô*女朋友: **la petite amie**

O

Ōu yuán *ô yuenn*欧元: **l'euro**
Ōuzhōu *ô djô*欧洲: **l'Europe**

P

pànjué *p'hann tué*判决: **juger, rendre une sentence, prononcer un verdict**
pēngtiáo yìshù *p'henng t'hiao yi chou*烹调艺术: **la cuisine**
péngyǒu *p'henng yô*朋友: **l'ami**
piányì *p'hienn yi*便宜: **bon marché**
piānzi *p'hienn dz*片子: **le film**
piào *p'hiao*票: **le billet, le ticket**
piàoliàng *piao liaang*漂亮: **joli**
píngcháng *p'hinng tch'haang*平常: **habituellement, souvent**
pīnyīn *p'hinn yinn*拼音: **le système de romanisation chinois**
pǔtōnghuà *p'hou t'honng h'oua*普通话: **le mandarin (mot utilisé en république populaire de Chine)**

Q

qián *tchienn*钱: **l'argent**
qiān chū *tchienn tch'hou*迁出: **se déconnecter**

qiánbāo *tchienn pao*钱包: **le portefeuille**
qiānbǐ *tchienn pi*铅笔: **le crayon**
qiántái fúwùyuán *tchienn t'haï fou ou yuenn*前台服务员: **le/la réceptionniste**
qiānzhèng *tchienn djenng*签证: **le visa**
qiáo *tchïao*桥: **le pont**
qìchē *tchi tch'he*汽车: **la voiture**
qǐfēi *tch'hi feï*起飞: **décoller (avion)**
qíguài *tchi kouaï*奇怪: **étrange**
qiān rù *tchienn jou*迁入: **se connecter**
qíng *tchinng*情: **l'affection**
qìng *tchinng*庆: **célébrer**
qǐng *tchinng*请: **s'il vous plaît**
qīng *tchinng*轻: **clair, pur, limpide**
qīngzǎo *tchinng dzao*清早: **le temps (de minuit à l'aube)**
qítā *tchi t'ha*其他: **autre**
qīzi *tchi dz* 妻子: **la femme (épouse)**
qù *tchu*去: **aller**
qǔ qián *tchu tchienn*取钱: **retirer de l'argent**
quánbù *tchuenn pou*全部: **en entier**
qùdiào *tchu tiao*去掉: **enlever, effacer**
qùnián *tchu nienn*去年: **l'année dernière**
qúnzi *tchune dz*裙子: **la jupe**
qǔxiāo *tchu hsiao*取消: **annuler**

R

ràng *jaang*让: **laisser, permettre**
rè *je*热: **chaud**
rén *jenn*人: **la personne**
rénmínbì *jenn minn pi*人民币: **la monnaie de république populaire de Chine**
rènshi *jenn ch*认识: **connaître (quelqu'un)**
rì yuán *j yuenn*日元: **le yen**
Rìběn *j penn*日本: **le Japon**
rìlì *j li*日历: **le calendrier**
rìqī *j li*日期: **la date**
róngxìng *ronng hsinng*荣幸: **être honoré**
róngyì *jonng yi*容易: **facile**
ròu *jô*肉: **la viande**
ruǎnjiàn *jouann*软件: **le logiciel**
Ruìshì *joueï ch*瑞士: **la Suisse**

S

shàng *chaang*上: **sur, au-dessus de**
shàng *chaang*上: **monter**
shāngdiàn *chaang tienn*商店: **le magasin**
shàngge xīngqī *chaang ke hsinng tchi*上个星期: **la semaine dernière**
shàngge yuè *chaang ke yué*上个月: **le mois dernier**
shàngwǎng *chaang ouaang*上网: **se connecter à internet**
shāngwù zhōngxīn *chaang ou djonng hsinn*商务中心: **le centre d'affaires**
shāngyè *chaang yé*商业: **le commerce, les affaires**
shéi ? *chei*谁: **qui ? A qui ?**
shēn *chenn*深: **foncé, profond**
shēngqì *chenng tchi*生气: **en colère**
shēngrì *chenng j*生日: **l'anniversaire**
shēngyì huǒ bàn *chenng yi h'ouo pann*生意伙伴: **le partenaire en affaires**
shēngyīn *chenng yinn*声音: **la voix**
shénme ? *che me*什么: **quel ?**
shēntǐ *chenn t'hi*身体: **le corps**
shì *ch*是: **être ; oui**
shīfu *ch fou*师傅: **le maître**
shíhòu *ch hô*时候: **le temps**
shíjiānbiǎo *ch tienn piao*时间表: **l'emploi du temps**
shìpǐn záhuò *ch p'hinn dza h'ouo* 食品杂货: **les provisions**

shuĭzāi *choueï dzaï*水灾: **l'inondation**
shōudào *chô tao*收到: **recevoir**
shŏujī *chô ti*手机: **le téléphone portable**
shŏujī hàomă *chô ti h'ao ma*手机号码: **le numéro de téléphone portable**
shōujù *chô tu*收据: **le reçu**
shòushāng *chô chaang*受伤: **être blessé**
shŏutí xíngli *chô ti hsinng li*手提行李: **le bagage à main**
shŏutíshì *chô ti ch tienn nao*手提式电脑: **l'ordinateur portable**
shū *chou*书: **le livre**
shuāng *chouaang*双: **la paire**
shuāngrén fángjiān *chouaang jenn faang tienn*双人房间: **la chambre double**
shūfu *chou fou*舒服: **confortable**
shuĭguŏ *choueï kouo*水果: **le fruit**
shuìjiào *choueï tiao*睡觉: **dormir**
shuō *chouo*说: **parler**
sījī *s ti*司机: **le conducteur**
sìzhōu *s djô*四周: **autour de**
sòng *sonng*送: **envoyer**
sōng *sonng*松: **lâche, détendu**
sùcài *sou ts'haï*素菜: **les plats végétariens**
suì *soueï*岁: **l'âge**
suŏ *souo*锁: **fermer à clé**
sùshè *sou ch*宿舍: **le dortoir**

T

tā *t'ha*他: **il, lui**
tā *t'ha*她: **elle, lui**
tāde *t'ha te*他 她的: **son**
tāde *t'ha te*他 她的: **sa**
tài *taï*太: **trop**
táishì *taï ch*台式: **l'ordinateur de bureau**
tàitài 太太: **la femme (épouse ; utilisé principalement à Taïwan)**
Táiwān 台湾: **Taïwan**
tàiyáng yănjìng *t'haï yaang yann tinng*太阳眼镜: **les lunettes de soleil**
tāmen *t'ha menn*他们: **ils, leur**
tāmen *t'ha menn*她们: **elles, leur**
tāng *t'haang*汤: **la soupe**
tánpàn *t'hann p'hann*谈判: **négocier**
tănzi *t'hann dz*毯子: **la couverture**
tàojiān *t'hao tienn*套间: **la suite**
tăolùn *t'hao lounn*讨论: **discuter**
tèsè *t'he se*特色: **particularité**
tián *t'hienn*填: **remplir (un formulaire)**
tiānqi *t'hienn tchi*天气: **le temps (climat)**
tiàowŭ *t'hiao ou*跳舞: **danser**
tīng *t'hinng*听: **écouter**
tóngshì *t'honng ch*同事: **le collègue**
tóngwū *t'honng ou*同屋: **le co-locataire**
tóngyì *t'honng yi*同意: **être d'accord**
tóuděngcāng *t'hô tenng ts'haang*头等舱: **la première classe**
tóuténg *t'hô t'henng*头疼: **le mal de tête**
tuīchí *t'houeï tch'h*推迟: **retardé**
tuìfáng *t'houeï faang*退房: **régler une note d'hôtel**
tuìhuí *t'houeï h'oueï*退回: **renvoyer, retourner (une marchandise)**
tuìkuăn *t'houeï k'houann*退款: **rembourser**
tuōyùn *touo yune*托运: **enregistrer des bagages**

W

wài *ouaï*外: **extérieur**
wàibì *ouaï pi*外币: **la devise étrangère**
wàijiāoguān *ouaï tiao kouann*外交官: **le diplomate**
wănfàn *ouann fann*晚饭: **le dîner**

wǎngluò liánji *ouaang lou lienn tié*网络连接: **l'accès à internet**
wǎngshàng fúwù tígōng shāng *ouaang chaang fou ou t'hi konng chaang*网上服务提供商: **le fournisseur d'accès à internet (FAI)**
wǎngzhàn *ouaang djann*网站: **le site web**
wǎnhuì *ouann h'oueï*晚会: **la soirée**
wǎnshang *ouann chaang*晚上: **la soirée (de 18 h à minuit)**
wéi *oueï*喂: **allo**
wèishēngzhǐ *oueï chenng dj*卫生纸: **le papier toilettes**
wèishénme *oueï che me*为什么? : **pourquoi ?**
wénjiàn *ouenn tienn*文件: **le fichier**
wènlù *ouenn lou*问路: **demander son chemin**
wèntí *ouenn t'hi*问题: **le problème**
wǒ *ouo*我: **je, moi**
wǒde *ouo te*我的: **le mien, la mienne, les miens, les miennes**
wǒmen *ouo menn*我们: **nous**
wòshì *ouo ch*卧室: **la chambre à coucher**
wǔfàn *ou fann*午饭: **le déjeuner**
wǔyuè *ouyué*五月: **mai (le mois)**

X

xǐ *hsi*洗: **laver**
xià *hsia*下: **sous, au-dessous ; descendre ; suivant**
xiàge *hsia ke*下个: **le prochain**
xiàge xīngqī *hsia ke hsinng tchi*下个星期: **la semaine prochaine**
xiàge yuè *hsia ke yué*下个月: **le mois prochain**
xiǎng *hsiaang* 想: **penser**
Xiānggǎng *hsiaang kaang*香港: **Hong Kong**
xiàngmù *hsiaang mu*项目: **l'article, numéro (d'un programme), poste (de compte)**
xiāngzi *hsiaang dz*箱子: **la valise**
xiànjīn *hsienn tinn*现金: **les espèces (argent)**
xiánliáo *hsienn liao*闲聊: **parler de la pluie et du beau temps**
xiántán *hsienn tan,*闲谈: **bavarder**
xiànzài *hsienn dzaï*现在: **maintenant**
xiǎo *hsiao*小: **petit**
xiǎofèi *hsiao feï*小费: **le pourboire**
xiǎogéjiān *hsiao ke tienn*小隔间: **le box**
xiǎoxīn *hsiao hsinn*小心: **faire attention**
xiàwǔ *hsia ou*下午: **l'après-midi (de 12 h à 18 h)**
xiàzǎi *hsia dzaï*下载: **télécharger**
xīcān *hsi ts'hann*西餐: **la nourriture occidentale**
xièxie *hsié hsié*谢谢: **merci**
xiézi *hsié dz*鞋子: **les chaussures**
xǐhuān *hsi h'ouann*喜欢: **aimer**
xīn *hsinn*新: **nouveau**
Xīnbì *hsinn pi*新币: **le dollar de Singapour**
xíngli *hsinng li* 行李: **les bagages**
xīngqī'èr *hsinng tchi er* 星期 : **mardi**
xīngqīliù *hsinng tchi lio* 星期六: **samedi**
xīngqīsān *hsinng tchi sann* 星期三: **mercredi**
xīngqīsì *hsinng tchi s*星期四: **jeudi**
xīngqītiān *hsinng tchi t'hienn* 星期天: **dimanche**
xīngqīwǔ *hsinng tchi ou*星期五: **vendredi**
xīngqīyī *hsinng tchi yi*星期一: **lundi**
xìnxi *hsinn hsi*信息: **le message**

xìnyòng kǎ *hsinn yonng k'ha*信用卡: **la carte de crédit**
xǐshǒu jiān *hsi chô tienn*洗手间: **les toilettes**
xiūxi *hsio hsi*休息: **se reposer**
xǐyī fúwù *hsi yi fou ou*洗衣服务: **la blanchisserie**
xuǎnzé *hsuann dze*选择: **choisir**
xuéshēng *hsué chenng*学生: **l'étudiant**
xuéxí *hsué hsi*学习: **étudier**
xuéxiào *hsué hsiao*学校: **l'école**
xūyào *hsu yao*需要: **avoir besoin de**

Y

yǎnjìng *yenn tinng*眼镜: **les lunettes**
yǎnjīng *yenn tinng*眼睛: **l'œil**
yǎnshì *yenn ch*演示: **la présentation**
yào *yao*药: **le médicament**
yào *yao tienn*药店: **la pharmacie**
yáokòng qì *yao k'honng tchi* 遥控器: **la télécommande**
yàoshi *yao ch*钥匙: **la clé**
yàopiàn *yao p'hienn*药片: **le comprimé**
yáshuā *ya choua*牙刷: **la brosse à dents**
yáyī *ya yi*牙医: **le dentiste**
Yàzhōu *ya djô*亚洲: **l'Asie**
yě *yé*也: **aussi**
yī *yi*一: **un**
yìchéng *yi tch'henng*议程: **l'ordre du jour**
yīfu *yi fou*衣服: **le vêtement**
yǐhòu *yi h'ô*以后: **après**
yìhuǎr jiàn *yi h'ouar tienn*一会儿见: **à tout à l'heure**
yìhuǎr *yi h'ouar*一会儿: **dans un moment**
yìjiàn *yi tienn*意见: **l'opinion**
yíng *yinng*赢: **gagner**
yìngbì *yinng pi*硬币: **les pièces (de monnaie)**
yīnggāi *yinng kaï*应该: **devoir (au conditionnel)**
yínháng *yinn h'aang*银行: **la banque**
yīngwén, yīngyǔ *yinng ouenn , yinngyu*英文，英语: **l'anglais (la langue)**
yǐnliào *yinng lïao*饮料: **les boissons**
yīnwéi *yinn oueï*因为: **parce que**
yīnyuè *yinn yué*音乐: **la musique**
yìqǐ *yi tchi*一起: **ensemble**
yīshēng *yi chenng*医生: **le médecin**
yǐwéi *yi oueï*以为: **considérer**
yìxie *yi hsié* 一些: **quelques, plusieurs**
yíyàng *yi yaang*一样: **le même**
yīyuàn *yi yuenn*医院: **l'hôpital**
yǐzi *yi dz*椅子: **la chaise**
yòng *yonng*用: **utiliser**
yònghù xìngmíng *yonng h'ou hsinng minng*用户姓名: **le nom de l'utilisateur**
yòu *yô*右: **à droite**
yǒu *yô*有: **avoir**
líu yán xìnxiāng *lio yenn hsinn hsiaang*留言信箱:**la boîte vocale**
yóujú *yô tu*邮局: **la poste**
yǒulǎn *yô lann*游览: **faire une excursion, faire un voyage, visiter en touriste**
xiàyǔ 下雨: **pleuvoir**
yuán *yuenn*元: **le dollar chinois**
yuǎn *yuenn*远: **loin**
yùdìng *yu tinng*预订: **faire une réservation**
Yuènán *yué nann*越南: **le Vietnam**
yùndòng *yune tonng*运动: **faire de l'exercice**
yùnqi *yune tchi*运气: **la chance**
yǔsǎn *yu sann*雨伞: **le parapluie**
yùsuàn *yu souann*预算: **le budget**
yǔyī *yu yi*雨衣: **l'imperméable**

Z

zàijiàn *dzaï tienn*再见: **au revoir**
zánmen *dza menn*咱们: **nous (informel)**
zǎofàn *dzao fann*早饭: **le petit déjeuner**
zāogāo *dzao kao*糟糕: **zut !**
zǎoshang *dzao chaang*早上: **le matin (de 6 h à midi)**
zázhì *dza dj*杂志: **le magazine**
zéi *dzeï*贼: **le voleur**
zěnme *dze me* 怎么? : **comment ?**
zhàngdān *djaang tann*帐单: **l'addition**
zhàngfu *djaang fou*丈夫: **le mari**
zhàntái *djann t'haï*站台: **le quai**
zhǎo *djao*找: **chercher**
zhāohu *djao h'ou*招呼: **saluer**
zhàopiàn *djao p'hienn*照片: **la photo**
zhàoxiàng *djao hsiaang*照相: **prendre des photos**
zhàoxiàng jī *djao hsiaang ti*照相机: **l'appareil photo**
zhēn *djenn*真: **vraiment**
zhèngdiǎn *djenng tienn*正点: **à l'heure**
zhèngjiàn *djenng tienn*证件: **papiers, certificat**
zhí *dj*直: **tout droit**
zhǐ *dj*只: **seulement**
zhīdào *dj tao*知道: **savoir (une information)**
zhìliàng *dj liaang*质量: **la qualité**
zhīpiào *dj p'hiao*支票: **le chèque**
zhīpiào bù *dj p'hiao*支票簿: **le chèquier**
zhōng *djonng*中: **le temps, la taille moyenne**
Zhōngguó *djonng kouo*中国: **la Chine**
Zhōngguórén *djonng kouo jenn* 中国人: **le Chinois (la personne)**
zhōngwén *djonng ouenn*中文: **le chinois (la langue)**
zhōngwǔ *djonng ou*中午: **midi**
zhōngyú *djonng yu*终于: **finalement**
zhōumò *djô mo*周末 : **le week-end**
zhù *djou*住: **habiter**
zhuǎn *djouann*转: **transférer, tourner**
zhūbǎo *djou pao*珠宝: **les bijoux**
zhǔguǎn *djou kouann*主管: **le Président Directeur Général**
zhuólù *djouo lou*着陆: **atterrir**
zhuōzi *djouo dz*桌子: **la table**
zìdòng lóutī *dz tonng lô t'hi* 自动楼梯: **l'escalier mécanique, l'escalator**
zìdòng tíkuǎn kǎ *dz tonng t'hi k'houann k'ha*自动提款卡: **la carte de retrait**
zìdòng tíkuǎnjī *dz tonng t'hi k'houann ti*自动提款机: **le distributeur automatique de billet (DAB)**
zìjǐ *dz ti*自己: **moi-même, toi-même ...**
zǒngcái *dzonng ts'haï*总裁: **le président (d'une société)**
zǒngshì *dzonng ch*总是: **toujours**
zǒngsuàn *dzonng souann*总算: **finalement**
zǒu *dzô*走: **marcher**
zūfèi *dzou feï*租费: **frais de location**
zǔfù *dzou fou*祖父: **le grand père**
zuì *dzoueï*最: **le plus**
zuǒ *dzouo*左: **à gauche**
zuótiān *dzouo tienn*昨天: **hier**

Index alphabétique